ORIGEM DOS DIREITOS DOS POVOS

Dados Internacionais de Catalogação na Publicação (CIP)
(Câmara Brasileira do Livro, SP, Brasil)

Altavila, Jayme de.
    Origem dos Direitos dos Povos / Jayme de Altavila. –
12ª edição. – São Paulo: Ícone, 2013.

    ISBN 978-85-274-0098-5
    ISBN 85-274-0098-7

    1. Direito – História e crítica I. Título.

01-1303   CDU – 34 (091)

Índices para catálogo sistemático:

1. Direito: História   34 (091)

JAYME DE ALTAVILA
Professor Emérito da Faculdade de Direito de Alagoas

ORIGEM DOS DIREITOS DOS POVOS

12ª EDIÇÃO

© Copyright 2013.
Ícone Editora Ltda.

Produção
Anísio de Oliveira

Ilustração de Capa
Gelson A. Alves

Arte-final
Wilson L. Quaia

Composição
Sarah E. Betti

Revisão
Maria Regina Menendez
Marisa Lucchiari Nunes

Proibida a reprodução total ou parcial desta obra,
de qualquer forma ou meio eletrônico, mecânico,
inclusive através de processos xerográficos,
sem permissão expressa do editor
(Lei nº 9.610/98).

Todos os direitos reservados à:

ÍCONE EDITORA LTDA.
Rua Anhanguera, 56 – Barra Funda
CEP 01135-000 – São Paulo – SP
Fone/Fax.: (11) 3392-7771
www.iconeeditora.com.br
iconevendas@iconeeditora.com.br

ÍNDICE

Historicidade dos direitos   9

CAPÍTULO I
Legislação mosaica   17

CAPÍTULO II
Código de Hamurabi   37

CAPÍTULO III
O código de Manu   61

CAPÍTULO IV
Lei das XII tábuas   83

CAPÍTULO V
O alcorão   119

CAPÍTULO VI
A magna carta   147

CAPÍTULO VII
Declaração dos direitos do homem e do cidadão   171

CAPÍTULO VIII
Dos delitos e das penas   195

CAPÍTULO IX

Diversos direitos 215
   a) O código de Napoleão 215
   b) Ordenações do reino de Portugal 224
   c) O código de Bustamante 229
   d) A consolidação e o esboço, de
     Teixeira de Freitas 235

CAPÍTULO X

Declaração universal dos direitos do homem 243

CONCLUSÃO 259

BIBLIOGRAFIA 265

APÊNDICE 277

   a) *Fragmentos das leis romanas, anteriores à*
     codificação dos decênviros 277
   b) *A magna carta* 278
   c) *Artigos básicos da grande carta de*
     Henrique III 285
   d) *Declaração de direitos (1689)*
     Bill of rights 288
   e) *Declaração de direitos da Virgínia* 289
   f) *Declaração dos direitos do homem*
     e do cidadão 291
   g) *Unidade. Indivisibilidade da República* 293
   h) *Tratado da Santa Aliança* 296
   i) *Declaração universal dos direitos do homem* .. 297

HISTORICIDADE DOS DIREITOS

> *O direito é o trabalho sem descanso e não somente o trabalho dos poderes públicos, como também de todo o povo. Se abraçarmos em um momento dado toda a sua história, ele nos apresentará nada menos do que o espetáculo de toda uma nação, desenvolvendo sem cessar, para defender seu direito, tão penosos esforços quanto os que emprega para o desenvolvimento de sua atividade na esfera da produção econômica e intelectual.*
>
> JHERING, *"A Luta pelo Direito"*

A consciência jurídica do mundo assemelha-se a uma árvore ciclópica e milenária, de cujos galhos nodosos rebentam os densos ramos e, deles, a floração dos direitos. Quando em vez, as flores legais emurchecem sob o implacável calor do tempo e a ventania evolucionista e revolucionária, oriunda das carências sociais, agita as ramagens e as faz rolar para o solo poroso, onde são transformadas em adubo e absorvidas pelas raízes poderosas e insaciáveis.

E, semelhante àquela árvore retorcida e medonha, onde os sacerdotes druidas dependuraram (consagrada às divindades), a espada "de lâmina azulada, marchetada de ouro", de Júlio César, perdida na batalha de Gergóvia, nas Gálias,[1] — essa árvore desafia o queimor e o frio das estações, pois o seu cerne tem tal tessitura lenhosa que faz lembrar fios retorcidos de cobre novo.

As gerações inquietas, sob a sua sombra espessa, foram passando, num atropelamento irresistível e fatal, e delas resta apenas uma descolorida poeira de tijolos cuneiformes e uns

---

(1) Mirko Jelusich – *Caesar* – Trad. de Marina Barros. Ed. Globo. P. Alegre, 1941.

amarrotados pergaminhos e papiros, amarelados pelo bolor dos esconderijos e dos escaninhos.

Cada floração, ao seu tempo, pareceu a melhor coisa que poderia ser outorgada a um escravo, bestializado pelos sofrimentos físicos e pelas torturas espirituais impostas pelos dogmas das religiões bárbaras.

Inspirados, em sua maioria, pelos deuses, aos déspotas oniscientes e por eles mandados insculpir em dioritos, tal o Código de Hamurabi, ou gravar apressadamente em omoplatas de carneiro, tal as primeiras achegas do Alcorão, – esses direitos odoraram as suas épocas e foram, a um tempo, herméticos e eqüitativos.

E as legislações que os foram substituindo, muitas vezes retrocederam, muitas vezes seguiram caminho enviesado, muitas vezes derivaram por uma Via Ápia cujos túmulos marcassem os seus sublimados precursores e os seus processos elaboratórios.

Referindo-se à "morte natural das leis" e ao seu anacronismo, Jean Cruet deixou pingar da pena esta admiração: – "Não se pode considerar sem espanto o vasto cemitério das leis revogadas". Mas, em seguida, o sociólogo jurista considera: "O desuso não pode constituir por si só um modo de revogação das leis?".[2]

Naturalmente que, por falta de vibração, a lei se oxida, emperra e se gasta a sua finalidade, a exemplo dessas maquinarias que se decompõem lentamente, sob a lepra espessa da ferrugem, nos oitões das fábricas e das usinas. Outras maquinarias mais rendosas lhes tomaram o lugar e elas se tornaram esquecidas e ignoradas.

E, numa "sobrevivência puramente teórica", essas leis têm por vezes lampejos de citações eruditas. Mas esses lampejos amortecidos são de velhas jóias que já não servem para a leveza da indumentária moderna. Conservam-se bibliograficamente no escrínio de suas teimosas encadernações encouradas, cujas lombadas ainda exibem, num triste fim de luxo, as letras de ouro dos títulos maculados.

René Fulop Miller teria um remate admirável ao seu livro dedicado aos "condutores de povos, sonhadores e rebeldes", se tivesse feito o elogio da frase de Nietzsche sobre a Necessidade num sentido mais social do que político.[3] Em verdade, é

---

(2) Jean Cruet – *A Vida do Direito e a inutilidade das leis* – Ed. Aillaud. Lisboa.
(3) René Fulop Miller – *Os grandes sonhos da humanidade* – Trad. de René Ledoux e Mário Quintana. Ed. Globo. P. Alegre. 1937.

a necessidade, é o fato social, que modificam os sistemas de vida e a economia dos povos, através da renovação dos direitos.

Durkheim rotulou escrupulosamente o fato social como coisa.

Pensamos não valer a pena inclinar o fiel da balança para o materialismo histórico de Marx, nem para o positivismo classificante e negativo de Augusto Comte.

Julgamos que o meio termo do sociólogo de Epinal é sensato, sem pecar pelo comodismo resignado da ausência de ação, pois reconhece a preponderância da sociedade na instituição dos direitos e na plenitude das liberdades. Ademais, atribui ao indivíduo a responsabilidade que lhe compete pela seqüência social:

> – "Los derechos y liberdades del individuo no son cosas inherentes a la naturaleza del individuo como tal. Analizad la constitución empírica del hombre y no encontraréis nada de ese caráter sagrado del cual se halla investido actualmente y que le confiere esos derechos. Este caráter le ha sido superpuesto por la sociedad, que es la que ha consagrado al individuo, la que ha hecho del hombre algo respetable por excelencia."[4]

Os direitos sempre foram espelhos das épocas.

O Tigre e o Eufrates refletiram menos o povo mesopotâmico do que o baixo-relevo descoberto por Morgan, representando Shamash, o deus da justiça, entregando ao rei faustoso o código cuneiforme.

E o Tibre, com suas águas tintas do sangue romano, desde Rômulo, muito menos retratou o povo das sete colinas, do que a Lei das XII Tábuas.

Inspirados nas necessidades de cada tempo, eles não foram benignos nem draconianos: foram o espírito ático de Sólon e a alma acanhada de Dracon, traduzindo os merecimentos de suas épocas.

Desta forma, a força acessual dos direitos nunca procedeu do individualismo, pois o homem sempre foi um fio do tecido social, ou uma lasca da linha de cumieira das civilizações.

---

(4) Emílio Durkheim – *Sociologia y Filosofia* – Trad. cast. de J. M. Bolano. Ed. Kraft. B. Aires. 1951.

Os artífices dos direitos dos povos não fizeram outra coisa senão olhar argutamente a sua sociedade e pintá-la. Os retratos jurídicos apenas revelam os seus estilos, porém as fisionomias estampadas nos pergaminhos, nos tijolos, nas pedras e nas tábuas, eram as mesmas do seu ambiente.

Leopoldo Alas, exaltando a concepção revolucionária do direito, de Jhering, escreveu que "o direito, como tudo o mais, avança a passos contados; é inútil que o homem se afane: não terá mais direito do que o correspondente ao estado de desenvolvimento social em que vive e esse desenvolvimento, esse progresso, depende de leis universais alheias à vontade do homem – do determinismo universal".[5]

Os filósofos sempre foram o filão de ouro das idades. O mundo sem a presença de Platão e de Aristóteles teria sido um mundo vazio de beleza e de verdade. Convenhamos, porém, que os filósofos não teriam produzido leis no mesmo nível brilhante de suas filosofias, porque a lei, reflexo do direito, é uma expressão biológica da sociedade e a filosofia é um tecido de idéias grandiosas e generalizadas, sempre discutidas e sempre sem um cunho de exação coletiva.

Ao termo de nosso estudo dos direitos antigos, tivemos a imagem de uma vasta e silenciosa praia, para onde foram dar, impelidos pelas vagas dos séculos, os despojos, as quilhas, os bojos arrombados, os mastaréus quebrados, os lemes retorcidos, – de dezenas de barcos naufragados, de todas as nacionalidades, de todos os feitios, de todos os contornos, de todos os estilos náuticos, – tal como os descreveu Van Loon, nós "Navios e de como eles singraram os sete mares" , de 5.000 antes de Cristo até o recentíssimo ano da graça de 1935.[6]

Cumpridas suas gloriosas missões, lá estão eles, em parte soterrados na areia e, em parte, sobressaindo dela, sob a luz opalescente, implacável e fria de um crepúsculo que não acaba nunca.

Imprestáveis para o uso, servem, porém, dentro daquele cenário impiedoso de naufrágio, para se observar a perícia dos estaleiros de onde saíram, o material de resistência com que foram estruturados e a capacidade técnica dos armadores remotos.

Singraram os sete mares do mundo, sob a pressão de todos ventos e dentro das auras de todas as bonanças. Naufra-

---

(5) Leopoldo Alas – Prólogo – *A luta pelo Direito*, de Jhering – Ed. Vecchi. Rio.
(6) Van Loon – *Navios e de como eles singraram os sete mares* – Trad. de Érico Veríssimo. Ed. Globo. P. Alegre. 1936.

garam com as suas gerações, porém, ainda hoje, em algumas naus contemporâneas, encontraremos um mastaréu que as recorda, um traço das suas construções primevas.

Kelsen cita este fragmento de Diógenes de Apolônia, colhido de Aristóteles: — "Antes bien, todas estas cosas son cambios de una y la misma materia fundamental, y toman tan pronto ésta, tan pronto aquela forma, y luego regresan a la misma materia fundamental".[7]

E Gentile, explicando o valor da tendência natural, corrobora em que "... la voluntad, principio de legislación universal, que en la forma da universalidad, encuentra el fundamento de su necessidad".[8]

A cosmogonia dos direitos apresenta, assim, uma base de substância que serviu empiricamente nas diferentes elaborações jurídicas, a exemplo de certos elementos químicos que servem para operar diferentes reações.

Desde que o homem *sentiu* a existência do direito, começou a converter em leis as necessidades sociais. Para trás havia ficado a era da força física e da ardilosidade, com as quais se defendera na caverna e nas primeiras organizações gregárias. Agora o aspecto das coisas já era diferente: a própria natureza se ataviara, para gáudio dos seus sentidos. E a sensação do justo e do eqüitativo se infiltrava pelas frinchas do seu espírito. Uma noção inusitada do procedimento humano se distendia para dentro do seu ser, promanada do desconhecido e do mistério da criação.

A palavra oral não bastava para justificar os seus atos.

As fórmulas pactuais não circundavam de garantias as suas relações econômicas e políticas. O testemunho falhava como expressão da verdade, já desvirtuado pelo medo e pelo interesse.

Mister se fazia a composição de lei escrita, mantenedora da legitimidade perpetuadora dos princípios do direito. Do direito que começava a viver entre os homens, procedente dos deuses, por dádivas divinas, através dos profetas-estadistas e dos soberanos tocados da luz dos primeiros esclarecimentos jurídicos.

---

(7) Hans Kelsen — *La idea del Derecho natural y otros ensayos* — Edit. Losada. B. Aires. 1946.

(8) Giovanni Gentile — *Los fundamentos de la Filosofia del Derecho* — Edit. Losada. B. Aires. 1944.

Essa contextura de regras, eivada mais de religiosidade do que de laicismo, foi lenta e preocupada; não, porém, tão laboriosa como fora a locubração do primeiro machado de pedra, durante a qual muitas borbulhas de suor escorreram da testa curta do homem primitivo, sob o olhar bestializado dos seus irmãos trogloditas.

Os direitos surgiram precisamente quando as civilizações originárias atingiram o momento necessário às suas eclosões. Resultaram delas, do ápice cultural a que tinham atingido, após a saturação do estado primitivo.

Em realidade, não foram os deuses que os ditaram pela boca dos seus predestinados. Para o seu tempo, foi prudente e lógico o engodo da outorga divina. Porém chegou o dia em que o direito perdeu o caráter teológico e falou, em Roma, pela boca dos tribunos. Júpiter presidia, do Olimpo, ao destino do Lácio, mas não ditava leis por intermédio das sibilas.

Depois, a conduta legal do mundo se processou sob o modelo justiniâneo e cada povo adotou uma lei, na equivalência de seus direitos e de seus deveres. Com a caminhada dos séculos, os processos elaborativos e normativos se modificaram, até atingirem os recintos parlamentares, onde nem sempre chegam os ecos das necessidades sociais.

Pelos direitos, os homens lutaram, morreram e sobreviveram.

Podemos estabelecer a seguinte esquematização para a sua gênese:

    I – LEGISLAÇÃO MOSAICA.
    II – CÓDIGO DE HAMURABI.
    III – CÓDIGO DE MANU.
    IV – LEI DAS XII TÁBUAS.
    V – O ALCORÃO.
    VI – A MAGNA CARTA.
    VII – DECLARAÇÃO DOS DIREITOS DO HOMEM E DO CIDADÃO.
    VIII – DOS DELITOS E DAS PENAS.
    XI – DIVERSOS DIREITOS.

        a) Código de Napoleão
        b) Ordenações do Reino.
        c) Código de Bustamante.
        d) A Consolidação e o Esboço, de Teixeira de Freitas.

    X – DECLARAÇÃO UNIVERSAL DOS DIREITOS DO HOMEM.

Destes direitos fundamentais da humanidade, somente um não foi inspirado pelos deuses, nem outorgado por um gracioso soberano e nem proclamado por uma assembléia legislativa. É o que foi escrito por Beccaria e sancionado pelo mundo civilizado. Ele se define numa simples frase contida na carta que o jovem marquês criminalista dirigiu ao seu tradutor Morellet: — "J'ai vouler défendre l'humanité sane en être le martyr".[9]

No encalço desses direitos, pela estrada da bibliografia, acudiu-nos a idéia daquele doido e erudito alemão Schliemann, que Emil Ludwig descreve com a *Ilíada* na mão, procurando o ouro de Príamo sobre a colina onde fora outrora a Tróia cantada por Homero.[10]

Fora o tesouro de Helena ou o amor à arqueologia que o levara àquela aventura formidável que abalou o mundo?

Propendemos para a segunda hipótese.

E, para nós, o encanto da investigação bibliográfica valeu pela convicção de que em todos os legisladores antigos prevaleceu um sentido de melhoria da condição humana, em fórmulas diferentes, porém num objetivo altruístico e apreciável.

Não se encontra, todavia, em nenhum deles, quer teístas, quer laicos, um justificativo ou preâmbulo de codificação, que não contenha uma autobenemerência ou uma ostentação de legalismo.

O próprio Sólon, conquanto democrata, jacta-se desta abnegação, confirmada nos seus seguintes versos, enfeixados por Aristóteles no sensacional papiro que Sir Frederick G. Kenyon recolheu providencialmente do areal egípcio, em 1891, (completando o papiro de Arsinoe) e que o professor Antonio Tovar, da Universidade de Salamanca, traduziu para a edição espanhola de *La Constitución de Atenas:* —

"Leys lo mismo para el malo que para el bueno.
Ajustando para cada uno la recta justicia escribi."[11]

Espelhando o seu mundo social e o seu tempo, os velhos direitos tiveram certos pigmentos de universalidade, uma vez

---

(9) Beccaria – *Des delits et des peines* – Ed. de 1823 Colin de Plancy, editeur. Paris.

(10) Emil Ludwig *Schliemann* – Trad. de Marques Guimarães – Edit. Globo. P. Alegre. 1940.

(11) Aristóteles – *La Constitución de Atenas* – Trad. cast. de Antonio Tovar. Instituto de Estudios Politicos. Madrid. 1948.

que uma inspiração superior presidiu igualitariamente à elaboração de certas normas consuetudinárias.

Daí a razão de, muitas vezes, encontrarmo-nos amistosamente com Moisés, Hamurabi, Manu, os Decênviros, Maomé, os bispos ingleses e João Sem Terra, os deputados franceses de 1789 e Napoleão Bonaparte, entre os artigos e parágrafos dos códigos contemporâneos.

Os direitos dos povos equivalem precisamente ao seu tempo e se explicam no espaço de sua gestação. Absurdos, dogmáticos, rígidos, lúcidos e liberais, — foram, todavia, os anseios, as conquistas e os baluartes de milhões de seres que, para eles, levantaram as mãos, em gesto de súplica ou de enternecido reconhecimento.

CAPÍTULO I

LEGISLAÇÃO MOSAICA

Se a história do sacerdote egípcio Maneton, o *amado do deus Thot*, não se houvesse perdido nas ruínas do mundo romano minado pela pertinácia corajosa do cristianismo que se deslocara do Jordão para o Tibre, – ninguém hoje lhe citaria apenas os fragmentos, através do historiador judeu Josefo, que esteve nas fileiras de Vespasiano durante o cerco de Jerusalém e escreveu as *Antiguidades Judaicas*.

Maneton foi contemporâneo de Ptolomeu II, apelidado Filadelfo, ou o *amigo de seu irmão*, por justa antífrase. Conquanto fratricida e ambicioso, revelou-se magnífico em relação à cultura. Tradicionalmente, foi ele quem mandou fazer a tradução grega da legislação hebraica, isto é, a famosa *Versão dos Setenta*. Antecipando-se a Ciro, libertador dos judeus da Babilônia, ele os libertou no vale do Nilo.

Maneton assistiu ao planejamento e à execução de suas obras e teve do filho de Berenice o incentivo para os três volumes de sua história, destruída pela ação do tempo e pela ignorância dos empreiteiros de guerras.

Conquanto inimigo dos hebreus, Maneton reconhece-lhes os méritos legislativos que culminaram, conforme Martin Buber, professor da Universidade Hebréia de Jerusalém, em "un acontecimiento único en la historia de la humanidad que el proceso de cristalización decisivo en el desarollo de un pueblo se consumó sobre una base religiosa".[1]

O fato é que, dali por diante, surgiram os garimpeiros da história: uns dando a autoria exclusiva do Pentateuco a Moisés e outros contestando a amplitude legislativa daquele que foi

---

(1) Martin Buber – *Moisés* – Ed. Imán. B. Aires. 1949.

encontrado entre os lótus das margens do Nilo, pela graciosa princesa Termútis.

César Cantu, que tem sido a fonte inesgotável onde têm bebido todos os historiógrafos modernos, atribui aos profetas subseqüentes o "caráter de universalidade" dado ao mosaísmo, contribuindo para que os velhos textos hebraicos se fossem amoldando à tradição de Moisés para Cristo.[2] Mas, em verdade, o profetismo, dentro de sua atuação político-religiosa, não negou a Moisés a autoria de sua legislação.

Relevante e insuspeito, porém, é o conceito dos investigadores religiosos, como o exuberante Renan que o destaca na *Histoire du peuple d'Israel*: — "Les récits des incidents qui remplirent ces journées, devenues plus tard la base d'une religion ou, pour mieux dire, de la religion universelle, donnent toujour le rôle principal à Moïse".[3]

Bossuet e Fénelon são duas autoridades indiscutíveis no assunto e ambos dão o seu veredito apreciável. O primeiro, no *Discurso sobre a História Universal*, ajusta-se deste modo: — "A história que Moisés tinha escrito e em que se continha toda a Lei, foi igualmente repartida em cinco Livros, que se chamam Pentateuco, e que são o fundamento da Religião".[4] O segundo, em *De l'existence et des atributs de Dieu*, quando se refere ao culto interior e exterior da religião católica, destaca o enunciador hebreu como a maior expressão religiosa do seu tempo: — " Voilá e véritable culte conforme à celui des Israelites instruits par Moïse".[5]

Jorge Weber em sua *História Universal* afirma que "as leis mais importantes (do Pentateuco) procedem sem dúvida do próprio Moisés".[6]

Ampère, citado pelo historiador Galanti, proclama, em face das asserções negativas: — "Ou Moisés possuía uma cultura científica igual à que temos no século XIX, ou era inspirado".[7]

Veit Valentin considerou que "o grande líder Moisés trouxe então o seu povo novamente através do deserto para Canaã, favorecido pela decadência do poderio da monarquia

---

(2) César Cantu – *História Universal* – Ed. da Empresa Lit. Fluminense. Lisboa.
(3) Ernesto Renan – *Histoire du peuple d'Israel* – Ed. Colmann. Paris. 1889.
(4) Bossuet – *Discurso sobre a História Universal* – Ed. Rolland. Lisboa. 1830.
(5) Fénelon – *De l'existence et des atributs de Dieu* – Ed. Didot. Paris. 1864.
(6) Jorge Weber – *História Universal* – Ed. da Empresa Lit. de Lisboa. 1882.
(7) P. Rafael Galanti – *Compêndio de História Universal* – Ed. Duprat. S. Paulo. 1907.

egípcia",[8] o que constitui uma afirmação quebradiça, porquanto Meneftá, o faraó do Exodo, fez Tebas e Mênfis renascer nas suas construções graníticas, embelecidas de relevos lotiformes.

E John Mein lhe dá plena autenticidade textual, no documentado estudo que fez da Bíblia, e justificada no encadeamento de fatos dignos de apreciação naquele mundo que começava a vergastar as espáduas nuas e pagãs do politeísmo.[9]

Deixemos de parte a controvérsia. Aceitemos a tradição como verdadeira, porque, ao seu tempo, nenhum outro povo encontrou um condutor de destino que se igualasse a Moisés: — Sincero, ao impulso do sangue hebreu, quando abandonou o palácio faraônico onde fora acolhido; profético e combativo, quando derramou sobre o Egito o ferro candente das sete pragas; eloqüente, quando advogou perante o trono do faraó a redenção dos seus irmãos sepultados em vida no Ghetto de Goshen; pioneiro, quando comandou durante quarenta anos os espoliados do Egito através de cenas dramáticas como a passagem do Mar Vermelho; compreensívo, quando procurou os píncaros do Sinai para a maturação do espírito e para o legado divino do Decálogo; predestinado, quando encontrou Deus em meio do deserto e o viu na sarça comburente; precavido e forte, quando admoestou o povo incrédulo que o seguia sobre saibros, sem perceber que era conduzido como o elemento essencial de uma nação destinada a ser estado; legislador, quando, desprezando os textos papíricos do seminário teológico de Heliópolis, redigiu uma nova lei, compatível com a massa humana em cuja consciência trabalhou para incutir os fundamentos de um direito; estadista, quando proveu o seu povo, reprimiu os descontentamentos, edificou os tabernáculos, sagrou os sacerdotes, estabeleceu regras legais para o culto, para a economia e para a higiene; grandioso e resignado quando expirou no monte Nebo, com os grandes olhos arregalados para a Terra Prometida, bebendo pelo cálice ardente das pupilas os últimos clarões do seu último sol na terra.

---

(8) Veit Valentin – *História Universal* – Ed. Livraria Martins. Rio.

(9) "'Jacó nunca poderia apagar de sua memória estas cousas e, durante todos os anos de sua vida, meditaria sobre as maravilhas divinas. Em narrar tudo ao seu neto Kohath, Jacó poderia acrescentar as suas próprias experiências em Bethel e no vão de Jabbok. Kohath relatava a história a Amram e este por sua vez a Moisés, o seu filho, que assim teve todas as informações necessárias para escrever o livro de Gênesis quando Deus lh'o ordenou para fazer". John Mein – *A Bíblia e como chegou até nós*. Ed. de 1924.

Henry Thomas, que concebe estranhamente homens e coisas na *História da Raça Humana*, apreciando "o príncipe que se revoltou", diz que Moisés, no Sinai, "apresentou um código semi-selvagem e semi-sublime de ética" e que a sua obra iniciada passara "às mãos de homens inferiores".[10]

Mas, não. Aquela legislação teria mesmo de ser férrea e persuasiva para a sua época e a "crueldade taliônica" e os "lapsos de inconsistências infantis" que nela observa não a deprecia, porque resultam do potencial de sua intencionalidade.

É preciso que se considere o conceito de direito penal naquele tempo remoto e que se atente bem que o próprio Sólon, quando estabeleceu uma constituição democrática em Atenas, desprezou todos os dispositivos das leis de Drácon, menos os referentes ao homicídio, conforme nos diz Aristóteles em *La Constitución de Atenas*[11]

Quanto às modificações do direito israelita através dos tempos, não nos interessamos por um estudo do Talmud de Jerusalém, nem do Talmud babilônico, nem da Enciclopédia Judaica. Renan apreciou o assunto e o condensa nesta frase decisiva: — "Le Talmud c'est le culte de la loi poussé jusqu'à la superstition. Les chaînes du Talmud firent celles du Ghetto".[12]

Abandonemos aqui esta análise e concretizemos o nosso pensamento em harmonia com os nossos propósitos: — O Pentateuco foi um dos códigos fundamentais da humanidade. Dos seus cinco livros, Gênese, Êxodo, Números, Levítico e Deuteronômio, queremos destacar o que encerra a última fase legislativa do estadista bíblico. Os outros livros antecedentes fixam a cosmogonia e a história israelita. O Deuteronômio, ou Segunda Lei, (daí a sua etimologia grega) é uma parte distinta do corpo legislativo de Moisés, pois foge às narrações e fixa-se propriamente em dispositivos concretos e basilares. Seus versículos revelam uma orientação mais legal e menos doutrinária, explicando-se nele todas as aspirações e todos os deveres promulgados pelo seu autorizado legislador.

Depois dele, somente uma lei, sucinta e eterna, lhe foi superior. Somente uma lei, veraz e sintetizante, superou a sua grandiosidade messiânica: - O Sermão da Montanha, que é a

---

(10) Henry Thomas – *História da Raça Humana* – Ed. Globo. Porto Alegre. 1941.
(11) Aristóteles – o. c.
(12) Ernesto Renan – *Histoire des Origines du Christianisme*. Ed. Colmann. Paris. 1899.

página mais bela e mais tocante da pregação do Mestre divino da Galiléia.

Garraud diz que se constata o uso das leis de Moisés nos livros de Homero, nos costumes primitivos de Roma, entre os gauleses e entre os eslavos; e refere-se à frase grandiosa de Meyer: – "La loi Moisaïque a eu une influence considerable sur le droit pénal du moyen âge".[13]

Já se vê que um direito que se projeta para além das fronteiras do mundo antigo, só mesmo vazado em profundas convicções religiosas e jurídicas, capazes de assimilação e de seguimento.

Mateo Goldstein, a quem fazemos certas restrições, destaca no seu *Derecho Hebreo*[14] as seguintes referências a Moisés e à sua obra, que consideramos oportuno registrar neste capítulo:

– "Israel gravita alredor de Moisés tan seguramente, tan fatalmente como la tierra gira alredor del sol" – (Eduardi Shuré – Libro de Principios).

– "Los fundadores de imperios y de principados, de que están llenas las historias, abrieron y echaran los cimientos de su poder ayudados de fortísimos ejércitos y de fantásticas muchedumbres. Moisés está solo en desiertos, y con esos seiscientos mil rebeldes, derribados en tierra por su voluntad soberana, se compone um grande imperio y un vastísimo principado. Todos los filósofos y todos los legisladores han sido hijos, por su inteligencia, de otros legisladores y de más antiguos filósofos. Licurgo es el representante de la cultura intelectual de los pueblos jonios; Numa Pompilio representa la civilisación etrusca; Platón desciende de Pitágoras, de los sacerdotes del Oriente. Sólo Moisés está sin antecessores." (Donoso Cortés – *Discurso académico sobre la Biblia*)

– "Las leyes de naciones soberbias y orgullosas han sido sepultadas por ellas. En medio de la ruina general se ven, con admiración y pasmo, en un rincón de Asia, en un clima poco fertil y entre bosques y montañas, doce tribus sin fuerza y sin opulencia, y muchas vezes sin liberdad y aun sin patria, liber-

---

(13) R. Garraud. *Traité théorique et pratique de Droit Pénal Français* – Ed. Larousse. Paris. 1898.

(14) Mateo Goldstein – *Derecho Hebreo a través de la Biblia y el Talmud*. Ed. Atalaya. B. Aires. 1948.

tarse del naufragio de los siglos y de los imperios. Minos, Sesostris, Licurgo, Numa, Sólon y Zaleuco dejaron de ser respetados y obedecidos, pero la legislación de Moisés sobrevive a la de todos los pueblos de la tierra." (S. Reinach – *Orfeo – Historia General de las Religiones*)

Dissentimos, todavia, de Goldstein, quando concorda com Sigmund Freud e o contradiz ao mesmo tempo, no tocante a ter sido Moisés um sacerdote egípcio, alegando "en honor de la verdad, que no estamos en presencia de una novedad extraordinaria", como pensava expor aquele psicanalista no livro *Moisés y la religión monoteísta*.

Essa especulação merece ser refutada. Um sacerdote de Osíris não desertaria jamais de seu culto e nem teria atitudes revolucionárias semelhantes às de Moisés na corte faraônica; quando muito, procuraria transplantar a sua religião para as plagas do Sinai, em caráter de ortodoxia. A distância entre o politeísmo egípcio e o monoteísmo hebreu é tão considerável que não há para a mesma um dimensório moral.

Um espírito que não se deixa impressionar entre os pilones egípcios e que não se perturba e nem se obscurece em face da tenebrosidade dos ritos, – só mesmo tocado de uma fagulha estranha, que o estimulava para a pregação de uma outra crença e para os fundamentos de um estado monotéico.

César Cantu registra uma tradição egípcia, de que "o rei Amenófis teve a fantasia de contemplar os deuses, como tinha feito Hóros, um dos seus antepassados". Um profeta, consultado, lhe aconselhara inicialmente "livrar o país dos leprosos e outros homens impuros". O faraó então reuniu "em número de oitenta mil todos os egípcios contaminados pelos vícios corporais e mandou-os para a pedreira de Turah". Apiedando-se, em seguida, dos exilados, o rei permitiu-lhes habitar a cidade de Avaris, que estava deserta. "Aí constituíram-se eles em nação, debaixo do governo de um sacerdote de Heliópolis, Osarsyph ou Moisés, *que lhes deu leis contrárias aos costumes egípcios, armou-os para a guerra e pactuou uma aliança com o resto dos pastores que, havia muitos séculos, se tinham refugiado na Síria.* Juntos atacaram o Egito, que foi ocupado sem combate. Amenófis lembrou-se da predição do profeta, reuniu as imagens dos deuses e fugiu para a Etiópia com o seu exército e grande multidão de egípcios." Tempos depois, o faraó, juntamente com o seu filho Ramsés, retorna do exílio com um poderoso exército, combate e vence os povoadores de Avaris, que se retiram para as fronteiras da Síria. Prosseguindo ... ... na pelo deserto, atingem a península do Sinai, onde, "depois de salvos do extermínio por milagre de Jeová, aí fizeram alto e ouviram da boca de Moisés os mandamentos que deviam ser base da sua crença religiosa e moral e as leis pelas quais deviam reger-se como nação".[15]

Esta tradição contraria o Êxodo e é frágil nos seus alicerces.

Mesmo que tivessem acontecido esses fatos, depreender-se-ia deles que Moisés havia dado aos insurretos *leis contrárias aos costumes egípcios*, isto é, leis de caráter monoteísta, diferentes das que teria aprendido se houvesse, em realidade, sido sacerdote de Heliópolis.

Em verdade, ele esteve lá, porém como estudante desajustado, sempre reagindo contra aquelas práticas tenebrosas e aqueles deuses horrendos. Ademais, impugnava aquela monarquia que se vangloriava de ser o seu soberano um filho direto dos deuses e que estabelecia uma cruel separação de castas.

Do Egito, não levou Moisés nem a idéia politeísta, nem a idéia política, porquanto, ao organizar o seu estado, não quis ser rei, nem admitir na chefia qualquer de seus filhos.

A soberania do seu estado não residia na sua pessoa, nem na de seu sucessor. Residia em Jeová, que lhe dissera: — "Eu sou o Senhor teu Deus, que te livrei da terra do Egito, da casa de servidão".(Deut. 5, v. 6) E, na hora em que o legislador ia fazer a transmissão do poder, essa prerrogativa divina ficou esclarecida: — "E disse Deus a Moisés: — Eis que os teus dias são chegados, para que morras; chama a Josué e ponde-vos na tenda da congregação, para que eu lhe dê ordem".(Deut. 31, v. 14)

O nascimento de Moisés no Egito foi apenas um desígnio para que ele, em momento oportuno, rompesse as cadeias do cativeiro que ali retinham o povo israelita. E, entre os próprios hebreus, recolheu os primitivos ensinamentos religiosos e a preparação para a hora em que recebesse a voz de comando.

Mas, voltemos nossas vistas para a legislação mosaica, uma vez que a personalidade do seu autor continuará sobrevivendo aos séculos, na letra de sua lei e sob uma auréola de consagração universal.

Não nos seria possível tomar um caminho especulativo e expositivo paralelo ao de Goldstein, que palmilhou minucio-

---

(15) Cantu – o. c., vol. I. L. 2.

samente por todo o Pentateuco e por todos os meandros riscados pelos apaixonados doutores hebreus. Ademais, não tomamos empenho pela Mishná, nem pelo Talmud; da mesma maneira que não tivemos curiosidade pela Suna, que representa uma qualidade supletiva do Alcorão.

Nosso estudo plana sobre os fundamentos dos direitos dos povos e, tanto assim, que cotejamos a Lei das XII Tábuas, porém não especulamos o Direito Justiniâneo, a não ser nas incidências com a lei promulgada no período do decenvirato. Não se trata, porém, de um simplismo comodista, mas sim de um método pessoal de trabalho, que procura fixar o seu objetivo sem lançar mão de elementos que apresentam caráter de controvérsias e não de elucidação dos propósitos iniciais.

Do próprio Pentateuco deixamos à margem os primeiros quatro livros, para nos firmar no Deuteronômio, que é uma consolidação das antigas leis, passadas pelo crivo da experiência de Moisés que delas extraiu aquilo que lhe pareceu mais adaptável, acrescentando-lhe normas mais positivas e concepções mais estatais.

Encontrado no Templo, ao tempo do Rei Josias, este último livro lhe causou tão profunda impressão que, em face dos seus 34 capítulos, expurgou todas as inovações religiosas de origem estrangeira e ordenou a sua conservação e guarda do santuário de Jerusalém, – conforme esclarece Reinach.

O Deuteronômio, que se inicia com o *Discurso de Moisés na planície do Jordão*, recapitula os fatos e os feitos dos seus primeiros empreendimentos, recorda a terra prometida de Canaã, exorta o povo à obediência, repete os X Mandamentos, determina a destruição dos ídolos, condena os falsos profetas, especifica os animais limpos e os imundos (destacadamente o porco, cuja carne deveria ter sido a portadora do bacilo de Hansen que tantas vítimas causava no Oriente), fala no pagamento dos dízimos, no ano da remissão, nas festas da páscoa, de pentecostes e dos tabernáculos, nos deveres dos juízes, na eleição e deveres do rei, na herança e nos direitos dos sacerdotes e dos levitas, nas abominações, nas cidades refúgio, nos limites das terras, nas testemunhas, nas leis de guerra, na primogenitura, na desobediência filial, sobre o modo de tratar os cadáveres dos executados, sobre a caridade, sobre a indumentária, sobre penalidades em relação às mulheres, sobre as pessoas excluídas das assembléias santas, sobre os fugitivos, o meretrício, a usura, o divórcio, penhores e empréstimos, estrangeiros, órfãos, disposições sobre penas corporais, regras para os pesos e medidas, para os produtos da terra, sobre o levantamento de padrões, maldições e bênção, nos pactos de Deus com o povo, no direito de sucessão política, e na leitura das leis de sete em sete anos e no canto de despedida do profeta.

No cotejo dessa constituição político-religiosa do Velho Testamento, encontramos normas jurídicas que influíram não somente no direito que a sucedeu, como no direito moderno.

Deixaremos de lado as incidências sobre práticas religiosas, morais e higiênicas e nos fixaremos nos incisos de feição legal:

Justiça –

Moisés estabeleceu a lei para todos: – "E no mesmo tempo mandei a vossos juízes, dizendo: – Ouvi a causa entre vossos irmãos e julgai justamente entre o homem e seu irmão e entre o estrangeiro que está com ele." (1, v. 17). "Não atentareis para pessoa alguma em juízo, ouvireis assim o pequeno como o grande: não temereis a face de ninguém, porque o juízo é de Deus; porém a causa que vos for difícil, fareis vir a mim e eu a ouvirei." (1, v. 17). "Juízes e oficiais porás em todas as tuas portas que o Senhor teu Deus te der entre as tuas tribos, para que julguem o povo com juízo de justiça." (16, v. 18) "Não torcerás o juízo, não farás acepção de pessoas, nem tomarás peitas; porquanto a peita cega os olhos dos sábios e perverte as palavras dos justos." (16, v. 19) "A justiça, a justiça seguirás; para que vivas e possuas a terra que te dará o Senhor teu Deus." (16, v. 20) "E que gente há tão grande, que tenha estatutos e juízes tão justos como toda esta lei que hoje dou perante vós?" (4, v. 8)

Educação e Cultura –

Recomendações sobre o ensino da lei e a sabedoria do povo: – "Vedes aqui vos tenho ensinado estatutos e juízes, como mandou o Senhor meu Deus: para que assim façais no meio da terra a qual ides herdar." (4, v. 5) "Guardai-os, pois, e fazei-os, porque esta será a vossa sabedoria e o vosso entendimento perante os olhos dos povos, que ouvirão todos estes estatutos e dirão: – Este grande povo só é gente sábia e entendida."(4, v. 6)

Descanso Semanal –

Coube a Moisés a determinação do descanso semanal, coisa que não se encontra no próprio Código de Hamurabi, onde há especificação de salário para diferentes misteres. "Guarda o dia de sábado para o santificar, como te ordenou o Senhor teu Deus."(5, v. 12) "Seis dias trabalharás e farás toda a tua obra."(5, v.13) "Mas o sétimo dia é o sábado do Senhor teu Deus: não farás nenhuma obra nele, nem tu, nem teu filho, nem tua filha, nem o teu servo, nem a tua serva, nem o teu boi, nem o teu jumento, nem animal algum teu, nem o estrangeiro que está dentro de tuas portas: para que o teu servo e a tua serva descansem como tu."(5, 20)

Regras Gerais de Direito –

"Não matarás." (5, 17) "Não adulterarás." (5, 18) "Não furtarás." (5, 19) "Não dirás falso testemunho contra o teu próximo." (5, 20)

Dispositivos de Direito Internacional –

A legislação mosaica insere diversos incisos sobre a situação do estrangeiro, sobre a paz e a guerra: – "Pelo que amareis o estrangeiro, pois fostes estrangeiros na terra do Egito."(10, v.19) "Quando sitiares uma cidade por muitos dias, pelejando contra ela para a tomar, não destruirás o seu arvoredo, metendo nele o machado, porque dele comerás: pelo que o não cortarás (pois o arvoredo do campo é o mantimento do homem) para que sirva de tranqueira diante de ti."(20, v. 19) "Não abominarás o edumeu, pois é teu irmão: nem abominarás o egípcio, pois estrangeiro foste em sua terra."(23, v. 7) "Não perverterás o direito do estrangeiro e do órfão, nem tomarás em penhor a roupa da viúva."(24, v. 17)

Normas Processuais –

"Então inquirirás e informar-te-ás e com diligência perguntarás." (13, v. 14)

Limites de Propriedades –

Num estado pobre, em que as terras careciam descansar de sete em sete anos (ano sabático), deveria existir uma rigorosa fiscalização do direito possessório. Vivendo os israelitas exclusivamente do pastoreio, da vinha, dos trigais e do cultivo da oliveira, é natural que o solo merecesse toda a consideração estatal e que as turbações de limites não prejudicassem a produção e os direitos dos possuidores.

A lei era, então, clara e insofismável:

— "Não mudes o limite do teu próximo, que limitaram os antigos na tua herança, que possuíres na terra, que te dá o Senhor teu Deus para a possuíres." (19, v. 14)

Assistência Social —

O espírito de solidariedade humana está presente em toda a legislação mosaica. Moisés procurava, através da caridade, suprir as carências sociais de seu estado, como se vê:

— "Porém não desampararás o levita que está dentro das tuas portas; pois não tem parte nem herança contigo." (14, v. 27)

— "Ao fim de três anos tirarás todos os dízimos da tua novidade no mesmo ano e os recolherás nas tuas portas." (14, v. 28)

— "Então virá o levita (pois nem parte nem herança tem contigo) e o estrangeiro e o órfão e a viúva, que estão dentro de tuas portas e comerão e fartar-se-ão: para que o Senhor teu Deus te abençoe em toda a obra das tuas mãos, que fizeres." (14, v. 29)

— "Quando entre ti houver algum pobre de teus irmãos, em alguma de tuas portas, a tua terra que o Senhor teu Deus te dá, não endurecerás o teu coração, nem fecharás a tua mão a teu irmão que for pobre." (15, v. 7)

— "Antes, lhe abrirás de todo a tua mão e livremente lhe emprestarás o que lhe falta, quanto baste para a sua necessidade." (15, v. 8)

Direito do Trabalho —

Além do descanso semanal, atrás referido, a legislação mosaica superou a todas as antigas civilizações. O Código de Hamurabi estabeleceu preços de salários, porém manteve a escravidão. Somente nos druidas vamos encontrar um fragmento revolucionário, como este: "Homem, tu és livre; não tenhas propriedade". E entre os egípcios, vamos achar este inciso de caráter econômico: — "Vive com pouco".

Na legislação de Moisés, estes quatro versículos são grandiosos e precursores do direito que atingiu a sua quase saturação nos dias presentes:

— "Quando o teu irmão hebreu ou irmã hebréia se vender a ti, seis anos te servirá, mas no sétimo ano o despedirás forro de ti." (15, v. 12)

— "E quando o despedires de ti, forro, não o despedirás vazio." (15, v. 13)

— "Não oprimirás o jornaleiro pobre e necessitado de teus irmãos, ou de teus estrangeiros, que estão na tua terra e nas tuas portas." (24, v. 14)

— "No seu dia lhe darás o seu jornal e o sol não se porá sobre isso."

Princípios de Direito Constitucional —

A Lei das XII Tábuas foi omissa em relação ao estado romano do seu tempo. A reação pública contra os Decênviros não permitiu a elaboração da Tábua XIII, que teria talvez enfeixado as disposições pertinentes à estrutura nacional. Também o Código de Manu se amplia em disposições sobre os deveres e prerrogativas do soberano, mas não compendia regras concretas, estatais. O Código Mesopotâmio segue a mesma orientação deste último. Moisés firma princípios nacionalistas, porém, como os seus soberanos recebiam a investidura de Jeová, não foi preciso incluir nela um artigo previdente e concreto como este, das leis de Sólon: — "Homem desmoralizado não poderá governar."

Determina o direito mosaico:

— "Porás certamente sobre ti como rei aquele que escolher o Senhor teu Deus: dentre teus irmãos porás sobre ti: não poderás pôr homem estranho sobre ti, que não seja de teus irmãos." (17, v. 15)

— "Porém não multiplicará para si cavalos, nem fará voltar o povo ao Egito, para multiplicar cavalos; pois o Senhor vos tem dito: — Nunca mais voltarás por este caminho." (17, v. 16)

— "Tampouco para si multiplicará mulheres, para que o seu coração se não desvie; nem prata nem ouro multiplicará muito para si." (17, v. 17)

— "Será também que quando assentar sobre o trono de seu reino, então escreverá para si um traslado desta lei num livro, do que está diante dos sacerdotes." (17, v. 18)

Repressão ao Charlatanismo —

Moisés sempre abominou a religião egípcia e não deixou o seu espírito se impregnar da charlatanice dos sacerdotes do Nilo. Sua lei condenou todas aquelas mistificações usuais na Caldéia, no Egito e na Fenícia. Seus poderes promanavam de Deus e ele podia vencer as incredulidades do seu povo recorrendo à autoridade divina, que sempre lhe acudiu nos momentos dramáticos de sua existência.

Estas determinações deuteronômicas são evidentes:

— "Entre ti se não achará quem faça passar pelo fogo a seu filho ou a sua filha, nem adivinhador, nem prognosticador, nem agoureiro, nem feiticeiro." (18, v. 10)

— "Nem encantador de encantamentos, nem quem pergunte a um espírito adivinhador, nem mágico, nem quem pergunte aos mortos." (18, v. 11)

Homicídio Involuntário e Cidades de Asilo —

A comprovação de que a pena taliônica não se aplicava com todo o seu rigorismo entre os hebreus e de que se reconheciam os casos de morte involuntária, está nos seguintes incisos que também estabeleciam as cidades asilo para os criminosos de tal natureza:

— "E este é o caso tocante ao homicida, que se acolher ali, para que viva: aquele que por erro feriu o seu próximo, a quem não aborrecia dantes." (19, v. 4)

— "Como aquele que entrar com o seu próximo no bosque para cortar lenha e, pondo força na sua mão com o machado para cortar a árvore, o ferro saltar do cabo e ferir o seu próximo e morrer, o tal se acolherá a uma destas cidades e viverá." (19, v. 5)

— "Para que o vingador do sangue não vá após o homicida, quando se esquentar o seu coração e o alcançar, por ser comprido o caminho, e lhe tire a vida; porque não é culpado de morte, pois o não aborrecia dantes." (19, v. 6)

— "Mas havendo alguém que aborrece o seu próximo e lhe arma ciladas e se levanta contra ele e o fere na vida, de modo que morra, e se acolhe a uma destas cidades." (19, v. 11)

— "Então os anciãos de sua cidade mandarão e dali o tirarão e o entregarão na mão do vingador do sangue, para que morra." (19, v. 12)

Prova Testemunhal —

Muito antes do Digesto romano estabelecer no seu capítulo *De testibos que In ore duorum vel trium testium stabit omne verbum* (os depoimentos de duas ou três testemunhas fazem prova perfeita), havia Moisés proscrito a validade unilateral nos processos, com este versículo:

— "Uma só testemunha contra ninguém se levantará por qualquer iniqüidade, por qualquer pecado, seja qual for o pecado que pecasse: pela boca de duas testemunhas, ou pela boca de três testemunhas, se estabelecerá o negócio." (19, v. 15)

Falso Testemunho —

A influência do mosaísmo deve ter chegado também à Pérsia. Zoroastro, reformador ou mesmo fundador do *maseísmo*, deixou traços reveladores desta asserção, como por exemplo:

— "O mentiroso deve ser desprezado". E ainda: — "O falsário seja chibatado".

O legislador do Sinai exarou estes judiciosos princípios:

— "Quando se levantar testemunha falsa contra alguém, para testificar contra ele acerca do desvio". (19, v. 16)

— "Então aqueles dois homens que tiverem a demanda, se apresentarão perante o Senhor, diante dos sacerdotes e dos juízes que houver naquele dia;" (19, v. 17)

— "E os juízes bem inquirirão; e eis que sendo a testemunha falsa testemunha, que testificou falsidade contra seu irmão," (19, v.18)

— "Far-lhe-eis como cuidou fazer a seu irmão: e assim tirarás o mal do meio de ti". (19, v. 19)

Penalidades —

É preciso que se penetre no sentido legal da antiguidade, para se compreender bem a aplicação das penas. Nem sempre os textos exprimem com exatidão o intencionalismo da lei primitiva. O talião foi tauxiado em todas as legislações daquele passado remotíssimo, em que a humanidade ainda retinha certos impulsos herdados da caverna. Moisés precisava reprimir os instintos primitivos de sua gente, na preservação de seu estado, cercado que estava de inimigos externos. Mas, como tivemos ensejo de explicar, o talião não se aplicava a todos os casos delituosos. A legítima defesa e o homicídio involuntário eram reconhecidos no seu direito, onde a pena não passava da pessoa do criminoso.

Daí a necessidade de lermos com a devida compreensão estes incisos:

— "O teu olho não poupará: vida por vida, olho por olho, dente por dente, mão por mão, pé por pé". (19, v. 21)

— "Quando houver contenda entre alguém e vierem ao Juízo, para que os julguem, ao justo justificarão e ao injusto, condenarão." (25, v. 1)

— "E será que se o injusto merecer açoites, o juiz o fará deitar e o fará açoitar diante de si, quanto bastar pela sua injustiça, por certa conta." (25, v. 2)

— "Os pais não morrerão pelos filhos, nem os filhos pelos pais: cada qual morrerá pelo seu pecado." (24, v. 16)

Pesos e Medidas Justas —

As duas legislações antigas que cuidaram com maior previdência dos pesos e medidas foram os hebreus e os gregos. Aristóteles diz que em Atenas "Se designan también por suerte diez inspectores de medidas, cinco para la ciudad y para el Oireo, y éstos cuidan de todas las medidas y pesos, para que los vendedores los usen justos".[16]

Moisés consigna no Deuteronômio três incisos admiráveis sobre a repressão dos fraudadores:

— "Na tua bolsa não terás diversos pesos, um grande e um pequeno". (25, v. 13)

— "Na tua casa não terás duas sortes *d'epha*,[17] uma grande e uma pequena." (25, v.13)

— "Peso inteiro e justo terás: *epha* inteira e justa terás; para que se prolonguem os teus dias na terra que te dará o Senhor teu Deus." (25, v. 15)

Divórcio —

A legislação mosaica adotou o divórcio, porém admitiu penalidades para o marido que falseasse a verdade em relação à virgindade da desposada. O Alcorão é menos rigoroso e os seus incisos muito menos revestidos de moral. O Deuteronômio trata do assunto em dois capítulos, como podemos ver:

— "Quando um homem tomar uma mulher e, entrando a ela a aborrecer," (22, v. 13)

— "E ache imputar coisas escandalosas e contra ela divulgar má fama, dizendo: Tomei esta mulher e me cheguei a ela, porém não a achei virgem;" (22, v.13)

— "Então o pai da moça e sua mãe tomarão os sinais da virgindade e levá-los-ão para fora aos anciãos da cidade à porta;" (22, v. 15)

— "E o pai da moça dirá aos anciãos: Eu dei minha filha por mulher a este homem, porém ele a aborreceu;" (22, v. 16)

— "E eis que lhe imputou coisas escandalosas, dizendo: Não achei virgem tua filha — Porém eis aqui os sinais da virgindade de minha filha. E estenderão o lençol diante dos anciãos da cidade". (22, v. 17)

— "Então os anciãos da mesma cidade tomarão daquele homem e o castigarão." (22, v. 18)

— "E o condenarão em cem siclos de prata e os darão ao pai da moça; porquanto divulgou má fama sobre uma virgem de Israel. E lhe será por mulher, em todos os seus dias não a poderá despedir." (22, v. 19)

---

(16) Aristóteles — *A Constituição de Atenas*, já cit.

(17) *Epha*, ou *ephi*. Era uma medida usada entre os egípcios e hebreus, para os cereais. Aos começos, tinha a capacidade de 18 litros, sendo modificada para 35 na dinastia dos Ptolomeus.

– "Porém se este negócio for verdade, que a virgindade não achou na moça, "(22, v. 20)

– "Então tirarão a moça à porta da casa de seu pai e os homens da cidade a apedrejarão com pedras, até que morra;" (22, v. 21)

– "Quando um homem tomar uma mulher e se casar com ela, então será que, se não achar graça em seus olhos, *por nela achar coisa feia*, ele lhe fará escrito de repúdio e lho dará na sua mão e a despedirá de sua casa." (24, v. 1)

Adultério –

A lei mosaica não admitiu remissão para os adúlteros. E, em todas as legislações antigas, que cotejamos, se encontram penalidades extremas. Assim instituiu o Deuteronômio:

– "Quando um homem for achado deitado com mulher casada com marido, então ambos morrerão, o homem que se deitou com a mulher e a mulher: assim tirarás o mal de Israel". (22, v. 22)

Bens Impenhoráveis –

Moisés proibiu a penhorabilidade dos bens necessários à vida do hebreu e este dispositivo que se segue foi assimilado em muitos códigos da antiguidade:

– "Não se tomarão em penhor as mós ambas, nem a mó de cima, nem a de baixo; pois se penhoraria assim a vida". (23, v. 6)

Usura –

Depois da lei mosaica, a legislação que mais percutiu sobre a usura foi a maometana. Era do próprio interesse estatal que não houvesse extorsão contra os necessitados. Daí, deixar Moisés consignados estes incisos:

– "A teu irmão não emprestarás à usura, nem à usura de dinheiro, nem à usura de comida, nem à usura de qualquer coisa que se empresta à usura". (23, v. 19)

– "Ao estranho emprestarás à usura, porém a teu irmão não emprestarás à usura." (23, v. 20)

Inviolabilidade do Domicílio –

O respeito ao lar era coisa sagrada para os hebreus. A ação da justiça respeitava a sua inviolabilidade. Moisés mais de uma vez diz *fora das portas*, querendo significar esse preceito. O Deuteronômio registra estes dois versículos proibitivos:

– "Quando emprestares alguma coisa ao teu próximo, não entrarás em sua casa, para tirar o penhor." (24, v. 10)

– "Fora estarás; e o homem a quem emprestaste te trará fora o penhor". (24, v. 11)

Recolhemos em Chateaubriand[18] algumas disposições esparsas das leis de Zoroastro, Minos, Pitágoras, dos Galos ou dos Druidas e do Egito, e verificamos que a legislação mosaica as antecedeu, conforme a seguinte comparação que fizemos:

– Honra teu pai e tua mãe. (Deut. 5, v. 16)

– Honra teus pais. (Leis egípcias)

– Honra teus pais. (Leis de Pitágoras)

– Quando vindimares a tua vinha, não tornarás atrás de ti a rabiscá-la; – para o estrangeiro, para o órfão, para a viúva será. (Deut. 24, v. 21)

– Honra o estrangeiro e põe de parte, na colheita, o quinhão dele. (Leis dos Galos ou dos Druidas)

– Não tomarás o nome do Senhor teu Deus em vão. (Deut. 5, v. 11)

– Não jures pelos deuses. (Leis de Minos)

– Amarás pois ao Senhor teu Deus e guardarás a sua observância e os seus estatutos e os seus juízos e os seus mandamentos todos os dias. (Deut. 11, v. 1)

– Honra os deuses imortais, assim como as leis os estatuíram. (Leis de Pitágoras)

– Quando alguém tiver um filho contumaz e rebelde, que não obedecer à voz de seu pai e à voz de sua mãe e, castigando-o eles, não lhes der ouvidos, (Deut. 21, v. 18)

– Então todos os homens da sua cidade o apedrejarão com pedras, até que morra; (Deut. 21, v. 21).

– O filho que três vezes desobedeceu a seu pai, morra. (Leis de Zoroastro).

Em abandono à saliência da lei mosaica tempo afora, Alberto López Camps, no estudo complementar ao livro do professor Carlos A. Ayarragaray, reivindicando o sistema da justiça em público adotada nas legislações antigas, inclui a norma de Israel, acrescentando que "los acuerdos de las legislaciones modernas son resabios de esa epoca".[19]

---

(18) Chateaubriand – *Génie du Christianisme* – Ed. Garnier Frères. Paris.

(19) Carlos A. Ayarragaray – *La justicia de la Biblia y el Talmud* – Ed. da Libreria Jurídica. B. Aires. 1948.

Tudo previu, para o seu tempo, aquele predestinado que recebeu nos pincaros do Sinai "as duas tábuas de pedra, escritas com o dedo de Deus". É possível que os últimos versículos do Deuteronômio tenham recebido a colaboração dos seus sucessores. Outro legislador encerrou o compêndio das leis que ele legou ao povo tirado da escravidão para a liberdade do estado teológico, erigido sobre uma moral diferente de todas as civiiizações antigas.

Malgrado a fortaleza de sua compleição (tão bem interpretada no mármore de Miguel Ângelo), é possível que, ao cabo de mais de um século de meditações, de trabalhos e de lutas, o hebreu inspirado compreendesse, enfim, o significado da lentidão daquele passo vigoroso que vencera as areias adustas e os pedregulhos hostis, pelos caminhos da predestinação.

Poeta, historiador, profeta e estadista, ele preenchera a existência, dando água no deserto, luz nas consciências; dando terra e liberdade a uma raça escrava; dando poesia épica aos guerreiros que levantava do desfalecimento para a formação de uma nacionalidade.

E, então, num último esforço, sobe "das campinas de Moab ao monte Nebo, ao cume de Pisga, que está defronte de Jericó", onde o Senhor o convocara para lhe mostrar, no horizonte fugindo, aquela terra que ele não haveria de transpor.

Contempla, melancolicamente, os vales e as montanhas, quase velados na distância, pelo azul polvilhante que se desprendia, macio e doce, do céu de Jeová.

Já havia cumprido a sua missão pioneira e legislativa. Já codificara suas leis, sob o patrocínio do Criador. Já as havia recapitulado cuidadosamente no Deuteronômio. Já transmitira a Josué, sob o mando do Juiz Supremo, a direção do Estado hebreu. Já estava a vislumbrar, através das primeiras névoas das pupilas, o vale de Moab, defronte de Beth-Peor, onde iria ter sepultura desconhecida dos homens.

Estendeu os braços para diante, para a amplidão, no desejo de tocar, ao menos com as pontas dos dedos, a Terra da Promissão que lhe fora interdita. Porém os seus braços recuaram frouxamente, enquanto seus olhos eram selados pela morte.

E o versículo bíblico, de sua última legislação, lhe perpetuou assim a memória venerável e os seus incomparáveis feitos:

— "E nunca mais se levantou em Israel profeta algum como Moisés, a quem o Senhor conhecera, cara a cara". (Deut. 34, v. 10)

Em sua *Bible de l'Humanité, Michelet,* exaltando o caráter daquele povo que havia sido escravo, que se organizara na vastidão estéril do deserto, ajusta o destino judaico nesta pequena frase: — "Tout cela manquant, la Judée, restée seule, trompait le regard". [20]

John Stuart Mill acrescenta: — "Mais ni les rois ni les prêtes n'obtinrent jamais en Judée comme dans ces autres pays, une puissance exclusive sur le caractère national". [21]

E Will Durant, na *Filosofia da Vida,* assim discorre por intermédio de um personagem: — "A Grécia teve cultura, mas não revelou coração; até seus filósofos defendiam a escravidão. Se os gregos produziram arte e ciência, dos judeus saiu a idéia de justiça social e dos direitos do homem. Graças a esta fé, a pequenina Israel, perdida entre os grandes impérios antigos e perseguida pelas nações modernas, alcançará a vitória no fim. Os povos que hoje a oprimem, curvam-se ante seu espírito e encampam os ideais que Israel deu ao mundo".[22]

Os dias presentes testemunham todas estas coisas; porém não teria existido a razão de uma continuidade estatal, sem o êxodo; não existiria uma regra disciplinadora sem aquelas tábuas de pedra que o legislador alisou e guardou na arca de madeira de cetim".

Porque, em louvor à verdade e malgrado tudo, a afirmação do último cântico do legislador do Sinai alcançou a realidade do seu profetismo: — "Goteje a minha doutrina como a chuva, destile o meu dito como o orvalho, como o chuvisco sobre a erva e como gotas d'água sobre a relva".

É que a fonte aberta na rocha de Horeb continuou jorrando pelos séculos afora, transformada numa torrente legislativa que lembrará sempre o cajado do pastor primitivo.

---

[20] J. Michelet – *Bible de l'Humanité* – Ed. F. Chamerot. Paris. 1864.
[21] John Stuart Mill – *Le Gouvernement réprésentatif* – Ed. Guillauman. Paris. 1877.
[22] Will Durant – *Filosofia da Vida* – Ed. Nacional. S. Paulo. 1948.

Código de Hamurabi (II milênio a.C.) – primeiro monumento preservado de codificação jurídica – Louvre, Paris

Capítulo II

CÓDIGO DE HAMURABI

Berosus é para a Babilônia o mesmo que Maneton para o Egito e Heródoto para a Grécia. Cada um historiou a civilização de que fez parte, em obras minuciosas que testemunharam o seu tempo. Mas esse documentário, em papiros abastados de hieróglifos, em blocos estiletizados de cuneiformes e em pergaminhos gregos, – poluiu-se no vendaval do tempo e os seus fragmentos não têm unidade descritiva nem colorido.

Berosus foi contemporâneo de Alexandre da Macedônia e, além de astrônomo e astrólogo, era escritor, tendo composto três volumes sobre as antiguidades caldéias.

Lamenta-se hoje a perda de sua obra cujos fragmentos foram publicados em 1848 em Leipzig, numa edição raríssima, quarenta e seis anos depois que Georg Grotefend, professor de língua grega na Universidade de Gottingen, relatou seus estudos sobre o alfabeto babilônico, trabalhos que foram completados pelo famoso diplomata britânico Henry Rawlinson.

Durant considera Berosus exato e moderado em suas anotações históricas. Entretanto, não nos consta haver Berosus feito referência, nesses apanhados, ao Código de Hamurabi, considerado pelo norte-americano Sumner, em *Folkways*, "tão bom como o dos modernos estados europeus".

Há demasiado exagero nisso, conquanto muito dispositivo de irrefutável descortínio jurídico se encontre nessa preciosa estela de diorito, onde ressalta a figura de Schamasch, o deus Sol, confiando à juventude e à capacidade de Hamurabi a codificação milenária.

Guarda o Louvre esse bloco inestimável, de 2,25 de altura e de 1,90 de circunferência, na base. Nele, ao alto e em baixo-relevo, vê-se bem Hamurabi, também chamado Khamu-Rabi (de origem árabe), em atitude de inspiração, aprendendo os "decretos de eqüidade", redigidos na parte inferior do código de pedra, em 46 colunas, contendo um texto de 3.600 linhas. Hamurabi, com a mão direita tocando o ombro esquerdo, comprime o coração, como se o quisesse despertar para ouvir as palavras divinas da lei corporificada.

Observe-se, de início, que os 282 artigos do código exumado em Susa, onde foi levado como confisco de guerra pelos cassitas, foram precedidos por um preâmbulo justificante da doação sobrenatural, muito do agrado da poderosa classe dos sacerdotes. Desdobra-se, então, desta maneira exaltada o prólogo ou dedicatória da codificação mesopotâmia:

> – Quando o alto Anu, Rei de Anunaki e Bel, Senhor da Terra e dos céus, determinador dos destinos do mundo, entregou o governo de toda a humanidade a Marduc; quando foi pronunciado o alto nome de Babilônia; quando ele a fez famosa no mundo e nela estabeleceu um duradouro reino cujos alicerces tinham a firmeza do céu e da terra, – por esse tempo Anu e Bel me chamaram, a mim Hamurabi, o excelso príncipe, o adorador dos deuses, para implantar justiça na terra, para destruir os maus e o mal, para prevenir a opressão do fraco pelo forte, para iluminar o mundo e propiciar o bem-estar do povo. Hamurabi, governador escolhido por Bel, sou eu; eu o que trouxe a abundância à terra; o que fez obra completa para Nippur e Durilu; o que deu vida à cidade de Uruk; supriu água com abundância aos seus habitantes; o que tornou bela a cidade de Brasíppa; o que encelerou grãos para a poderosa Urash; o que ajudou o povo em tempo de necessidade; o que estabeleceu a segurança na Babilônia; o governador do povo, o servo cujos feitos são agradáveis a Anuit.[1]

Aliás, não nos devemos admirar do enfatismo e do orgulho destilados no exórdio de Hamurabi, porque os reis de Portugal usam de circunlóquios semelhantes nas outorgas ou aprovações de suas leis. Tomemos, por exemplo, o restaurador bragantino D. João IV, no "Prólogo e Lei de Confirmação" das Ordenações do Reino, em 1643. Assim se derramava ele cabotinamente sobre as consciências dos seus súditos, num vasto laudatório de onde recortamos estes generosos períodos:

> – Dom João, por graça de Deus, Rei de Portugal e dos Algarves, daquém e dalém-mar, em África, Senhor da Guiné, e da Conquista, Navegação, Comércio da Etiópia, Arábia, Pérsia e da Índia e Brasil. A todos os súditos e Vassalos destes meus reinos, Senhorios e Estados de Portugal, saúde, &. Con-

---

(1) Harper – *Code of Hamurabi*, citado por Will Durant.

siderando eu quão necessária é em todo tempo a Justiça, assim na Paz como na guerra, para governança e conservação da República e do Estado Real, a qual ao Rei principalmente convém, como virtude sobre todas as outras mais excelentes e em a qual, como verdadeiro espelho, se devem rever e esmerar; porque assim como a Justiça consiste em igualdade e, com justa balança dar a cada um o seu, assim o bom rei deve ser sempre um e igual a todos em distribuir e premiar cada um segundo seus merecimentos. E assim como a Justiça é virtude não para si, mas para outrem, por aproveitar somente aquele, a quem se fez, dando-se-lhes o seu e fazendo-os bem viver, aos bons com prêmios e aos maus com temor das penas; &. Hei por bem, da minha certa ciência, poder Real e absoluto, de revalidar, confirmar e promulgar e de novo ordenar e mandar que os ditos cinco Livros das Ordenações, que neles andam, se cumpram e guardem, &.

Desta maneira, justifica-se que os déspotas mesopotâmicos, 2.000 anos antes de Cristo, usassem tais prolóquios, impelidos pela sua vaidade e pela estrutura teológica de suas leis.

Ademais, o próprio Justiniano também usou desse exórdio luxuoso, quando mandou inscrever no *Proemium* das Institutas esta imódica apresentação:

— "Imperator Caesar Flavius Justinianus, Alemannicus Gothicus, Franciscus, Germanicus, Anticus, Alanicus, Vandalicus, Africanus, Pius, Felix, Inclytus, victor ac triumphator, semper Augustus, cupidae legum juventuti."

O professor pernambucano Hersílio de Souza, de quem guardamos venerável recordação, ajuntou num volume, em 1924, diversos estudos, num documentado livro que tem o título de *Novos Direitos e Velhos Códigos*.[2]

Há, nele, uma tradução do Código de Hamurabi, organizada de acordo com o trabalho de Pietro Bonfante, *Le leggi di Hamurabi, Re di Babilonia*. A tradução cinge-se a 14 capítulos, distribuídos num texto de 282 artigos. Não vem acompanhada, entretanto, do preâmbulo e nem do fecho de ouro transcrito do livro de Harper.

O Capítulo I dedica-se aos *Sortilégios, juízo de Deus, falso testemunho, prevaricação de Juízes*. A influência do Talião começa logo no artigo 1º:

---

(2) Hersílio de Sousa — *Novos Direitos e Velhos Códigos* — Recife. 1924.

— Se alguém acusa um outro, lhe imputa um sortilégio, mas não pode dar a prova disso, aquele que acusou deverá ser morto.

O artigo 2º é um desdobramento do 1º, porém o 3º era uma calamidade para aquele que jurava falso perante o juízo babilônico:

— Se alguém em um processo se apresenta como testemunha de acusação e não prova o que disse, se o processo importa perda de vida, ele deverá ser morto.

O artigo 5º pune o juiz que dá uma sentença errada, não somente com o pagamento das custas multiplicadas por 12, pois ainda "deverá publicamente expulsá-lo de sua cadeira".

O Capítulo II refere-se a *Crimes de furto e de roubo e reivindicações de móveis*. É um conjunto de dispositivos severíssimos, porquanto a pena de morte era imposta a todo aquele que se apropriasse de bens alheios. Parece-nos que as casas de Babilônia não tinham fechaduras de segurança, ou que somente a necessidade de subsistir levava o desgraçado a cometer tal delito, mesmo com risco da própria existência. Ademais, considere-se que não existiam advogados naquela sociedade opulenta e ímpia, devotada ao culto dos deuses e dos soberanos.

Tomemos, por exemplo, o caso do furto de um escravo, que representava considerável bem, numa fase da humanidade em que a maquinaria praticamente não existia e em que o braço do homem era a força que movimentava toda a economia estatal e privada. Assim, leiamos este dispositivo que foi assimilado e modificado por outras legislações:

Art. 15 — Se alguém furta pela porta da cidade um escravo ou uma escrava da Corte, ou escravo ou escrava de um liberto, deverá ser morto.

O artigo seguinte aplicava-se a um caso de homízio e se enquadrava dentro da mesma penalidade:

Art. 16 — Se alguém acolhe em sua casa um escravo ou escrava fugidos da Corte ou de um liberto e depois da proclamação pública do mordomo, não o apresenta, o dono da casa deverá ser morto.

O Legislador Hebreu do Sinai
Desenho de Gustavo Doré

O direito divino dos reis – Otão III cercado pelos dignatários eclesiásticos e seculares, tirado de Reichenau Gospels

Oliveira Lima diz que os preceitos hamurábicos referentes ao açoitamento de escravos fugidos, "se parecem singularmente com as leis em vigor nos Estados Unidos antes da abolição".[3]

Entre nós mesmos, no Quinto Livro das Ordenações, Tít. LXIII, registram-se estas penalidades aos que "dão ajuda aos escravos cativos para fugirem, ou os encobrem: — degredo para o Brasil, açoites, pagamento da valia do escravo ao dono e escravização ao senhor do infeliz.

Ainda, como um subsídio à clemência das leis portuguesas, que nos foram impostas, cabe aqui um registro daquele costume colonial de serem ferrados os negros fugidos, na espádua, com um *F*, conforme se vê naquele edificante Alvará de D. João V, — o mesmo que moderou o rigor da Inquisição e obteve do Papa o título de Majestade Fidelíssima.[4]

E para se constatar até quando tais penalidades foram impostas entre nós, basta recordar que somente em 1824, com a promulgação da Constituição Política do Império do Brasil, se passou por cima dessas barbaridades este lenitivo reparador e legal:

Art. 19 — Desde já, ficam abolidos os açoites, a tortura, a marca de ferro quente e todas as mais penas cruéis.

Numa conferência realizada em 1947, perante o Instituto de Direito Romano na Universidade de Paris, o prof. G. Boyer expôs copiosas considerações sobre os "Articles 7 et 12 du Code de Hammourabi"; considerações que se ampliam, aliás, sobre os demais artigos deste rigoroso Capítulo II.

Os artigos estudados pelo docente da Faculdade de Direito de Toulouse apresentam a seguinte redação:

7 — Se alguém, sem testemunhas ou contrato, compra ou recebe em depósito ouro ou prata ou um escravo ou uma escrava, ou um boi ou uma ovelha, ou um asno, ou outra coisa de um filho alheio ou de um escravo, é considerado como um ladrão e morto.

12 — Se o vendedor é morto, o comprador deverá receber da casa do vendedor o quíntuplo.

---

(3) Oliveira Lima — *História da Civilização* — Ed. Melhoramentos. S. Paulo. 1921.
(4) Nota nº 17 do Apêndice do livro *O Quilombo dos Palmares*, de Jayme de Altavila, edição Melhoramentos. S. Paulo. 1921.

O prof. Boyer comprova que "l'incohérence est la même dans le sisteme de preuves", porquanto nos artigos 9 e 10 há reconhecimento de circunstâncias atenuantes em favor dos detentores da coisa roubada.

Porém, em todas as hipóteses de roubo, verifica-se que do artigo 6 ao artigo 25, a pena de morte para o ladrão é implacável e irrecorrível.

As investigações que nos parecem mais interessantes no trabalho do prof. Boyer são as seguintes: – Os artigos 7 e 12 do Código de Hamurabi tiveram procedência no *"Anefang de l'ancien droit allemand"*; em 1948 M. Goetze divulgou o Código de Eshnunna e nele os artigos 15 e 16 correspondem ao de número 7 do Código de Hamurabi, que proíbe os atos jurídicos dos filhos de família, sendo, todavia, as penas "moins sévères que dans le Code de Hammourabi, par la substitution des peines pécuniaires aux peines corporales".[5]

O capítulo III do Código de Hamurabi destina-se aos *Direitos e deveres dos oficiais, dos gregários e dos vassalos em geral e organização do benefício.* Relativamente às obrigações com o serviço militar, que sempre tiveram preferência em todas as legislações do mundo, estabelecia-se:

> Art.26 – Se um oficial ou um gregário que foi chamado às armas para ir servir ao rei não vai e assolda um mercenário e o seu substituto parte, o oficial ou gregário deverá ser morto e aquele que o tiver substituído deverá tomar posse de sua casa.

Nosso Código Penal da Armada, de 7 de março de 1891, ampliado ao Exército pela Lei nº 612, de 29 de setembro de 1899, previa o caso de substituição de insubmisso e tanto assim que no art. 116, estabelecia:

> 5º – O indivíduo que consentir na substituição e o que se tiver prestado a ser substituído.
> Pena de prisão com trabalho, por um a dois anos.

Constatemos agora no código aplicado entre o Tigre e o Eufrates a existência de duas medidas legais de grande importância no Direito Civil moderno: – a instituição do bem de família e a proibição de compra e venda entre cônjuges e filhos.

---

(5) G. Boyer – *Articles 7 et 12 de Code de Hammourabi* (Conférences faites à l'Institut de Droit Romain em 1947). Paris. 1950.

Os artigos que se seguem explicam a observação:

Art. 36 – O campo, o horto e a casa de um oficial, gregário ou vassalo, não podem ser vendidos.

Art. 37 – Se alguém compra o campo, o horto e a casa de um oficial, de um gregário, de um vassalo, a sua tábua do contrato de venda é quebrada e ele perde o seu dinheiro; o campo, o horto e a casa voltam ao dono.

Art. 38 – Um oficial, gregário ou vassalo não pode obrigar por escrito nem dar em pagamento de obrigação à própria mulher ou à filha o campo, o horto e a casa do seu benefício.

Ora, o bem de família foi adotado na legislação civil dos Estados Unidos da América somente em 1839. Daí em diante, outros países foram assimilando tal instituição de natureza econômica e previdente.

Keen, em seu volumoso tratado sobre o Bem de Família, homologa a opinião de Vacher, alegando que "el origen se remonta al feudalismo y casi como una expressión de las características de la propriedad y de la relación de señor a siervo en dicha época".[6]

Porém a raiz dessa norma a que os germânicos e suíços denominam de "Heimsteatte" está, como vemos, encravada no passado remotíssimo, como uma comprovação de que há muitas instituições de direito que julgamos contemporâneas mas que foram inseridas nas velhas legislações.

O Código Civil brasileiro, adotando, aliás, esse instituto (art. 70 *usque* 73) não acompanhou o espírito de proteção à pequena propriedade rural com que foram elaboradas as leis da mesma espécie na Áustria, Bélgica, Dinamarca, Índia, Turquia, etc.

Quanto à proibição da venda entre ascendentes e descendentes, herdamos esse preceito do Quarto Livro das Ordenações (tít. XII) que ampliava essa medida de modo claro e insofismável:

– Por evitarmos muitos enganos e demandas que se causam e podem causar nas vendas que algumas pessoas fazem a seus filhos, ou netos, ou outros descendentes, determinamos que ninguém faça venda alguma a seu filho, ou neto, nem a outro descendente.

---

(6) José Antônio Amuchastegui Keen – *Bien de Família* – Edit. Valerio Abeledo. B. Aires. 1945.

O capítulo IV regula a seguinte matéria: – *Locações e regime geral dos fundos rústicos. Mútuo, locação de casas, doação em pagamento*. Os artigos 42, 43 e 44 são de apreciável precisão econômica e social, pois obrigam os arrendatários de terras a cultivarem-nas, sob as penas de restituição e pagamento de trigo. O preparo constante das guerras, o embelezamento da cidade e esplendor da corte não permitiam a improdutividade do solo e nem a inércia.

O art. 48 previa os casos de força maior e eximia o devedor de pagar juros, caso o seu campo fosse devastado por uma tempestade e destruída a sua colheita, devendo-se "modificar a tábua do seu contrato e não pagar juros por esse ano".

Entretanto, se o arrendatário não tivesse lavrado as terras, por incúria, e diminuísse a sua produção, – teria de pagar o arrendamento, calculando-se o produto "pela parte do fundo do vizinho", conforme o art. 65.

O Capítulo V estabeleceu as *Relações entre comerciantes e comissários*. Nele se prevê a necessidade da escrituração nos negócios, de as obrigações serem escritas, das indenizações do capital mal empregado e da negligência dos intermediários, puníveis com a multa igual a "três vezes o dinheiro que recebeu".

O Capítulo VI é apenas composto de quatro artigos e tem por epígrafe: – *Regulamento das tavernas (taverneiros, prepostos, polícia, penas e tarifas)*. Pune-se a taverneira que vende bebida por preço extorsivo; pune-se a mesma se em sua casa se reúnem conjurados e manda-se queimar viva uma mulher "consagrada" (naturalmente vestal, como em Roma) se ela abre uma taverna ou entra em uma taverna para beber.

O Capítulo VII estabelece os vínculos das *"Obrigações" (contratos de transporte, mútuo), processo executivo e servidões por dívidas*. Por ele se infere que os negócios em Babilônia tinham mesmo um caráter sério e que o devedor não encontrava nenhuma misericórdia na Lei. Aliás esse sistema foi adotado em todas as sociedades antigas e a exigência do judeu Shylock, do "Mercador de Veneza" de Shakespeare, seria muito benigna se fosse proposta perante o juiz babilônio.

O Capítulo VIII epigrafa-se: – *Contratos de depósito*. Trata-se de oito dispositivos sem rigor de pena, parecendo-nos que se faziam poucos depósitos de ouro, prata, objetos de valor e trigo em Babilônia, ou então o povo mesopotâmico era mesmo um fiel depositário em face do seu Código.

O Capítulo IX é realmente interessante pela sua síntese: tem apenas um artigo e circunscreve-se à *Injúria e difamação*. Tem o seguinte texto:

> Art. 127 – Se alguém difama uma mulher consagrada ou a mulher de um homem livre e não pode provar, se deverá arrastar esse homem perante o Juiz e tosquiar-lhe a fronte.

Depreende-se que a reputação de uma senhora mesopotâmia era circundada por toda proteção legal e que havia profundo respeito ao lar conjugal. O ferreteamento importava necessariamente no exílio do ferreteado, pois não poderia mais permanecer dentro da cidade com a marca da infâmia gravada na testa.

O padre Manuel Bernardes, na *Nova Floresta*, esclarece como essa pena foi adotada em Roma pela lei Mêmmia: – "Os romanos antigos, que muitas vezes usavam a letra K em logar de C, imprimiam com ferro em brasa na testa do homem convicto de calúnia, um ou dous Kapas, como quem diz por abreviatura: – *Calumniae causa, ou Cave calumniosum*".[7]

Do menor capítulo da grande estela partida de diorito, em cujo vértice exsurge o deus inspirador do sexto soberano da primeira dinastia babilônica, – passemos agora ao mais amplo e abundante em disposições de direito de família.

Trata-se do Capítulo X, versante sobre a seguinte matéria: – *Matrimônio e família, delitos contra a ordem de família. Contribuições e dotações nupciais. Sucessão.*

São 58 artigos, subdivididos em períodos que prevalecem como parágrafos. Poderíamos também classificar certos incisos desses como versetos, pelo deslocamento da matéria que se completa ao ser desdobrada. O temário é exposto com acentuado primor pela moral social e representa certo avanço sobre o direito mosaico.

O artigo inicial é de uma redação perfeita e poderia ser incluído textualmente no direito de família de um código contemporâneo, para gáudio de Sumner. Assim, apresenta-se ele na tradução do prof. Hersílio de Souza, [8] recolhida da obra que Bonfante preferiu entre outras traduções de assiriólogos consultados:

---

(7) P. Manoel Bernardes – *Nova Floresta* – Vol. 2º Ed. 1909. Porto. Livraria Chardron.

(8) Hersílio de Sousa – *Novos Direitos e Velhos Códigos* – Impr. Industrial. Recife. 1924.

Art. 128 – Se alguém toma uma mulher, mas não conclui contrato com ela, essa mulher não é esposa.

O critério com que essa parte do direito de família é ajustada no código mesopotâmico deixa-nos a idéia de que Heródoto narrou certas coisas nos Nove Livros de História levado por falsas e fantasiosas informações. Por exemplo, no capítulo I, versículo CXCVI, diz ele que uma lei que lhe parecia *muito sábia* era aquela que obrigava anualmente as moças púberes a se congregarem em determinado lugar onde, sob os olhos ávidos dos pretendentes, eram apregoadas em leilão e vendidas, "no por esclavas, sino para que sean esposas de los compradores". Não vemos nenhuma sabedoria nessa lei, comentada pelo Padre Bartolomé Pou (que traduziu a obra do historiador de Halicarnasso do grego para o castelhano) nestas poucas e justas palavras:

> – "Esta opinión de Heródoto es conforme a las ideas asiáticas; pero no a las de aquellos pueblos que miraban al matrimonio como un contrato, tanto más digno de una prudente elección cuanto más interesante a la sociedad."[9]

Acontece que, na Ilíria, certos povos adotavam esse leilão matrimonial e os informes chegaram até Heródoto deturpados em atinência à região e daí talvez o seu falso entusiasmo por uma lei que desabonaria da tradição jurídica de um código "em que a mulher sobressai como talvez em nenhuma outra legislação oriental", – conforme a opinião de Pietro Bonfante.

Citemos alguns artigos mais interessantes dessa parte do código cuneiforme, retirado dos escombros de Susa:

Adultério e penalidade.

Art. 129 – Se a esposa de alguém é encontrada em contato sexual com um outro, deve-se amarrá-los e lançá-los n'água, salvo se o marido perdoar à sua mulher e o rei a seu escravo.

Estupro.

Art. 130 – Se alguém viola a mulher que ainda não conheceu homem e vive na casa paterna e tem contato com ela e é surpreendido, este homem deverá ser morto e a mulher irá livre.

---

(9) Heródoto de Halicarnasso – *Los Nueve Libros de La Historia* – Trad. do P. Bartolomé Pou. Ed. Joaquim Gil. Barcelona. 1947.

Falsa acusação.
Art. 131 – Se a mulher de um homem livre é acusada pelo próprio marido, mas não surpreendida em contato com outro, ela deverá jurar em nome de Deus e voltar à sua casa.

Marido prisioneiro de guerra e abandono do lar.
Art. 133 – Se alguém é feito prisioneiro e na sua casa não há com que sustentar-se, mas a mulher abandona a casa e vai à outra casa; porque esta mulher não guardou sua casa e foi a outra, deverá ser judicialmente convencida e lança la n'água.

Art. 134 – Se alguém é feito prisioneiro de guerra e na sua casa não há com que sustentar-se e sua mulher vai a outra casa, esta mulher deverá ser absolvida.

Art. 135 – Se alguém é feito prisioneiro de guerra e na sua casa não há com que sustentar-se e sua mulher vai a outra casa e tem filhos, se mais tarde o marido volta e entra na pátria, esta mulher deverá voltar ao marido, mas os filhos deverão seguir o pai deles.

Art. 136 – Se alguém abandona a pátria e foge e depois a mulher vai a outra casa, se aquele regressa e quer retomar a mulher, porque ele se separou da pátria e fugiu, a mulher do fugitivo não deverá voltar ao marido.

Repúdio.
Art. 138 – Se alguém repudia a mulher e não lhe deu filhos, deverá dar-lhe a importância do presente nupcial e restituir-lhe o donativo que ela trouxe consigo da casa de seu pai e assim mandá-la embora.

Art. 139 – Se não houve presente nupcial, ele deverá dar-lhe uma mina, como donativo de repúdio.

Obrigatoriedade de alimentos à mulher enferma.
Art. 149 – Se alguém toma uma mulher e esta é colhida pela moléstia, se ele então pensa em tomar uma segunda, não deverá repudiar a mulher que foi presa da moléstia, mas deverá conservá-la na casa que ele construiu e sustentá-la enquanto viver.

Regime da comunhão de bens.
Art. 152 – Se depois que a mulher entra na casa do marido, ambos têm um débito, deverão ambos pagar ao credor.

Direito de sucessão.
Art. 162 – Se alguém toma uma mulher e ela lhe dá filhos, se depois essa mulher morre, seu pai não deverá intentar ação sobre seu donativo; este pertence aos filhos.

A colação em face do pátrio poder.

Art. 165 – Se alguém doa ao filho predileto campo, horto e casa e lavra sobre isso um ato, se mais tarde o pai morre e os irmãos dividem, eles deverão entregar-lhe a doação do pai e ele poderá tomá-la; fora disso se deverão dividir entre si os bens paternos.

Renegação paterna.

Art. 168 – Se alguém quer renegar seu filho e declara ao juiz: "eu quero renegar meu filho", o juiz deverá examinar as suas razões e, se o filho não tem culpa grave pela qual se justifique que lhe seja renegado o estado de filho, o pai não deverá renegá-lo.

Herança em comum.

Art. 173 – Se esta mulher (que abandonou legalmente a casa de seu marido) para lá se transporta, tem filhos do segundo marido e em seguida morre, o seu donativo deverá ser dividido entre os filhos anteriores e sucessivos.

Ventre livre.

Art. 175 – Se um escravo da Corte ou escravo de um liberto desposa a mulher de um homem livre e gera filhos, o senhor do escravo não pode propor ação de escravidão contra os filhos da mulher livre.

Direito dos menores.

Art. 175 – Se um escravo da Corte ou escravo de um liberto desposa em uma outra casa, ela não deverá entrar sem ciência do juiz. Se ela entra em uma outra casa, o juiz deverá verificar a herança da casa do seu precedente marido. Depois se deverá confiar a casa de seu precedente marido ao segundo marido e à mulher mesma, em administração, e fazer lavrar um ato sobre isso. Eles deverão ter a casa em ordem e criar os filhos e não vender os utensílios domésticos. O comprador que compra os utensílios domésticos dos filhos da viúva perde seu dinheiro e os bens voltam de novo ao seu proprietário.

Para se aquilatar a significação jurídica desses dispositivos pertinentes a um dos ramos mais importantes do Direito Civil, basta que nos recordemos de que o Código de Hamurabi data de vinte e três séculos aquém da era vulgar.

Jonatas Serrano, avalizando a opinião de Contenau, afirma que o reinado de Hamurabi constitui a fase mais brilhante do império babilônico e diz, em seguida: – "Este príncipe é uma espécie de Carlos Magno: grande guerreiro, administrador e legislador".[10]

Ignoramos se ele teve, como aquele carlovíngio ilustre, algum Alcuíno que o auxiliasse na codificação; porém do que não resta a menor dúvida é que somente uma clarividência acima do despotismo oriental o encaminharia a reconhecer, em primeiro plano, na história do mundo, capacidade intelectual feminina, pois "elevou a dignidade das mulheres, dando-lhes ofícios de escribas".[11]

O Capítulo XI refere-se à *Adoção. Ofensas aos pais. Substituição de criança*. Em todas as legislações antigas, observa-se uma preocupação constante pela descendência, sendo que o Código de Manu trata da espécie extensivamente. Na Babilônia, o rei legislador dedicou onze artigos do seu Código a esse sistema de filiação política.

Estabilidade da adoção.
Art. 185 – Se alguém dá seu nome a uma criança e a cria como um filho, este adotado não poderá mais ser reclamado.

Revogação da adoção, por ingratidão.
Art. 186 – Se alguém adota como filho um menino e depois que o adotou ele se revolta contra seu pai adotivo e sua mãe, este adotado deverá voltar à sua casa paterna.

Adoção permanente pelo ensino de um ofício.
Art. 188 – Se o membro de uma corporação operária toma para criar um menino e lhe ensina o seu ofício, este não pode mais ser reclamado.

Art. 189 – Se ele não lhe ensinou o seu ofício, o adotado pode voltar à sua casa paterna.

Renúncia da adoção pelo adotado.
Art. 190 – Se alguém não considera entre seus filhos aquele que tomou e criou como filho, o adotado poderá voltar à sua casa paterna.

Irrevogabilidade da adoção.
Art. 191 – Se alguém que tomou e criou um menino como seu filho, põe em sua casa e tem filhos e quer renegar o adotado, o filho adotado não deverá ir-se embora.

O pai adotivo deverá dar do próprio patrimônio um terço da sua cota e de filho e então ele deverá afastar-se.

---

(10) Jonatas Serrano – *História da Civilização* – Ed. Briguiet. Rio. 1939.
(11) João Ribeiro – *História Universal* – Ed. Jacinto Ribeiro. Rio. 1925.

O último artigo dessa dependência do Código de Hamurabi é de um rigor que se justficava apenas na autoridade incontestável e no caráter sagrado do chefe de família, – aspecto legal que teve em Roma a sua culminância, projetada no direito civil do mundo e adotada no direito moderno.

> Art. 195 – Se um filho espanca seu pai, dever-se-lhe-á decepar as mãos.

O Capítulo XII é geralmente o mais citado desse código e se refere aos Delitos e Penas (lesões corporais, talião, indenização e composição). As legislações primitivas não procuravam atentar para a causa do delito; elas refletem a ausência de capacidade de discernir, ou visão clara para atenuar as penas. O Código de Hamurabi não fugiria àquela espelhação do passado, conquanto fosse lúcido e precioso no direito civil. Goldstein cita esta frase parcial de A. Capdevila, que poderia muito bem enaltecer (como o fizemos) o direito mosaico sem precisar ferir o sistema legal de outros povos: – "Por lo que se refiere al Código de Hammurabi, nada hallaremos en él de paradisíaco. Bien parece dictado al dia siguiente de una victória cruel, para mal sojuzgados enemigos".[12]

Talião colaborou em todo o direito inicial dos povos: olho por olho, dente por dente, braço por braço, vida por vida.[13]

Era, pois, natural que o Código de Hamurabi, do seu art. 196 ao 214, registrasse o talionato, que não se evidenciou menos cruel na Lei das XII Tábuas. Contudo, é de se observar que determinados delitos poderiam ser compensados com a pena pecuniária, como poderemos ver:

> Art. 198 – Se alguém arranca o olho de um liberto, deverá pagar uma mina.
> Art. 199 – Se ele arranca o olho de um escravo alheio, ou quebra um osso ao escravo alheio, deverá pagar a metade do seu preço.
> Art. 201 – Se ele partiu os dentes de um liberto, deverá pagar um terço de mina.
> Art. 203 – Se um nascido livre espanca um nascido livre de igual condição, deverá pagar uma *mina*.

---

(12) Mateo Goldstein – *Derecho Hebreo a través de la Biblia y el Talmud*.
(13) Je crois qu'on peut affirmer que plus un code est ancien, plus les dispositions pénales y sont étendues et minutieuses. Summer Maine. *L'Ancien droit*. Trad. de Courcelle Seneuil. Cit. por Garraud.

Art. 204 – Se um liberto espanca um liberto, deverá pagar dez *siclos*.

Art. 209 – Se alguém bate numa mulher livre e a faz abortar, deverá pagar dez siclos pelo feto.

Art. 210 – Se essa mulher morre, então se deverá matar o filho dele.

Como vemos, admitia-se o ressarcimento pelos meios pecuniários e só em sua falta era aplicado o talião.

O Capítulo XII destinava-se aos *Médicos e veterinários; arquitetos e bateleiros (Salário, honorários e responsabilidade). Choque de embarcações*.

A medicina era exercida com muito cuidado no estado mesopotâmico, pois o profissional da medicina ou era bem compensado se curava os seus clientes, ou perdia as mãos se operava mal.

Art. 215 – Se um médico trata alguém de uma grave ferida com a lanceta de bronze e o cura ou se ele abre a alguém uma incisão com a lanceta de bronze e o olho é salvo, ele deverá receber dez *siclos*

Art. 216 – Se é um liberto, ele receberá cinco siclos.

Art. 217 – Se é o escravo de alguém, o seu proprietário deverá dar ao médico dois *siclos*.

Art. 218 – Se um médico trata alguém de uma grave ferida com a lanceta de bronze e o mata, ou lhe abre uma incisão com a lanceta de bronze e o olho fica perdido, dever-se-lhe-á cortar as mãos.

Art. 219 – Se um médico trata o escravo de um liberto de uma ferida grave com a lanceta de bronze e o mata, deverá dar escravo por escravo.

Quanto aos veterinários, o Código de Hamurabi estabelecia o seguinte sistema de tratamento e de compensação:

Art. 224 – Se o médico dos bois e dos burros trata um boi ou um burro de uma grave ferida e o animal se restabelece, o proprietário deverá dar ao médico, em pagamento, um sexto de *siclo*

Art. 225 – Se ele trata um boi ou um burro de uma grave ferida e o mata, deverá dar um quarto de seu preço ao proprietário.

Em relação aos engenheiros construtores, a legislação babilônica não admitia negligência profissional:

53

Art. 229 – Se um arquiteto, constrói para alguém e não o faz solidamente e a casa que ele construiu cai e fere de morte o proprietário, esse arquiteto deverá ser morto.

Art. 233 – Se um arquiteto constrói para alguém uma casa e não a leva ao fim, se as paredes são viciosas, o arquiteto deverá à sua custa consolidar as paredes.

Edificada entre o Tigre e o Eufrates, era natural que a economia de Babilônia dependesse de seus estaleiros. Por esta razão, os dispositivos pertinentes aos bateleiros são concludentes, como estes:

Art. 234 – Se um bateleiro constrói para alguém um barco de sessenta *gur*, dever-se-lhe-á dar em paga dois *siclos*.

Art. 235 – Se um bateleiro constrói para alguém um barco e não o faz solidamente, se no mesmo ano o barco é expedido e sofre avaria, o bateleiro deverá desfazer o barco e refazê-lo solidamente à sua custa; o barco sólido ele deverá dá-lo ao proprietário.

Art. 236 – Se alguém freta o seu barco a um bateleiro e este é negligente, mete a pique ou faz que se perca o barco, o bateleiro deverá ao proprietário barco por barco.

Art. 237 – Se alguém freta um bateleiro e o barco e o provê de trigo, lã, azeite, tâmaras e qualquer outra coisa que forma a sua carga, se o bateleiro é negligente, mete a pique o barco e faz que se perca o carregamento, deverá indenizar o barco que fez ir a pique e tudo que ele causou perda.

Nos casos de abalroamento, que deveriam ser freqüentes naquele fervedouro fluvial, os rudimentos de direito comercial marítimo do Código obrigavam o causador do choque a indenizar todos os prejuízos, uma vez que o prejudicado pedisse previamente "justiça diante de seu Deus", que era Marduk.

Art. 240 – Se um barco a remos investe contra um barco de vela e o põe a pique, o patrão do barco que foi posto a pique deverá pedir justiça diante de Deus; o patrão do barco a remos, que meteu a fundo o barco a vela, deverá indenizar o seu barco e tudo quanto se perdeu.

Diante dos artigos 234 *usque* 240 do Código de Hamurabi, parece-nos que Van Loon se equivocou, dizendo que os egípcios e os mesopotâmios apenas "usavam seus rios para fins irrigatórios".[14]

---

(14) H. Van Loon – *Navios*. Obr. cit.

O Capítulo XIV, contendo 41 artigos, encerra a corporificação jurídica promulgada por aquele que tomou o título de rei de Sumer e Acad. Tem este enunciado: — *Seqüestro, locação de animais, lavradores de campos, pastores, operários. Danos, furto de arneses, de água, de escravos (ação redibitória), responsabilidade por evicção e disciplina.*

Nesta divisão do código, está regulada uma norma jurídica que é considerada, indevidamente, como uma conquista social dos tempos modernos: o salário mínimo, tutelado pelo Estado.

Moisés, no capítulo 15, v. 18 do Deuteronômio, regulando a liquidação dos contratos de trabalho de escravização temporária e voluntária, diz:

> — Não seja aos teus olhos coisa dura, quando o despedires forro de ti: pois seis anos te serviu em dobro do salário do jornaleiro: assim o Senhor teu Deus te abençoará em tudo o que fizeres.

Aliás, o prof. Speiser, adiante citado, registra, de passagem, "the influence of Mesopotamia on the Old Testament".

E existia, na Índia bramânica, um personagem de elevada categoria social, o *Vaisya* que era investido do cargo de administrador, o qual "depois de ter recebido o sacramento da investidura do cordão sagrado e depois de ter desposado uma mulher da mesma classe, deve ocupar-se com assiduidade de sua profissão". O Código de Manu lhe conferia, então, muitas atribuições legais, entre as quais a do conhecimento dos preços das pedras preciosas, dos cuidados e tratamento dos animais, das épocas das semeaduras e da seleção das sementes, do valor e qualidade das mercadorias e de "conhecer os salários que é preciso das aos criados". (Art. 743)

Porém, não especificou o *quantum* da compensação pelo trabalho e nem o gênero ou a sua especialização, da mesma maneira que a legislação mosaica, que o deixou ao arbítrio dos empregadores.

Entretanto, Hamurabi tomou a dianteira sobre todas as legislações antigas e foi, de fato, o precursor do salário mínimo no mundo, confirmando, assim, a sua conformação de soberano jurista.

Afora a matéria rigorosa das indenizações por trabalhos de animais, danos por eles produzidos, negligência dos trabalhadores, fraudes nas colheitas e no pastoreio etc., esta dependência do código mesopotâmio enfeixa os seguintes dispositivos de legislação trabalhista, pertinentes aos preços dos trabalhos:

Art. 257 – Se alguém aluga um lavrador de campo, lhe deverá dar anualmente oito *gur* de trigo.

Art. 261 – Se alguém aluga um pastor para apascentar bois e ovelhas, lhe deverá dar oito *gur* de trigo por ano.

Art. 271 – Se alguém aluga bois, carros e guardas, deverá dar cento e oitenta *ka* de trigo por dia.

Art. 273 – Se alguém aluga um lavrador mercenário, lhe deverá dar, do novo ano ao quinto mês, seis *se* por dia: do sexto mês ao fim do ano, deverá dar cinco *se* por dia.

Art. 274 – Se alguém aluga um operário, lhe deverá dar cada dia:

- – cinco *se* de paga, pelo ... (indecifrável).
- – cinco *se*, pelo tijoleiro.
- – cinco *se*, pelo alfaiate.
- – cinco *se*, pelo canteiro.
- – cinco *se*, pelo ... (indecifrável).
- – cinco *se*, pelo ... (indecifrável).
- – cinco *se*, pelo ... (indecifrável).
- – quatro *se*, pelo carpinteiro.
- – quatro *se* , pelo cordoeiro
- – quatro *se*, pelo ... (indecifrável).
- – quatro *se*, pelo pedreiro.

O trabalho do prof. Bonfante não se refere aos salários cuja tradução não pôde ser feita nos tijolos cuneiformes, naturalmente corroídos pelo tempo; porém, pelo registrado nesse artigo, se infere que havia categoria para os serviços e que a lei determinava uma remuneração oficial para eles. Uma coisa digna de menção é o modo conciso como a matéria é tratada no código diorito, sem a luxuosa e desnecessária linguagem do Código de Manu.

Os norte-americanos têm tomado, neste século XX, a vanguarda dos estudos de história e realizado notáveis investigações no domínio da arqueologia e revelações das civilizações antigas. Dispondo de elemento material considerável e amparados pela tutela estatal, não se lhes deve negar o proveito de suas investigações científicas.

Dentre eles, Edward Macnall Burns, que compôs o exuberante livro "História da Civilização Ocidental – Do homem das cavernas até à Bomba Atômica". Encontro nele uma originalidade refutável: – a asseveração de que o Código de Hamurabi não é mais do que uma revisão do Código de Dungi.

Mas, em sua vasta bibliografia, não menciona a fonte de onde promanou essa investigação que em nada modifica o conceito universal da lei   codificada do rei jurista, que é também conhecido como Khammu-Rabi.

Porém, outro americano, o professor E. A. Speiser, num estudo copioso e ilustrado sobre "Ancient Mesopotamia: A Light That Did Not Fail", vai além dessa citação, pois se refere à existência de "series of law codes from that area". Isto, todavia, não esmaece o valor do código mesopotâmio, cujo destino e merecimento o mesmo catedrático de Estudos Orientais da Universidade de Pensilvânia concentra neste período: "The huge stele on which the Code of Hammurabi was inscribed was not recovered from its home site in Babylon but from the Elamite capital at Susa. Obviously a priceless war trophy, it was deemed worth all the effort that its transportation must have entailed. And well it might be, for this code was not only a general charter of human rights but also a precise book of instructions concerning the family, the society, and the government, as well as commerce, the arts crafs, and professions.[15]

A tradução do prof. Bonfante, como dissemos, não menciona o exórdio nem o remate do Código da civilização dos dois rios. Mas vale a pena não se retirar o espírito desse legado jurídico sem se render uma sincera homenagem a este fecho imortalizante do rei legalista:

> "As justas leis que Hamurabi, o sábio rei, estabeleceu e com as quais deu base estável ao governo: — Eu sou o governador guardião. Em meu seio trago o povo das terras de Sumer e Acad. Em minha sabedoria eu os refreio, para que o forte não oprima o fraco e para que seja feita justiça à viúva e ao órfão. Que cada homem oprimido compareça diante de mim, como rei que sou da justiça. Deixai-o ler a inscrição do meu monumento. Deixai-o atentar nas minhas ponderadas palavras. E possa o meu monumento iluminá-lo quanto à causa que traz e possa ele compreender o seu caso. Possa ele folgar o coração, exclamando: — *"Hamurabi é na verdade como um pai para o seu povo; estabeleceu a prosperidade para sempre e deu um governo puro à terra*. Nos dias a virem, por todo tempo futuro, possa o rei que estiver no trono observar as palavras de justiça que eu tracei em meu monumento".

---

(15) E. A. Speiser — *The National Geographic Magazine* — January, 1951. Washington. D. C.

Compare-se este remate de um déspota com as proclamações dos ditadores modernos, principalmente os que assolaram a Europa, nestes últimos tempos, e chegar-se-á à conclusão de que a esfera política da humanidade é um espelho onde podem ser sempre refletidas as imagens dos homens, sem que haja qualquer alteração na face polida do cristal.

Em geral, conhecem-se mais inscrições insolentes dos soberanos da terra distendida entre o Tigre e o Eufrates, do que mesmo o Código do filho de Gin-Muballit. Oito anos após a morte do guerreiro-legislador, os povos semibárbaros do Elam invadiram a Babilônia e levaram a coluna diorítica de suas leis. É possível que eles temessem mais aquela estela referta de inscrições cuneiformes, do que mesmo as armas dos defensores da cidade que tinha uma área maior do que Paris.

Mas o fato é que a levaram cuidadosamente, temerosos dos seus sortilégios e a sepultaram em Susa, até que Morgan a desenterrou em 1902.

Que caráter versátil o daqueles déspotas da Ásia Menor!

Eram capazes de furar pessoalmente, com um estilete de ouro, os olhos aterrorizados dos pobres reis vencidos pelos seus carros de guerra e pelos seus arqueiros. Eram arrogantes como o filho de Nabopolassar, que mandava inscrever constantemente em todos os ladrilhos das construções reais (uma vez que na sua terra não havia granito) esta legenda sintetizante da sua fama e da sua crueldade: – "Eu sou Nabucodonosor, Rei da Babilônia".

Senhor de um imenso serralho, polvilhado de ouro da cabeça aos pés, como uma cortesã, com o trono assente sobre os ombros de milhões de escravos que mourejavam para a sua grandiosidade espalhafatosa sob o açoite dos capitães, – o déspota, um dia, sob o jugo da paixão que nutria pela esposa, Amitis, oriunda da Média, mandou construir os jardins suspensos, que foram uma das sete maravilhas do mundo antigo, a fim de lhe acalentar a saudade do seu país montanhoso.

Hamurabi, construtor de canais, templos e fortalezas, castigador de rebeliões, audacioso na guerra e jurista na paz, – deixou em seu código, onde há muita punição, muita justeza, muito rigor e muita eqüidade, – três parágrafos que traem, nas entrelinhas, a sua sensibilidade e a sua psicologia.

Os artigos 137, 156 e 172, estabelecendo causas diversas de divórcio, concluem com este dispositivo humano e sensato, em relação à mulher:

— "Ela pode desposar, em seguida, o homem do seu coração".

Já se vê que, no diorito de Susa, onde há 22 artigos que prescrevem penas de morte, — há também alguns parágrafos que reconhecem a existência de uma lei não escrita, porém mais poderosa do que o código de pedra, que é a lei do amor, impressa na alma e no coração de todas as criaturas.

Por essa razão, acreditamos que o código mesopotâmio não foi outorgado por Schamasch, o deus do Sol e da Justiça, mas sim concebido e escrito por Hamurabi, o homem.

Capítulo III

O CÓDIGO DE MANU

O código de Manu não poderia deixar de ser um código copioso e exaustivo, – oriundo que foi de uma civilização mística e convencional, cujo rendilhado de pedra dos templos imensuráveis e inúteis, espelha a sua orientação rotineira e persistente.

Fizeram bem os reis egípcios em não codificarem as suas leis, pois num estado politeísta em que o poder era representado por um látego, que vínculos jurídicos poderiam ser hieroglifados em granito ou em papiros, senão ditames de horror e crueldades, neste mundo e naquele outro do qual o faraó já era autoridade partícipe?

Frederico Ávila, publicista boliviano (tal como Sumner em relação ao Código de Hamurabi), diz exageradamente que "Tuvieron tambien los egipcios, junto a una moral elevada, leys humanas, algunas de las cuales tenian un nivel medio superior a la moralidad legal europea".[1]

As leis egípcias deveriam ser lúridas como os seus hipogeus; ê os seus artigos nubilosos certamente no mesmo estilo caliginoso do "Livro dos Mortos".

Heródoto de Halicarnasso, no segundo livro de sua História, denominada *Euterpe*, depois de fazer inúmeras referências a leis absurdas e amorais do Egito, cuja citação não elevaria muito os foros jurídicos do país que nunca tributou uma honraria a um herói nacional, – diz, entretanto, no parágrafo CXXIV do mesmo livro que "Hasta el reinado de Rampsinito, según los sacerdotes, vióse florescer en Egito la justicia, per-

---

(1) Frederico Ávila – *La sabiduria hermética de los egípcios* – Revista Jurídica – Cochabamba. Bolívia. 1947.

maneciendo las leyes en su vigor y viviendo la nación en el seno de la abundancia y la prosperidad".[2]

Porém não há em *Los nueve libros de la Historia*, traduzidos do grego para o castelhano pelo padre Bartolomé Pou, referências de codificação dessas leis que, pelas notícias de seus objetivos, primavam pela ausência de senso, sendo suspeitos os sacerdotes que as elogiaram.

O código hamurábico era um cárcere; porém um cárcere espaçoso, com janelas gradeadas, por onde entravam livremente o ar e a luz.

A lei escrita de Manu era, todavia, um subterrâneo tenebroso, onde o hindu de classe média ou inferior encontrava infalivelmente um abismo legal diante de cada passo inseguro, pois os degraus que nele se construíram eram anulados pelas cavidades.

Há, no livro do prof. Carlos Ayarragaray "La Justicia en la Biblia y el Talmud" um esclarecido comentário da legislação de Manu, feito por Alberto López Camps onde destacamos esta consideração acertada:

— "La ley de Manu forma un código de preceptos *artificiales*, que respondió al ideal de cierta escuela brahmánica, y no es una legislación proclamada por un poder público".[3]

Quando os árias invadiram a Índia, transportaram consigo princípios monoteístas; porém esse período védico foi superado pelo período bramânico que destruiu a epopéia cosmogônica dos arianos e evolucionou pela legislação religiosa da casta invencível dos sacerdotes.

O Código de Manu (Manu foi o Adão do paraíso indiano) faz parte da coleção dos livros bramânicos, enfeixado em quatro compêndios: — o *Maabárata*, o *Romaiana*, os *Purunas* e as *Leis de Manu*.

É natural que, instituindo a vida estatal, o culto, as relações civis e criminais, — tenham os brâmanes consagrado uma preponderância absoluta sobre a vida nacional, através de leis que não admitiam comentários.[4]

---

(2) Heródoto de Halicarnasso — *Los nueve libros de la História* — Barcelona. Ed. de J. Gil. 1947.

(3) Carlos A. Ayarragaray — *La Justicia en la Biblia y el Talmud* — Libreria Jurídica — Buenos Aires. 1948.

(4) Augusto Riera — *História del Mundo*. Los bramines hicieron gran número de leys que las classes inferiores deben respetar. Decian a las gentes del pueblo que si nos las observaban, quedarian transformados después de su muerte en puercos, serpientes, insetos venenosos y aun en plantas. Ed. J. Montesó. Barcelona. 1933.

O período búdico, que se projetou seis séculos antes de Cristo, modificou profundamente a fase teogônica anterior, mas não aboliu em absoluto os preceitos raciais que ainda hoje subsistem.

E tanto assim que, em face da perseguição dos brâmanes, o budismo emigrou, com eficiência, para a Indo-China, Japão, Tibet e Mongólia, onde encontrou um solo espiritual favorável ao seu enraizamento.

Manu foi apenas um pseudônimo da classe sacerdotal. Havia sempre o proclama de uma emanação divina em todas as leis de antanho, como já dissemos. Era um meio astucioso de corresponsabilizar os deuses pelos interesses humanos.

Ainda hoje as constituições modernas são promulgadas invocando a proteção de Deus, sujeitas embora à violação preconcebida pelos homens que as redigiram a seu talante.

Os próprios legisladores da Revolução Francesa que efetuaram, no gênero, uma obra jurídica das mais notáveis do mundo, não fugiram a essa invocação divina e, tanto assim que, na Declaração de 1789, os XVII artigos foram estabelecidos "sob os auspícios do Ser Supremo" e os XXV incisos da Declaração definitiva de 1793 foram exarados "na presença do Ser Supremo".

Não podemos afirmar a sinceridade de todos os que se utilizaram do nome do Criador até hoje, como fonte inspiradora de suas leis, uma vez que o fizeram para obscurecer os olhos dos seus jurisdicionados com essas cortinas de incenso propiciatório.

Houve em todos os tempos e na organização de inúmeras leis, certo sentido oculto, de interesses individuais, coonestados pelo apanágio do bem-estar social ou pelo verniz de uma democracia solúvel.

Talvez esse sentido oculto seja a existência potencial daquela "espèce de nécessité interne" a que se refere o prof. Bouglé quando faz conclusões em torno de "les idées égalitaires".[5]

Nesse particular, porém, a lição vem dos antigos.

O Código de Manu, inspirado a Brama pelo descendente do Ser Supremo e que "le Richi Bhrigou est supposé l'avoir fait connaitre" no século XIII, – foi traduzido do sânscrito para o francês por M. Loiseleur-Deslonchamps e editado

---

(5) C. Bouglé – *La democratie devant la science* – Ed. Libr. E. Alcan. Paris. 1923.

em 1850 sob a direção de M. Lafévre, na coleção "Moralistes anciens". [6]

O professor Hersílio de Souza, em 1924, publicou uma tradução portuguesa, recolhida do original francês. Evidencia-se no seu trabalho um cunho de meticulosidade, conquanto diferente do original francês nos textos complementares. A tradução presumidamente foi feita dessa edição centenária que consultamos, pois o autor diz: — "Seguindo Deslonchamps, damos aqui a parte das leis de Manu que constituem propriamente o Código Civil e Criminal, encerrados nos capítulos oitavo e nono".

A obra editada em Paris se mostra em três partes, tratando respectivamente de Religião, Moral e Leis Civis, sendo que a tradução de vinte e cinco instâncias foi feita por M. Pauthier, conforme declara o editor, sendo Deslonchamps o autor de "toute la suite".

As duas primeiras partes vão se entrelaçar adiante, na última, que se amplia precisamente por oito capítulos: — Das Funções dos Juízes, Dos Testemunhos, Dos Juramentos, Do Roubo, Do Adultério, Dos Deveres do Marido e Da Mulher, Dos Jogos de Azar e Apostas, Dos Deveres do Kchatrya, do Vaisya e do Soudra e das Classes Misturadas.

A tradução do professor pernambucano seguiu uma melhor técnica de codificação e compreende 18 Títulos, uma Parte Geral e Disposições Finais. Observamos ainda que a tradução direta do sânscrito não distribui as matérias em forma articulada, ao passo que a versão portuguesa se distende em caráter numérico.[7]

Podemos, assim, admitir a existência de uma outra edição, consultada pelo autor de "Novos Direitos e Velhos Códigos".

Van Bemmelen, depois de nos esclarecer que Max Müller apresentou as traduções inglesas de cinco códigos hindus, sob o título *Sacred books of the East*, refere-se à existência de outras traduções e bem assim diz que "otros de los códigos relacionados con la ley de Manu han salido de las escuelas brahmánicas: el de Narada, del siglo IV, V Ó VI de nuestra

---

(6) Loiseleur-Deslonchamps — *Les Lois religieuses, morales et civiles de Manou* — Victor Lecou, libraire. Paris. 1850.

(7) Hersílio de Sousa — *Novos Direitos e Velhos Códigos* — Imprensa Industrial. Recife. 1924.

era; y el de Brihaspati, que acaso sea todavia un poco más reciente".[8]

Formulado dez séculos depois do Código de Hamurabi, não teve, todavia a projeção legal deste, porquanto a legislação cuneiforme se infiltrou pela Assíria, Judéia e Grécia e constituiu "um legado comparável ao que Roma fez ao mundo moderno".[9]

Foi um código sem ressonância fora dos limites hindus. Seu manuseio vale por uma dissecação legal e nada mais.

A parte geral – *Da Administração da Justiça* – desdobra-se inexplicavelmente nestes três capítulos, sendo que o último não se justifica estar ali encaixado, pela diversidade da matéria: –

> I – Dos offcios dos juízes.
> II – Dos meios de prova.
> III – Das moedas.

O artigo 1º estabelecia um freio inicial para o rei, que "deve comparecer à Corte de Justiça em um porte humilde, sendo *acompanhado de brâmanes* e de conselheiros experimentados". Tudo isto apenas simples exteriorismo, para impressionar os milhões de seres bestializados pelo horror dos castigos e pelo narcótico do medo daquele mundo além da morte, para onde os justiçados já iam com a condenação lavrada na terra. E como os brâmanes eram os compendiadores da lei, por esse intróito do código o soberano não poderia de modo nenhum decidir sozinho, ou mesmo acompanhado dos seus conselheiros.

O artigo 3º, como comprovação do emaranhado legal hindu, é redigido da seguinte forma:

> – Que cada dia ele decida, uma depois da outra, pelas razões tiradas dos costumes particulares locais às classes e às famílias e dos Códigos e leis, as causas classificadas sob os dezoito principais títulos que se seguem.

Logo daí se estabelecia o sentido previlegial consuetudinário e o merecimento das castas e das linhagens.

Quando, todavia, os casos não se enquadravam nas matérias capituladas, o rei poderia julgar "seus negócios apoiando-

---

(8) P. Van Bemmelen – *Nociones fundamentales del Derecho Civil.*
(9) Will Durant – *História da Civilização.*

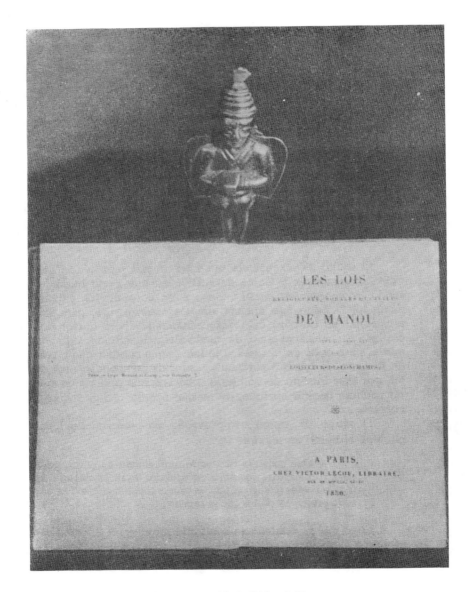

*Edição centenária do Código de Manu
Recostada no velho deus de bronze, trazido de um templo de Bombaim*

Forum Romano
Local da promulgação da Lei das XII Tábuas

se sobre a lei eterna". Ora, essa lei eterna resultaria da consulta feita aos brâmanes e do modo como quisessem eles nortear a sentença do soberano, – sempre acautelando os interesses da classe das funções religiosas.

Segue-se um amontoado de considerações, sempre visando a superioridade do pensamento sacerdotal, do qual se salva esta concepção elevada:

> Art. 13 – A justiça é o único amigo que acompanha os homens depois da morte; porque qualquer outro afeto é submetido à mesma destruição do corpo.

Mais adiante, e para que o rei não desprestigiasse a casta influente, vem esta consideração pitoresca:

> Art. 17 – Quando um rei tolera que um sudra[10] pronuncie julgamento à sua vista, seu reino está em perigo igual ao de *uma vaca num atoleiro*.

Como parte pretensiosamente psíquica, mas perigosa nos julgamentos, esclarecia-se que:

> Art. 22 – Conforme o estado do corpo, o porte, a marcha, os gestos, as palavras, os movimentos dos olhos e da face, se adivinha o trabalho interior do pensamento.

Prossegue o capítulo com a determinação de que se um homem achasse um tesouro, o rei deveria ter dele 6%, ou 10%, conforme a condição do descobridor. Se o tesouro fosse achado por um brâmane, seria todo seu, "porque ele é senhor de tudo o que existe". E se o descobridor fosse o próprio rei, então os brâmanes teriam direito a 50% do achado. Deduzimos que o soberano hindu, em tal conjuntura, ficava colocado em condição inferior à de um simples indivíduo que desenterrasse um punhado de ouro ou de pedras preciosas.

O segundo capítulo, – *Dos meios de prova* – é vastíssimo e decalcante da matéria nele próprio estatuída. Prescreve-se que somente homens dignos de confiança, "isentos de cobiça", possam ser escolhidos para testemunhas de fatos levados a juízo; sendo tal missão vedada aos artífices de baixa classe, aos cozinheiros, aos atores, aos estudantes, aos ascetas e aos *há-*

---

(10) Indivíduo de condição inferior, destinado exclusivamente a servir de escravo das três classes superiores, sendo-lhe interdita a cultura religiosa dos *Vedas*.

beis teólogos que seriam, então, uma espécie de advogados, desnecessários a esclarecerem a confusão legal.

A mais interessante proibição testemunhal é, entretanto, a que contém adiante:

> Art. 49 – Nem um infeliz acabrunhado pelo pesar, nem um ébrio, nem um louco, nem um sofrendo de fome ou sede, nem um fatigado em excesso, *nem o que está apaixonado de amor*, ou em cólera, ou um ladrão.

Desta maneira, o hindu que se apresentasse perante a corte, estando reconhecidamente apaixonado por uma mulher, não merecia fé pública para depor, era considerado em privação de sentido. Num estado em que os casamentos eram negociados na infância pelos pais dos nubentes, havia mesmo razão de considerar um louco o homem que se apresentasse descontrolado pelos efeitos perturbantes do amor.

É de justiça, porém, esclarecer que o código hindu, nessa exceção processual, vai ao encontro da moderna teoria do renomado jurista italiano prof. Enrico Altavila, pois no primeiro volume de sua *Psicologia Judiciária*, no capítulo pertinente às "Emoções e paixões", estão consignados, em abono de Manu, os seguintes argumentos:

> "O amor apresenta, como as idéias fixas, fenômenos muito evidentes de obsessão e de impulsão: a obssessão implica uma restrição especial do campo de consciência, que explica o exclusivismo, que é o caráter distintivo da paixão. O homem enamorado é, por conseguinte, testemunha medíocre, pela obtusidade da sua consciência, para percepcionar acontecimentos estranhos ao seu amor, e pelos freqüentes erros de juízo que comete".[11]

Nessa emergência, a patologia forense dos indo-arianos oferecia um aspecto que a psicologia penal do século XX referenda através da obra do ilustre criminalista da Universidade de Nápoles.

Quanto ao testemunho feminino, a lei bramânica circunscrevia-o desta forma:

> Art. 50 – Mulheres devem prestar testemunho para mulheres.

---

(11) Enrico Altavila – *Psicologia Juridiciária*. Vol. I. Trad. de F. de Miranda. Ed. Saraiva. S. Paulo. 1946.

O artigo seguinte, porém, excepcionava o crédito visual e auditivo, expressando que "na falta de testemunhas convenientes, pode-se receber o depoimento de uma mulher".

Ainda em socorro do Código de Manu fomos encontrar, neste particular, esta observação do professor argentino Ricardo Levene, no seu livro *El Delito de Falso Testimonio*:

"El sexo es otro factor. La mujer depone más bajo el influjo de los sentimientos y pasiones que el hombre. Su psiquis suele volverse más irritable por sus estados patológicos normales. Su emoción se acrescienta en estado de gravidez y además es facilmente sugestionable".[12]

Derivando sempre pelo sentido racial, as leis indianas indicavam taxativamente que os "misturados" somente poderiam depor para a casta amorfa daqueles que se uniam ou resultavam da união de castas diferentes.

A testemunha que depunha sobre coisa diversa do que vira e ouvira, seria "precipitada no inferno, com a cabeça para baixo e privada do céu". Neste particular, como já observamos, Manu também legislara para a eternidade.

O artigo 109 estabelecia o grau das penas: — simples repreensão, severas censuras, multa e castigo corporal. A pena espiritual ficava omissa neste dispositivo, conquanto surgisse, impiedosa, em muitos outros artigos tenebrosos. Observemos que o próprio rei poderia ser recomendado ao fogo do inferno pelos brâmanes, desde que não aplicasse aos culpados os castigos legais, — isto é, aqueles que os seus conselheiros achassem compatíveis com os seus interesses. Era, assim, o soberano hindu um prisioneiro político e religioso daquela casta que retinha nas mãos ávidas todos os poderes do nebuloso e complicado estado bramânico.

O terceiro capítulo da parte introdutiva, — *Das moedas*, — nos seus oito dispositivos dedicados ao cobre, à prata e ao ouro, evidenciava que o metal circulante merecia uma atenção especial dos legisladores brâmanes.

O valor monetário começava da poeira do sol quando "passa através de uma janela". Oito grãos de poeira formavam, então, a unidade metálica concreta. Seguiam-se os valores crescentes, até atingir uma "nikka", que deveria ser o maior valor concebido pelos economistas da Índia. Entretanto, o código não se referia ao privilégio da cunhagem das moedas, nem

---

(12) Ricardo Levene – *El Delito de Falso Testimonio* – Ed. Kraft. B. Aires. 1943.

às falsificações ou cerceios. Tanto melhor para a aplicação das penalidades arbitrárias, urdidas no momento crucial dos julgamentos.

A parte especial derivava, de início, para as dívidas.

A ação de cobrança tinha a sua propositura perante o rei, depois de o credor ter usado inutilmente de todos os recursos legais: — astúcia, ameaça e violência.

O mutuante de dinheiro, garantido por um penhor, tinha direito, além do seu capital especializado, aos juros de 100% ao mês.

Não corria a prescrição em determinados casos e sobre determinados "bens", como prescrevia a lei:

> Art. 143 – Um penhor, o limite de uma terra, o bem de uma criança, um depósito aberto ou selado, "mulheres", as propriedades de um rei e as de um teólogo, não ficam perdidas por que um outro delas goze.

Podia-se fazer a inovação da dívida, desde que fossem pagos os juros; o filho não respondia pelas dívidas do pai, desde que ele tivesse gasto o dinheiro com mulheres, músicos, jogo e licores espirituosos.

Os ébrios, os loucos e os doentes eram incapazes para contratar. Os contratos somente eram válidos se "compatíveis com as leis estabelecidas e os costumes imemoriais".

A fraude anulava o contrato; os herdeiros pagavam as dívidas do *de cujus*; as dívidas poderiam ser ressarcidas com a prestação de trabalhos e a lei proibia que os advogados administrativos fizessem queixa dos credores perante os soberanos.

O capítulo – *Dos depósitos* – apresentava esta disposição recomendável:

> Art. 174 – Qualquer que seja o objeto e de qualquer maneira que ele seja depositado nas mãos de uma pessoa, deve se reaver esse objeto da mesma maneira; assim depositado, assim restituído.

O capítulo – *Das empresas comerciais feitas por associados* – introduz no direito uma instituição que mais tarde, na Idade Média, foi generalizada na Europa Central: a associação de classe ou o cooperativismo.

E estabelecia, então, o velho código:

> Art. 204 – Quando vários homens se reúnem para cooperar, cada um por seu trabalho, em uma mesma empresa, tal é a maneira por que deve ser feita a distribuição das partes.

Compreendia-se perfeitamente o espírito de tal instituição, pois a indústria manual gerava toda a economia do país e bem caprichosos foram aqueles artesãos que trabalharam no engaste das gemas preciosas, nas primorosas estatuetas de marfim, nos móveis de decorações reveladoras de um refinado senso artístico, nos lavores de prata e ouro sobre famosas caixas de teca, nos couros luxuosamente pirografados, nos interiores onde a pintura revelava as belezas da fauna e da flora. Foram eles que retalharam no monólito dos templos aquelas milhares de estátuas e baixos-relevos dos deuses medonhos da mitologia indo-ariana. Contentados com a casa, o pão e a esperança de um lugar na eternidade, compraziam-se em realizar uma obra silenciosa e duradoura. Esqueciam a sua própria condição humilde, na criação de um estilo que culminou também na fatura dos vasos de metal, recamados de frisos damasquinados de prata, nos bizarros instrumentos de música tauxiados de madrepérola e marfim, nas aljavas de recamos esquisitos, nos capacetes de guerra, nos tecidos de maravilhosa estamparia, nos objetos de adorno que são legítimas obras-primas. Quando a lei os reconheceu e os amparou, não foi certamente por benignidade, mas pela necessidade de sua sobrevivência laboriosa e construtiva.

O capítulo destinado às ações para serem retomadas as coisas dadas não possui valor analítico, parecendo-nos que as doações não eram costumeiras entre os hindus.

O capítulo – *Da recusa de cumprir as convenções* é omisso e impreciso, não oferecendo igualmente margem para um comentário que possa interessar. A retrovenda era cabível em todos os negócios, dentro de dez dias, mesmo que não estivesse exarada no corpo do contrato e se tratasse de coisa imperecível. Essa norma de arrependimento foi introduzida na legislação moderna com a prévia especificação pelas partes contratantes, pelo que concluímos que a tradição da coisa vendida somente se operava necessariamente depois do prazo fixado pelo art. 215.

O capítulo – *Das contestações entre proprietários de animais e pastores* – não se reveste de aspecto merecedor de crítica, tendo apenas um sabor bucólico e regional.

No capítulo – *Das questões sobre limites* – exigia-se que os demarcadores teriam de exercer as suas funções "pondo terra sobre as cabeças, conduzindo grinaldas de flores vermelhas e com vestimentas vermelhas". Somente assim, sob tal dilúvio escarlate, a demarcação teria valimento perante a corte, porque a cor exercia uma importante significação psicológica em tais audiências.

O capítulo – *Das injúrias* – era ferocíssimo: estabelecia penas de língua cortada, estilete de ferro em brasa, óleo fervendo pela boca e pagamento de multa.

Na parte – *Das ofensas físicas* – Talião se apresenta como colaborador de Manu. Aliás ele exerceu notável influência em todas as legislações antigas, inclusive na grega e na romana. Passemos por cima de tantos requintes de crueldade, indignos de serem comentados.

O código dos brâmanes distinguia o furto e o roubo. Em qualquer dos casos, as penalidades máximas se relacionavam com os bens das classes superiores, principalmente da casta sacerdotal.

A diferenciação estava contida neste dispositivo:

> Art. 324 – A ação de tirar uma coisa por violência, à vista do proprietário, é um roubo; em sua ausência, é furto, do mesmo modo o que se nega ter recebido.

A distinção da lei era, entretanto, quanto à presença ou ausência do dono da coisa, desprezando o característico da violência física instituído no direito subseqüente.

A legítima defesa era tomada em consideração, desde que não houvesse no criminoso "nenhum meio de escapar".

O capítulo mais apurado e mais minucioso é o *Do adultério* ampliando-se por 69 artigos, por vezes repetidos. O zelo por esse aspecto da vida hindu deixa-nos diante deste dilema: ou a previsão social era sincera, ou as mulheres da Índia antiga não eram muito sérias. Propendemos para a primeira asserção, pois o artigo inicial mandava que o rei punisse o sedutor com "mutilações infamantes" e, em seguida banisse do reino "aqueles que se comprazem em seduzir as mulheres dos outros".

Aliás, o legislador hindu não implantava tal rigorismo contra o adultério em respeito à manutenção da moral social, mas sim "porque é do adultério que nasce no mundo a mistura das classes". Sempre a preocupação racial; sempre o horror pelas castas inferiores, nascidas dos membros inferiores do deus criador e mitológico.

A minudência e a pragmática tocavam as raias da estultice quando definiam, desta maneira, certos casos de transgressão conjugal, numa linguagem técnica que era, todavia, mais um estímulo do que uma disposição penal:

> Art. 349 – Ter pequenos cuidados com uma mulher, mandar-lhe flores e perfumes, gracejar com ela, tocar nos seus enfeites ou nas suas vestes, sentar-se com ela no mesmo leito, – são provas de um amor adúltero.
>
> Art. 350 – Tocar o seio de u'a mulher casada ou em outras partes do seu corpo, de uma maneira indecente; deixar-se tocar assim por ela, – são ações resultantes do adultério, "com mútuo consentimento".

Dispensamos prudentemente o comentário de muitos outros dispositivos reguladores desta complicada matéria, não somente pela hilaridade, como pelo requinte de realismo com que foram exarados pelos circunspectos sacerdotes de Brama.

Entre as penas mais bizarras para os adúlteros, registravam-se estas: – cabeça raspada e regada com urina de burro e cremação com fogo de ervas de caniço.

Seguem-se as prescrições – *Dos deveres da mulher e do marido*.

O Código de Manu foi o mais rigoroso, até hoje, em relação à mulher. Pelo Código de Hamurabi, a mulher poderia ser comerciante, na organização política hebraica a mulher poderia chegar à proeminência de Juiz, como no caso de Débora; no Egito, as mulheres tinham propriedades individuais e poderiam testar livremente. Na Índia, a mulher era uma escrava e a sua pobre vida decorria dentro da angústia do círculo de ferro deste dispositivo:

> Art. 415 – Uma mulher está sob a guarda do seu pai durante a infância, sob a guarda do seu marido durante a juventude, sob a guarda de seus filhos em sua velhice; ela não deve jamais conduzir-se à sua vontade.

Este artigo, porém, vai completar o seu sentido no artigo 442, em que a mulher culpada "depois de sua morte renascerá no ventre de um chacal e será atormentada de moléstias como a tuberculose e a elefantíase".

Alguns historiadores dispensam à legislação hindu muito apanágio de moralidade; entretanto, essa moralidade era apenas convencional e derivava do espírito rotineiro e dogmático da cultura sacerdotal. Para exemplo, vem o caso da falta de descendência. O egípcio, o caldeu, o hebreu, o árabe e outros povos repudiaram a mulher de ventre estéril, garantindo-lhe, porém, a subsistência, uma vez que ela não fosse diretamente culpada por não procriar. Entretanto, o hindu engendrou no seu código as disposições mais aberrantes sobre o assunto, até a atualidade. Assim é que os artigos 471 e 472 autorizavam o conúbio da esposa com um cunhado ou outro parente, desde que o reprodutor a procurasse discretamente à noite, "regado de manteiga líquida e guardando silêncio". Ignoramos a importância que representava para o ato essa unção legal e indispensável.

O capítulo – *Da partilha e das sucessões* – desdobra-se prolixamente por 115 artigos, muitos dos quais repisam a matéria anterior e outros tratam de assuntos diferentes de sua epígrafe.

Enquanto isso, o Código de Hamurabi desenvolve toda a relação de família em 56 artigos, incluindo neles os dispositivos sucessórios, começando do artigo 162. Apenas o código mesopotâmio se emparelha ao código hindu, nessa parte de direito civil, eximindo a mulher da herança do marido, que recai em benefício dos descendentes.

O capítulo é iniciado com o seguinte dispositivo:

> Art. 516 – Depois da morte do pai e da mãe, que os irmãos, tendo-se reunido, partilhem entre si igualmente os bens de seus pais, quando o irmão mais velho renuncia a seu direito; eles não são donos de tais bens durante a vida daquelas duas pessoas, salvo se o pai mesmo tenha preferido partilhar esses bens.

Seguem-se os decretos e privilégios da primogenitura, pois o estado hindu tinha a preocupação de reter a fortuna particular em poucas mãos e de incrementar o aumento da pobreza, que seria um elemento fácil de ser detido na fronteira da lei:

Art. 517 – Mas, o mais velho, quando ele é eminentemente virtuoso, pode tomar posse do patrimônio em totalidade e os outros irmãos devem viver sob sua tutela, como viviam sob a do pai.

Art. 518 – No momento de nascer o mais velho, antes mesmo que a criança tenha recebido os sacramentos, um homem se torna pai e paga sua dívida para com os seus antepassados, o filho mais velho deve, pois, ter tudo.

Como justificativa desse privilégio do primogênito, o art. 519 explica que o nascimento do primeiro filho dá ao homem a imortalidade e que "os sábios consideram os outros (filhos) como nascidos do amor". Aliás, essas vantagens da primogenitura tinham suas fontes nas leis primitivas, originadas do princípio fundamental de que a família deveria ser sempre representada por um chefe, que mantivesse o culto dos antepassados. Seria mais fácil, dessa maneira unilateral, cumprir os deveres religiosos para com os ascendentes, do que dividindo-se os poderes familiares e afrouxando-se o vigor da agnação preferencial.

Mateo Goldstein considera "cuán arraigado estaba en la Índia el culto de los antepassados" e diz que "según la Ley premosaica, todo jefe de familia tenía el derecho de ejercer las funciones sacerdotales y después de su muerte era el hijo primer nacido quien le reemplazaba en ese derecho; pero carecia de él en vida del padre; tomaba el sacerdocio en la sucesión de su padre".[13] Considera, todavia, o mesmo esmerilhador do direito hebreu que esse sistema somente se operava na fase prémosaica, citando aqueles três dispositivos do capítulo 21 do Deuteronômio, que não nos convencem, porquanto Moisés confirma no versículo 17 que "aquele é o princípio de sua força, o direito da primogenitura seu é".

Como comprovação do caráter religioso da primogenitura hindu, o art. 537 prescreve que – "O direito de invocar Indra, nas orações chamadas Swabrahmanyâs, é concedido àquele que nasceu primeiro". E o art. 597 determina como devem ser feitas as libações de água aos antepassados (pai, avô paterno e bisavô) e bem assim o oferecimento de um bolo propiciatório.

Tal era a preocupação por uma descendência varonil, que o Código de Manu regulava as falhas da agnação da seguinte forma:

---

(13) Mateo Goldstein – *Derecho Hebreo através de la Biblia y el Talmud* .

Art. 538 – Aquele que não tem filho macho pode encarregar sua filha da maneira seguinte, de lhe criar um filho, dizendo: que o filho macho que ela puser no mundo se torne meu e cumpra em minha honra a cerimônia fúnebre.

Mas a explicação desse interesse de linhagem ou de agnação está explicado nessa benemerência legal e religiosa:

Art. 548 – Por um filho, um homem ganha mundos celestes; pelo filho de um filho, ele obtém a imortalidade; pelo filho desse neto, ele se eleva à morada do sol.

O restante do capítulo pode ser resumido da seguinte maneira:

– Os filhos de mulher "não autorizada a ter um filho de outro homem", o filho "engendrado pelo irmão do marido com mulher que tem filho varão", – não são classificados herdeiros – (art. 554).
– Os filhos dos brâmanes, de mulheres diferentes, terão a herança diferida pelas suas castas – (art. 563).
– O filho macho de uma mulher que se case grávida, será considerado como de seu marido – (art. 584).
– O filho de um brâmane com uma mulher de baixa categoria "é chamado cadáver vivo" – (art. 589).
– Recai no pai e nos irmãos o direito sobre a herança "de um homem que não deixe filhos de solteira, nem de viúva" – (art. 596).
– Não havendo herdeiros masculinos ou femininos e extinguindo-se com o morto a sua linhagem, será herdeiro o preceptor intelectual ou o discípulo do defunto. Só na falta desses últimos, a fortuna recairia na categoria dos Brâmanes "versados nos Três Livros Santos, puros de espírito e de corpo e senhores de sua paixões", os quais ofereceriam o bolo e prestariam os demais deveres fúnebres – (arts. 598-599).

Entretanto, o art. 600 estabelece contradição com essa norma de herança, pois diz textualmente:

– A propriedade dos Brâmanes não deve nunca voltar ao rei, tal é a regra estabelecida; mas nas outras classes, na falta de qualquer herdeiro, que o rei se emposse do bem.

Os artigos 607 e 608 regulam a sucessão da mulher casada sem descendentes, de um modo complicado: – se o casamento foi realizado "segundo os modos de Brama, dos Deuses, dos Santos, dos Músicos Celestes ou dos Criadores, – devem os bens voltar ao seu marido". Se, todavia, o casamento foi realizado "segundo o modo dos maus gênios, a partilha recai nos seus ascendentes".

Assim, a herança será regulada pela interpretação dada ao modo como foi celebrado o casamento dessa "jovem mulher casada".

Existe a seguinte proibição sucessória no Código de Manu:

> Art. 612 – Os eunucos, os homens degredados, os cegos e surdos de nascimento, os loucos, idiotas, mudos e estropiados, não são admitidos a herdar.

Entretanto, essa proibição podia ser remediada pelo sistema adotado neste cínico dispositivo:

> Art. 614 – Se algumas vezes, dá na fantasia ao eunuco e aos outros de se casarem e terem filhos, a mulher do eunuco, tendo concebido então de um outro homem, – segundo as regras prescritas, esses filhos são aptos a herdarem.

Outra disposição ociosa do art. 615 está no caso da compartilha dos bens do irmão mais velho, pelos outros irmãos, quando eles, vivendo em comum, "se aplicam ao estudo da ciência sagrada".

E o Código Hindu prossegue no preceito, mas agora com esta redação nociva e sem nexo, uma vez que a coisa a ser partilhada fora ganha justamente pelo irmão que não tinha ciência:

> Art 617 – Mas a riqueza adquirida pelo saber pertence exclusivamente àquele que a ganhou.

Os últimos dispositivos desse capítulo oferecem, felizmente, algo de eqüidoso: – o art. 627 determina uma sobrepartilha ao filho nascido depois do inventário; o art. 629 prescreve a reabertura da sucessão quando forem encontrados bens que não se arrolaram; o art. 630 proíbe a partilha das vestimentas do *de cujus* e ordena que certos bens devem continuar com a sua finalidade: a serventia da água dos poços, os escravos, as pastagens, os animais etc.

Prevaleceu, na elaboração deles, o sentido econômico e social sobre o convencionalismo bramânico; isto porque não era possível uma completa extensão dos direitos da classe favorecida: algumas migalhas jurídicas haveriam de sobrar da mesa de banquete daqueles deuses humanos, embora nem chegassem para enganar a fome dos sudras, saídos originariamente dos pés da divindade criadora.

O capítulo – *Dos jogos e combates de animais* – enfeixa também matérias diferentes de sua propositura.

Inicialmente, o Código de Manu condenava os jogos e as apostas, tal qual o Alcorão como veremos adiante, no estudo a ele referente; sendo que o princípio legal bramânico considerava-os "furtos manifestos" e Maomé definia o jogo como "abominação inventada por satanás".

O direito hindu classificava os jogos de duas maneiras:

a) *jogo ordinário*, em que se empregam objetos inanimados, – como por exemplo, os dados.

b) *jogo de aposta*, aquele no qual são utilizados seres animados, como galos.

O art. 632 recomendava a prescrição dos jogos e apostas por parte do rei, "porque essas duas práticas criminosas causam aos principais a perda de seus reinos".

E o art. 638 explicava: "o homem sábio não se deve entregar ao jogo, nem mesmo para se divertir".

Em seguida, a lei deriva para outros assuntos.

Regulava-se assim o pagamento das multas: – os militares, os comerciantes e os servos pagavam as infrações com serviços, porém os brâmanes pagariam "pouco a pouco" (art. 640).

Nessa divisão do código foi tauxiado artigo que deveria estar na parte concernente às ofensas físicas, pois estabelece no artigo 648 que se imprima a fogo, sobre a testa do homem que desonra o lar do seu chefe espiritual, uma figura obscena; na testa de um ébrio, um alambique; na testa de um gatuno, uma pata de cão; na testa do assassino de um brâmane, um homem sem cabeça.

Ao fim dessa parte legal, há este dispositivo filosófico que, em outra sociedade menos escravizada pelos ditames religiosos, teria uma aplicação magnânima:

Art. 660 – Considera-se como tão injusto para um rei deixar ir um culpado, quanto condenar um inocente; a justiça consiste em aplicar a pena conforme a lei.

As *Disposições finais*, que deveriam ser traduzidas por Disposições gerais, compreendem 84 artigos.

O art. 662 recomenda ao rei conciliar a afeição dos povos dos países que lhe são submetidos; o art. 663 lembra a necessidade de o rei construir fortalezas em regiões florescentes e extirpar os celerados; o art. 665 considera que um rei que não reprimir os ladrões "é excluído da morada celeste".

O art. 668 dividia os ladrões em duas classes:

a) *ladrões públicos*, os que operam vendendo diferentes coisas de maneira fraudulenta.

b) *ladrões ocultos*, os que penetram nas moradas por uma brecha e os salteadores das florestas.

O art. 678 recomenda uma prática condenável: utilizar-se dos ex-ladrões para confabular com os ladrões em atividade e atraí-los para um festim, onde deveriam ser capturados e dizimados.

Apesar da ojeriza legal contra os ladrões, o art. 681 prescrevia que não se fizesse "morrer um ladrão sem que seja preso com o objeto roubado e os instrumentos do roubo".

O art. 693 adotou estranhamente esta medida de ordem higiênica e de difícil justificação por parte do infrator:

– Aquele que faz suas dejeções na estrada real, sem uma necessidade urgente, deve pagar dois Karchapanas e limpar imediatamente o local que emporcalhou.

A lei, todavia, eximia de multa os velhos, os doentes, as mulheres grávidas e as crianças, que seriam somente repreendidos e intimados a limpar o local.

Há um dispositivo dedicado à medicina, estabelecendo a qualificação dos delitos, mas não determinando as penas.

Art. 695 – Todos os médicos e cirurgiões que exercerem mal a sua arte, merecem uma multa; ela deve ser do primeiro grau para um caso relativo a animais; do segundo, relativo a homens.

O art. 698 é dedicado aos crimes contra a economia popular, punindo os que alteram os preços e vendem mercadorias deterioradas.

Ignoramos porque o Código de Manu adotou contra os ourives esta medida horrorosa:

> Art 703 – Mas, o mais perverso de todos os velhacos é um ourives que comete uma fraude; que o rei o faça cortar em pedaços, por navalhas.

Neste capítulo há muitos artigos que dispõem, relembram e elevam os direitos dos brâmanes, que têm poderes até para destruir o exército do rei, por meio de "imprecações e seus sacrifícios mágicos".

Encerra-se o Código dilucular de Manu recomendando uma obediência cega às ordens dos brâmanes versados no conhecimento dos livros santos, pois somente assim um sudra obterá "felicidade depois da morte e obterá um nascimento mais elevado".

Depois de uma legislação desalumiada como esta, só mesmo a reação passiva de Buda.

A raça, teimosamente ainda hoje dividida em classes, acomodou-se à nova doutrina do príncipe mendigo, porém continuou, séculos afora, ignorando a existência miserável dos párias e eliminando os que pregam igualdade humana, como Gandhi, o Buda formado em Oxford.

O paraíso de Manu é tenebroso e exclusivista. O paraíso de Sáquia-Muni é uma espécie de vácuo onde, pela sua natureza, não há som, nem palpitações, nem luz. É um lago imenso, sem o espumejar de uma onda, sem margens e sem horizonte, onde se afogam aniquiladamente todos os espíritos.

Renan situou bem essa paragem imaginária e nirvânica: – *Un paradis dans lequel l'homme se trouve reduit a l'état de cadavre disséché.*[14]

Babilônia reduziu-se a ruínas; todavia revive no diorito do seu código materialista, porém humano. A Índia, todavia, subsiste; mas a sua sobrevivência é um encadeamento contraditório do seu passado e do seu presente e, no seu primitivo código de 746 artigos, pouco penetrou a perlucidez de um sentido judicioso.

---

(14) Ernesto Renan – *Histoire des Origines du Christianisme.*

Depois de analisar aquela fantástica e fantasiosa arte construtiva hindu, talhada em pórfiro e granito, abrigando divindades caricatas e medonhas nos seus dois mil templos, – César Cantu remata seu entusiasmo com estas palavras: – "A arquitetura indiana é a religião e a literatura do bramanismo, gravada na face da terra como um imenso monólito".[15]

O mais elegante e erudito dos historiadores do século XIX omitiu, porém, como parte complementar da escultura indo-ariana, o Código de Manu. Porque essa legislação extensa como o templo subterrâneo de Elora, escavado em dez quilômetros de rocha viva, é também um templo de granito vermelho, revestido de imagens e lavores extravagantes, revelando mais a tortura do pensamento bramânico do que mesmo a altura de uma concepção legal.

---

(15) César Cantu – *História Universal* – Ed. Empresa Literária. Lisboa.

Capítulo IV

LEI DAS XII TÁBUAS

Nenhum código foi até hoje mais sucinto, mais autoritário e mais sincero do que o da *Lex Decemviralis.*

Cremos que a única influência recolhida da Grécia foi a sua estrutura lacônica, exata, concisa. Estavam nela, estratificados, o sangue, os nervos e o espírito de Roma. E por isso teve uma espaçosa influência sobre o mundo latino que "continue d'être, dans les temps postérieurs et jusqu'à Justinien, la base du droit public et privé Romains".[1]

Quase todos os estudiosos da legislação romana confirmam a viagem dos três patrícios, enviados aos centros da cultura helênica no ano de 300, com o objetivo de se aperceberem dos preceitos legais da reforma soloniana e, com tais subsídios, se orientarem na estruturação de um código que atendesse aos interesses reivindicantes dos herdeiros de Rômulo.

Malgrado alguns contraditores que negam a missão dessa embaixada jurídica, o que é evidente é que os decênviros sentiram de perto os efeitos da legislação grega e, ao seu retorno, com a experiência e com os velhos textos legais romanos, realizaram uma obra nacional ao calor do temperamento pátrio, retratante de sua pletora de vida e de ação.

Assim pensaram Ortolan, Warnkoenig, Maynz,[2] Vico e Bonamy, citados pelo último, em face do caráter político e so-

---

(1) F. Malckeldey – *Manuel de Droit Romain* – (Trad. franc. J. Beving). Soc. Typ. Belge. Bruxelles. 1846.
(2) M. Ortolan – *Instituts* – Ed. Henri Plon. Paris. 1857.
L. A. Warnkoenig – *Instituições de Direito Romano* – Trad. de Chaves Melo).
Charles Maynz – *Cours de Droit Romain* – Libr. Polytechnique. Bruxelles. 1870.

cial dos dois grandes povos da antiguidade que culminaram na evolução do mundo, pela filosofia e pelo direito e que tanto se distanciaram pelos impulsos e pelos interesses.

Cremos mesmo que da apoucada influência helênica, o que restou foi uma certa isolada concepção de que as *Leges duodecim tabularum* foram gravadas em madeira, como quer Burns no seu alentado volume sobre a civilização ocidental: — "Disso resultou a publicação da famosa Lei das XII Tábuas, assim chamada por ter sido escrita em pedaços de madeira".[3] Esta opinião é historicamente desinteressante.

Semelhante confusão deve ter-se originado da maneira como os gregos estamparam a legislação de Sólon, "em rolos de madeira e tábuas trianguras, na espécie de escrita chamada *boustrofédon* (linhas traçadas alternadamente da esquerda para a direita e da direita para a esquerda) e depositados primeiramente na Acrópole e depois no Pritaneion".[4]

Os romanos do crepúsculo da realeza já trabalhavam o bronze, com esmero, e com ele moldavam suas trípodes, seus escudos e seus objetos de uso doméstico.

Fellipo de Rossi, no *Ritrato di Roma Antica*, — autorizada edição de 1645 — refere-se às "Tavole di bronzo" e Oliveira Martins, entre outros, assim corrobora a nobre fatura, das tábuas da lei: — "As dez tábuas de bronze com as leis escritas foram afixadas no Foro, junto aos *rostos* (das antigas galés tomadas a Âncio) em face da cúria do Senado; e todo o povo estava alegre por já saber *em que lei vivia*".[5]

O certo é que os compiladores das leis, ao termo de um ano, deram exato desempenho às suas funções jurídicas, apresentando a organização civil e criminal que foi ardorosamente aprovada nos comícios.

Pensava-se, então, estar ultimada a obra decenviral, cuja vigorosa iniciativa partira de Terencílio Harsa, o ano 292. Mas os juristas, empolgados pelos encômios do desafogante empreendimento, pensaram em elastecer as suas funções, conexandoas com as prerrogativas tribunícias.

---

(3) Burns – *História da Civilização Ocidental* – Ed. Globo. P. Alegre. 1948.
(4) Cantu – *História Universal* – O. cit.
(5) Oliveira Martins – *História da República Romana* – Tip. da Parc. Pereira. Lisboa. 1919.

A nova outorga popular foi razoável, uma vez que o trabalho do ano seguinte resultou na elaboração de mais duas tábuas. Não fosse a paixão criminosa de um dos legisladores, bem que poderia ainda hoje subsistir a Tábua XIII, em que se definisse a organização política do estado romano, que ficara omissa nos dispositivos anteriores. Chegamos a essa conclusão porque, tratando a tábua última do direito público, dava-se a entender que, em seguida, seria moldada uma outra, dedicada ao regime estatal. Muito perdeu com tal omissão o estudo do Direito Constitucional, ficando assim obscuro o pensamento romano sobre os fundamentos jurídicos e políticos de sua modelação nacional. Mas Áppio Cláudio se apaixonou perigosamente pela plebéia Virgínia, filha do centurião Lúcio Virgínio (noiva do tribuno Lúcio Icílio) e o pai apunhalou a desditosa romana em pleno foro, a fim de não a ver desonrada pelo decênviro tresloucado.

O epílogo e a conseqüência dessa tragédia que decorreu entre togas e espadas, foi escrito por Eutrópio com sete palavras apenas: – *Sublata est Decemviris potestas, ipsique damnati sunt.*[6]

Entretanto, o direito havia perdido o seu mistério; deixara de ser frustradamente sagrado; saíra da escuridão conveniente dos templos; poderia ser agora consultado e invocado por patrícios e plebeus; fincara no solo romano o seu princípio de universalidade; deixara de ser um raio fulminante de Júpiter para se constituir um clarão perpétuo na razão humana; deixara de ser um ditame real para se transformar num mandamento escrito e divulgado; deixara de ser um subterfúgio legal para se converter numa comunhão de idéias e de interesses coletivos; não era mais um atributo dos sacerdotes, porque passara à secularidade e ao condomínio do povo; não era mais uma fórmula imprecisa e obsoleta e sim a consubstanciação de uma conquista historiada em doze placas de bronze de boa têmpera, encravadas naquela parte do foro destinada aos comícios e banhada pela luminosidade rubro-dourada do sol que fecundava prodigamente todo o Lácio.

Tito Lívio, a mais autorizada palavra latina antes de Cícero, – palavra que substitui hoje os claros consumidos pelo tempo na Lei das XII Tábuas, considerou a lei decenviral como

---

(6) Eutrópio – *Breviarium Historiae Romanae*. Ex-Typ. Régia. Lisboa. 1824.

o "corpo de todo o direito",[7] querendo significar que ela enfeixara toda a experiência do passado e todas as necessidades vitais de sua época.

De fato, existia um direito anterior ao da *lei não escrita* e Cícero faz citações das *leges regiae* do tempo de Numa Pompílio,[8] aquele bom e cínico rei que se dizia inspirado por uma deusa, a ninfa Egéria.

Fomos encontrar um resumo delas na obra de Rossi, e Vítor Duruy assevera que, ao retorno dos emissários romanos da Grécia, foram prudentemente suspensas as leis anteriores,[9] que não consideramos inteiramente más, diante dos retalhos que nos chegaram.

Maynz elucida que o pontífice Papírius, ao tempo de Tarquínio, o soberbo, coordenou as leis existentes, que foram votadas pelo comício centurial, por proposta do rei e como esse mesmo Lúcio Tarquínio foi o último soberano, concluímos que esses fragmentos legais foram da compilação que tomou o nome de *Jus Papirianum*, logrando "certaine autorité pendant assez longtemps". E Maynz acrescenta que não restara sequer "aucun fragment autentique".

Admitimos, desta maneira, que as estilhas de Felippo Rossi são do código daquele ladrão coroado que roubou as terras dos volscos, constituiu uma guarda pessoal de soldados mercenários estrangeiros, e cujo filho, Sexto Tarquínio, violou a matrona Lucrécia, contribuindo assim para a instituição da república.

Todavia, esse *vade-mecum* de leis, que consideramos a proto-história da libertação trazida pelo direito romano tabulário, tinha alguma coisa digna de apreço, – certamente refletindo mais a lucidez do seu jurista compendiador do que mesmo a influência do rei tirano e biltre.

Transladando aqui tais dispositivos, salvos do naufrágio do tempo, podemos concordar que, na corporização tabulária dos decênviros, alguns destes princípios jurídicos foram aproveitados com vantagem pelos legisladores romanos do ano de 300:

---

(7) Tito Lívio – *Historiae ab urbe Condita* – Typ. Nacional. Lisboa. 1862.
(8) Cícero – *De Republica* – Ed. Didot. Paris. 1859.
(9) Vitor Duruy – *Histoire Romaine*: Au retour des trois députés, on suspendit la constitution en vigueur, le tribunat, même le droit d'appel, et dix magistrats furent investis de pouvoirs illimités pour rediger de nouvelles lois. Ed. Hachette. Paris. 1877.

I   – *Não se fará coisa alguma sem a prévia consulta aos Áugures.*

II   – *Cabe aos nobres o governo das coisas sagradas e o exercício da magistratura.*

III   – *A plebe deve cuidar dos campos e da lavoura.*

IV   – *O povo deve acreditar nos Magistrados.*

V   – *As leis são imparciais.*

VI   – *A guerra não será feita sem prévia consulta aos comícios.*

VII   – *Não serão adorados os deuses estrangeiros, exceto Fauno.*

VIII   – *Não se faz vigília, nem deve existir guardas, à noite, nos templos.*

IX   – *Aquele que matar o pai ou a mãe, terá a cabeça cortada.*

X   – *Não se deve dizer coisas desonestas na presença das senhoras.*

XI   – *Deve-se andar na cidade com a túnica até os calcanhares.*

XII   – *É lícito matar os que nascem monstruosos.*

XIII   – *Não se deve entrar nem sair da cidade senão pela porta.*

XIV   – *Os muros da cidade são sagrados e invioláveis.*

XV   – *Compartilhe a mulher, com o marido, das coisas existentes no seu lar.*

XVI   – *A filha não é somente herdeira do pai, mas também do marido.*

XVII   – *É lícito ao marido e aos irmãos castigar convenientemente a mulher adúltera.*

XVIII   – *Se uma mulher se embriaga em sua casa, será punida como se tivesse sido encontrada em adultério.*

XIX   – *Seja lícito ao pai e a mãe banir, vender e matar os próprios filhos.*[10]

---

(10) Filippo de Rossi – *Ritratto di Roma Antica* – Ed. 1645. Roma.

De rosto com esta fonte cristalina, onde beberam os legisladores da fase pré-republicana e comparando-a com a obra do decenvirato, atingimos à evidência que as XII Tábuas, sem nenhum desdouro, constituíram uma consolidação do direito anterior, recamada com uns tons fortes em abono da plebe e em desfavor do patriciado vicioso e ladravaz.

Estava fixada a planta do edifício legal de Roma, mas não tenhamos a presunção entusiasta de que as novas tábuas se eternizariam, porque dali por diante, ao galopar desenfreado das épocas, iria correr uma bela maratona legal entre o pretor, limando o *direito de ferro*, e os jurisconsultos procurando substituir, com elegância, o *despotismo escrito*.

Ambos, compenetrados de um messianismo de penetração social e conduta jurídica; todavia, cada um convencido de que adotava um método mais condizente com o avanço daquela torrente humana que em breve se deslocaria da lingüeta peninsular para o resto do mundo que teria de falar o latim e submeter-se à catapulta das legiões, para poder subsistir em condição colonial.

O caráter humano, imperialista e indomável foi então se projetando, com todos os seus vícios e com todas as suas virtudes, da monarquia para a república e desta para o cesarismo; e a legislação, conseqüentemente, acompanhou a evolução social, por vezes com a mornidão de uma sombra , por vezes qual um arrepiado oceano de luz.[11]

Cerca de mil tábuas chegaram a ser depositadas no Capitólio; um incêndio fundiu algumas e embaciou outras, até que Vespasiano as mandasse refundir ou reescrever. Maynz, recapitulando a história do Direito Romano, menciona as descobertas de nove tábuas de bronze, encontradas em Nápoles, Trento, Málaga, Calábria e na própria Roma. Talvez fossem elas subtraídas durante as lutas civis, naquelas fases em que as tréguas das campanhas de conquistas permitiam aos tribunos, aos generais ambiciosos, aos patrícios e aos plebeus, o desportismo das lutas internas.

---

(11) Leis novas e constantes reformas eram promulgadas pelos que exerciam a autoridade; se elas tivessem sido obedecidas ao menos pela metade, não teria sido necessário fazê-las seguir tão depressa de outras.
Veit Valentin – *Hist. Universal* – Livr. Martins. Rio.

Acontecia naquele espaço romano, sempre perturbado pelos anseios, pelas injustiças, pelas baixezas e também pelas virtudes cívicas, o mesmo que nos povos contemporâneos ainda em sedimentação histórica: — constante mutação de formas políticas e jurídicas, sem que uma geração se detenha dentro de uma norma legal, na constatação dos seus méritos e na correção das unidades ineficientes. Essa tendência de substituir *in limine* a legislação vigorante por uma nova, em vez de se derrogarem as excrescências obsoletas das antigas, é um legado que o mundo recebeu daquela época embrionária da normalização do direito, salvo certos povos conservadores, como os britânicos e os norte-americanos.

Seria pernicioso pensar-se que a legislação tabulária atravessou os quatro períodos da história externa do Direito Romano influenciando visceralmente a codificação justiniana, publicada aos 7 de abril de 529.[12] Dela subsistiram apenas as instituições de direito, (principalmente do direito civil), fixadas naquele primitivo monumento de colunas compósitas; porém as paredes eram outras, do bom material encontrado nos códigos Gregoriano, Hermogeniano, Teodosiano, reescritos de Marco Aurélio, Breviário de Alarico, Sententiarum de Júlio Paulo, comentários, consultas e outras fontes.

Não se negue, todavia, às *Lex Duodecim Tabularum* o papel histórico e marcante de orientadora da vida jurídica das gerações sucessivas, antes e depois daquele homem para quem o destino traçou este dilema: — pastor em Tauresse ou corporizador da lei, em Constantinopla.

Os fatos impeliram-no pelo segundo caminho. A codificação imortalizou-o, conquanto seu *factotum* judiciário, Triboniano, houvesse, por interesses subalternos, mais de uma vez violado o Código recente e o próprio Justiniano achasse legal que dois monges fossem furtar ovos de lagarta na China, para a intensificação da cultura do bicho-da-seda na antiga Bizâncio e mandasse fechar a Academia de Atenas, despeitado com o desprezo que a ciência helênica votava à sua metrópole.[13]

Dir-se-ia que as malhas daquela luminosa teia de aranha, urdida caprichosamente sob seus auspícios, eram frágeis para

---

(12) Warnkoenig, Ortolan e Pedro Bonfante concordam com esta data.
(13) Emil Ludwig – *O Mediterrâneo* – Trad. de M. Guimarães. José Olímpio. Rio.

as asas do imperador bizantino, que começava a dar um exemplo condenável de violação dos princípios que se acreditavam consagrados pela promulgação.

De sorte que o mérito imperial se circunscrevia à fatura da unidade legislativa, porque a contingência humana dali por diante o tornara contraditório, quando mandava punir juízes faltosos e quando adulterava o texto legal, na satisfação de seus interesses.

Preliminarmente, devemo-nos lembrar de que a redação sucinta do direito tabulário muito concorreu para a sua eficiência. Não se encaixavam na lei vocábulos desnecessários. Por trás da palavras poder-se-ia emboscar a idéia dolosa, porém as partes se acautelassem na elaboração de seus contratos, porque elas valiam por si, no seu sentido puro e restrito. Troplong compreendeu bem isto, ao explanar a teoria contratual romana: — "Según la ley de las Doce Tablas (expresión propia de un derecho común a todos los pueblos heroicos), lo que obliga al hombre no es la consciencia, no es la noción de el justo y de lo injusto: es la palabra, es la religión de la letra: *Uti lingua nuncupassit, ita jus esto*. Todo lo que está fuera de la formula empleada se considera como no prometido".[14]

Desta maneira, o juiz romano tinha mais oportunidade de aplicar a lei, do que mesmo de a interpretar. Ela trazia luz própria e ressaltava, no pergaminho ou no bronze, sem subterfúgios. O espírito da lei estava, para aquela magistratura sóbria, dentro das palavras e não fora delas.

A primeira tábua da lei brônzea, — *De in jus vocando* — Do chamamento a juízo, — no seu inciso I, demonstra de modo evidente como o novo direito teria de ser respeitado e como a ninguém era lícito fugir ao chamamento judicial:

> — SI IN JUS VOCAT, NI IT, ANTESTATOR; IGITUR EM CAPITO.
> — *Se convocas alguém à presença do magistrado e ele se recusar, testemunha essa recusa e obriga-o a comparecer.*

Depreende-se a não existência de oficiais de justiça para tais funções, tanto assim que o autor da demanda tomava a ini-

---

(14) M. Troplong — *La influencia del Cristianismo en el Derecho Civil Romano* — Trad. espanhola de Santiago C. Manterola. Ed. Desclée. B. Aires. 1947.

ciativa de executar essa citação imperiosa, que poderia ir até a violência:

II – Se ele tentar fugir, prende-o e leva-o à força.
III – Se a doença ou a idade o impossibilitarem, for-
nece-lhe condução, mas nunca uma carruagem,
a não ser que queiras ser benevolente.

Seguem-se estas concisas regras processuais:

IV – Que um rico somente responda por um rico; por
um proletário responda quem quiser.
V – Se as partes transigirem, que a demanda seja
assim regulada.
VI – Não havendo acordo, que o magistrado conheça
da causa antes do meio-dia, no comício ou no fo-
ro, depois da discussão entre os litigantes.
VII – Passado o meio-dia, que o magistrado se pro-
nuncie perante as partes presentes.
VIII – Depois do sol posto, nenhum ato mais de proces-
so.
IX – Dos fiadores e subfiadores... (Inciso incompleto.
No texto primitivo, segundo Aulu-Gelle, citado
por Ortolan, estabelecia-se que quando o tra-
balho forense não fosse terminado, o magistra-
do exigisse uma promessa de comparecimento
em dia determinado, promessa essa denomina-
da "vadimonium".)

A Tábua II – *De judiciis* – Das instâncias judiciárias, não apresenta o texto integral do inciso I. Versam os seus dispositivos sobre o montante da consignação denominada *sacramentum*, a ser depositado pelas partes.

O item II permitia a suspensão da causa, por motivo de moléstia, – *morbus sonticus*: – Se o juiz, o árbitro ou uma das partes se achar acometido de moléstia grave, que o julgamento seja adiado. Tal disposição evitava o julgamento à revelia e a substituição do magistrado e dos peritos já familiarizados com os incidentes da demanda.

O item III estabelecia o prazo para o comparecimento a juízo:

– Aquele que precisar do testemunho de alguém, vá a
sua porta e o convoque em alta voz, para o terceiro dia
de feira.

E como a feira, ou mercado, se realizava sempre de nove em nove dias, o prazo para o comparecimento deveria ser dali a vinte e sete dias, — o que constituía um prazo apreciável para a testemunha se instruir do próximo depoimento e recompor o fato.

O inciso·IV não foi reconstituído, mas se referia à insólita permissão de se transigir, mesmo sobre o roubo: — *Nam et de furto pacisci lex permittit.* Aliás isso está no *Digesto*, como uma curiosidade do Direito romano.

Mas, vamos também transigir com esta matéria, considerando que ela era privativa do pretor, porquanto ele somente editou na esfera das causas pertinentes aos bens móveis.

Warnkoenig esclarece que poderia alguém roubar uma coisa, julgando-a ser sua e ignorando o direito; a ação respectiva denominava-se de *dolo malo* e ela se caracterizava pela astúcia do agente. Cabia, em tal caso, a absolvição do subtraente. É bem possível que alguém, julgando-se prejudicado, procurasse tirar à força, das mãos dos seus possuidores, uma determinada coisa. Era mais um desforço pessoal do que mesmo um roubo de má fé. Nessa conjuntura, o pretor exercia a sua ação compreensiva, muitas vezes afastada da dureza do texto legal e mais próxima do sentido humano da causa. Jean Cruet situa o caso explicando que "Nenhum direito mais que o romano, deu o exemplo de uma legislação perpetuamente constrangida, *por necessidade prática*, a iludir os seus próprios princípios, para não ter de os renegar; sem dúvida, esgotados os rodeios, uma regra nova nascia e, embora privada de estado civil, substituía-se ao princípio legítimo, mas sem o dizer, sem o confessar".

Assim, lentamente, nessa tessitura quase silenciosa, o direito pretoriano ia se moldando e·exercendo uma profunda influência na sociedade romana.

E, na espécie, vamos encontrar, mais tarde, no *Digesto*, os seguintes dispositivos justificantes do inciso tabulário e da obra interpretativa do pretor:

> — *Qui sine dolo malo facit, furti nom teenetur.*
> (L. 17, t. 2, fr.)
> Quem procede sem dolo, não é responsável pelo furto.
> — *Furtum sine affectu furandi non comittitur.* (L. 41, t. 3)
> Não se comete furto sem a intenção de furtar.

A Tábua III — *De aere confesso rebusque jure judicatis* — Da execução em caso de confissão ou de condenação — oferece um conjunto de dispositivos protelatórios e pétreos, ao mesmo tempo.

I — *Para o pagamento de uma dívida de dinheiro, confessada pelo devedor é por ela condenado, tenha ele o prazo de trinta dias para se desobrigar.*

II — *Decorrido esse tempo, seja preso o devedor e levado à presença do magistrado.*

III — *Não sendo líquida a dívida nesse momento e nem alguém oferecendo caução pelo devedor, seja ele preso por meio de correias ou com ferros de quinze libras aos pés, no máximo, podendo ser menor o peso, de acordo com o credor.*

IV — *Viva, então, o devedor às suas expensas e, em caso de não o poder, que credor lhe dê uma libra de farinha por dia, no máximo.*

— *(Esta disposição não tem texto completo, mas Aulu-Gelle diz que decorria um prazo de três feiras consecutivas, nas quais seria apregoada a dívida, no sentido de haver um meio de remissão.)*

VI — *(Terminado esse prazo, o devedor seria morto, podendo ser cortado em pedaços, na hipótese de existirem vários credores. Mas a lei admitia também, o que era mais usual, a venda do devedor a um estrangeiro, para além do Tibre.)*

Unicamente podemos encontrar explicação dos rigores desta tábua, considerando que a situação econômica romana, durante e após a realeza, era muito precária. Só depois das guerras de conquista, o erário se tornou pejado do fruto dos saques e a artesania romana deu luxo e grandeza ao Estado, com a escravatura especializada, proveniente das encostas do Mediterrâneo, notadamente do arquipélago grego.

Muito frugal e sóbria era a vida dos romanos daquela era, sugando cada um, das duzentas e cinqüenta jeiras da terra permitidas pela lei de Licinius Stolon, os proventos da existência e o meio do pagamento dos impostos. Recorda-se que Paulo Emílio possuía apenas como baixela uma pequena taça e um saleiro, destinado ao culto dos deuses; e Plínio alega que Tubero possuía, até o fim de seus dias, como prêmio de sua coragem e de seu brio, apenas duas taças de prata. A fim de saber o número de habitantes e os seus haveres, Sérvius Túlio, o sexto rei depois de Rômulo, instituiu a estatística, — instituição indispensável à vida moderna dos estados. Tudo era cadastrado rigorosamente em cada lustro e os censores vasculhavam todos os recantos do reino, redigindo uma *acta* e prestando juramento pela fidelidade de suas anotações.

Daí, a lei punir com austeridade o devedor remisso, pois sua impontualidade resultava em prejuízo da vida administrativa. Mas não consta haver distinção entre o servo da pena pecuniária, o escravizado por falsas declarações censitárias, o filho vendido pelo pai e os libertos ingratos que retornavam à escravidão.

A Tábua IV – *De jure patrio* – Do pátrio poder – trata não somente do poder paterno, como de outras matérias do direito de família.

Iniciava-se desta forma autoritária:

> *I – Que o filho nascido monstruoso seja morto imediatamente.*

Tinha o romano uma espécie de obsessão contra os defeitos físicos e não perdoava até mesmo aqueles que chegavam à suprema autoridade, como o imperador Claudius, que sempre foi ridicularizado pela sua manqueira ou *claudicância*. Cuidadosos com a eugenia, procuravam, desde cedo, educar os filhos no cultivo da força física, compreendendo que deles dependia a pujança legionária. Mais tarde Juvenal concretizou esse preceito numa máxima que se tornou universal: – *Mens sana in corpore sano*

> II – Que o pai tenha sobre o filho o direito de vida e de morte.

Compreendia-se nesta disposição: direito de flagelar, aprisionar, obrigar a trabalhos rústicos, vender e matar. Aos poucos, esse rigor da legislação romana foi se adoçando, perdendo o pai aquela magistratura privada que o tornava mais um juiz doméstico do que mesmo um genitor. Trajano admitiu a emancipação do filho tratado desumanamente pelo pai e o Digesto circuntornou a instituição desta maneira: – *Patria potestas in pietate debet, non atrocitate consistere*. (L. 48, t.9) O pátrio poder deve consistir na indulgência e não na crueldade.

Medindo a distância entre a era tabulária e o direito pátrio brasileiro, vemos que a onipotência paterna ficou reduzida a princípios lógicos e harmoniosos, necessários à existência de uma afeição mútua, que é, segundo Clóvis, "a base da sociedade parental entre pais e filhos".

Podemos mesmo dizer que a maior imposição de nossa lei está exarada no inciso VII do artigo 384 do nosso Código Civil: — Exigir que os descendentes prestem obediência, respeito e os serviços próprios de sua idade e condição. E quanto aos deveres paternos, perderá o pátrio poder, na forma do artigo 395, o pai ou a mãe:

I — Que castigar imoderadamente o filho.
II — Que deixar em abandono.
III — Que praticar atos contrários à moral e aos bons costumes.

O item III da referida Tábua ainda dispunha que, se o filho fosse vendido pelo pai, por três vezes, seria emancipado do seu poder.

A lei corria em socorro do filho, neste caso, pois a dureza da escravidão por três vezes lhe outorgava um direito sagrado à liberdade.

O inciso IV determinava o tempo da gestação, permitindo que a viúva tivesse legalmente um filho no décimo mês após a morte do marido.

O Digesto (L. 38, t. 16) adotou inteiramente este dispositivo tabulário, o que vem confirmar a influência decenviral em muitos pontos de contato com a legislação justiniana:

— Post decem menses mortis natus nom admittetur ad legitimam hereditatem.
— Não será admitido à herança legítima o filho nascido depois de dez meses da morte do pai.

A Tábua V — *De haereditatibus et tutelis* — Da tutela hereditária — é uma afirmação inicial da clarividência jurídica romana, excepcionada nesta pertinência em relação à mulher. Em sua primeira disposição, declarava-se a mulher em tutela perpétua, exceto as vestais que também ficava l libertas do pátrio poder. Explica, mais uma vez, Warnkoenig que tal proibição fundamentava-se "não só por causa da fraqueza do sexo, mas também pela ignorância das coisas forenses", sendo-lhes, assim, vedada "a gerência dos negócios de direito civil". Entretanto, essa restrição foi sendo remediada pela futura legislação, até que as mães e as avós pudessem exercer esse encargo legal. Mackeldey aduz que o direito justiniano foi parco em relação à *tutela feminarum.*

A disposição II proibia o usucapião das coisas pertencentes às mulheres que estivessem sob tutela dos seus agnatos, a menos que essas coisas lhes fossem desobrigadas com a autorização dos seus tutores.

Deferia o dispositivo III:

– Aquilo que o pai de família houver testado relativamente aos seus bens, ou à tutela, terá força de lei.

Entretanto, em relação à tutela, somente poderiam os ascendentes dar tutoria aos descendentes impúberes que estivessem sob o pátrio poder, havendo restrições legais, pois os dispositivos testamentários imperfeitos careciam de confirmação do magistrado. Von Jhering alega que o testamento representa "a metade do conjunto da autonomia individual" e que "o povo não só se informava dos testamentos, como também podia apreciá-los, discuti-los e, portanto, rejeitá-los".[15]

Infere-se que a *força da lei* dada às disposições testamentárias somente se exercia quando elas tivessem sido redigidas dentro da própria lei.

Seguem-se estes imperativos:

IV – Se alguém morre sem ter feito testamento, sem herdeiro necessário, que o agnato mais próximo recolha a sucessão.

V – Se ele não tem agnato, que a sucessão se defira a estranhos.

VI – Não havendo tutor nomeado por testamento, os agnatos são os tutores legítimos.

VII – Que, igualmente, não tendo o louco curador, a administração de seus bens e a sua proteção recaiam nos agnatos e, na falta destes, a estranhos.

VIII – Morrendo o liberto sem testamento, recairá a sua sucessão em seu patrono.

IX – Que os créditos hereditários sejam divididos legalmente entre os herdeiros.

X – Regula-se pela ação de família a partilha entre os herdeiros.

XI – O escravo emancipado por testamento sob condição de remunerar o herdeiro, ficará livre logo que assim o faça.

---

(15) Rudolf von Jhering – *Espírito do Direito Romano.*

A Tábua VI – *De dominio et possessione* – Da propriedade e da posse – constituiu uma apreciável base do direito civil. Conquanto lacônica, suas deferências legais têm uma largueza interpretativa de grande significação.

> *I – Quando alguém cumprir a solenidade do nexo e da mancipação, o que em sua língua declarar, isto será direito.*

Em *O Espírito do Direito Romano* lemos que "o rigor formalístico do direito", na velha Roma era coisa essencial e nada se fazia sem o cumprimento do texto legal. As palavras orais, consagradas pelo uso, tinham um timbre de liturgia e de autenticidade, refletindo, não somente a existência legal, mas também a pletora da personalidade do romano. Para cada ato, a formalística processual tinha o selo de uma palavra. Afirmar perante o magistrado, *spondeo, fide promitto* ou *acceptum habeo*, era talvez mais importante do que firmar um pergaminho na presença de testemunhas. Ademais, a cultura lingüística daquela era remotíssima era deficiente e o formulário oral teria mesmo de suprir a expressão escrita. Deveria mesmo ser imponente a cena de um pacto, com o magistrado sentado em sua curul de mármore, vestido com a toga dignitária, cercado de litores, enquanto um contratante expusesse as relações de um usufruto em palavras concisas e o outro levantasse a destra e pronunciasse, em voz alta, *in jure cessio.*

Daí, a tábua decenviral creditar o pronunciamento da língua: – *uti lingua muncupasset.*

O item II completa o rigorismo do inciso anterior, determinando o pagamento de uma multa dupla àquele que relegar as suas palavras pronunciadas em tal ocasião.

Segue-se o título possessório:

> *III – Usus autoritas fundi biennium; coetatarum omnium (*Annuus*).*
> *– Adquire-se a propriedade do solo pela posse de dois anos e das outras coisas, pela de um ano.*

Já tivemos ensejo de nos referir à acanhada economia romana reinol. Naturalmente, em face das necessidades públicas, num país nascido de uma extensão territorial adquirida pelo subterfúgio das tiras de um couro de boi emendadas pelo espertalhão Rômulo; num país sem exploração de minérios; num país em que os campos eram oficialmente classificados pelas suas culturas de oliveira, vinha e trigo; em que a agricultura era a principal fonte de subsistência; numa época em que as guerras de rapina ainda não haviam exaurido os povos conquistados e em que o regime das colônias ainda não permitia a sangria de outras regiões, – é óbvio que o usucapião das terras decorresse apenas em dois anos e o das coisas em um ano. Isto no sentido de que cada proprietário mantivesse vigília sobre os seus haveres e de que as jeiras não deixassem de produzir e alimentar o ventre da soldadesca e das classes privilegiadas.

Segue-se este inciso chicanesco:

> *IV – Interrompe-se o usucapião da mulher se ela dormir durante três noites seguidas fora do domicílio conjugal.*

Dada a austeridade da lei romana pertinente ao adultério, depreende-se que somente poderia ocorrer tal circunstância por subterfúgio, isto é, com o consenso marital.

Vejamos agora a situação dos peregrinos:

> *V – Contra o estrangeiro, eterna vigilância.*

Este dispositivo tinha mais um caráter econômico do que mesmo político. Não visava ele hostilizar o adventício (*hospes hostis*), mas sim interditar-lhe a adquirição de bens móveis e imóveis, com a preterição dos nacionais e da economia do estado, que poderia ser desviada através do elemento estrangeiro.

Foi o comércio o elemento amainador dessa intransigência que pouca precaução policial enfeixava, redigida que fora com o objetivo de ressalvar a economia interna e os encargos públicos.

No século V, Roma havia dado tais concessões ao *commercium*, que ele se constituíra uma nervura do seu organismo internacional, originando a criação de um tribunal privativo das ações entre romanos e estrangeiros: o *Praetor peregrinus.*

Mas, naquele começo de existência jurídica escrita, tinha de ser assim mesmo, como estava gravado na Tábua V: – ADVERSUS HOSTEM AETERNA AUTORITAS.

O inciso VI mostra-se desfalcado no texto, não podendo ser reconstituído com exatidão: – *Se duas pessoas lutam pela*

posse de uma coisa diante do magistrado... Mas em seguida
vêm partículas de outro período que poderiam assim completar
o assunto: – *O magistrado dará a posse provisória a quem
julgar conveniente.* Observe-se, todavia, que essa *luta*, ou *peleja*, era uma espécie de combate judiciário, fictício. Não teria
isto certa semelhança com aquelas *justas*, ou combates com
que, na Idade Média, os nobres resolviam as suas pendências?

Continuando as lacunas nesta Tábua, lê-se que os pedi-
dos de posse provisória nas ações de liberdade poderiam ser
sempre atendidos pelo juiz.

O inciso VII está completo:

> *Que não sejam arrancadas as traves empre-
> gadas nas construções, nem os esteios que
> sustentam as vinhas alheias.*
>
> VIII – *Cabe uma ação de pagamento duplo contra
> aquele que emprega materiais de outrem.*
>
> IX – *Se os materiais forem arrancados imedia-
> tamente... (o proprietário os poderá reivin-
> dicar).*
>
> X – *(A propriedade de uma coisa vendida entre-
> gue, não adquirida por aquele que a comprou
> enquanto o adquirente não pague o preço.)*
>
> XI – *Este item dispunha que o magistrado confir-
> masse a cessão feita em sua presença, bem
> como a emancipação.*

Tábua VII – *De jure aedium et agrorum* – Do direito relativo aos edifícios e às terras, – justifica a convicção de Cantu, de que "A ciência econômica dos primeiros tempos de Roma era a de um povo guerreiro e agrícola, de todo alheio ao
tráfico". O reino e, depois, a república, possuíam terras (*ager
publicus*) e, por isso, tinham uma vigilância contínua sobre os
campos, as searas e os edifícios rurais. E foi justamente essa
preocupação agrária que os fez mandar traduzir para o latim
o livro de agronomia do cartaginês Magon, igualmente traduzido para o grego e como uma evidência da capacidade daqueles
bárbaros que Cipião teve que destruir por ordem do Senado
Romano. Ademais, naquele ocaso da realeza e naqueles albo-
res republicanos, as minas de prata de Espanha onde, segundo
Políbio, trabalhavam quarenta mil mineiros, ainda não estavam
contribuindo como um verdadeiro regato argênteo que desliza-
va entre Cartagena e Roma. Plínio historiou precisamente
aquela fase romana dizendo que, durante a mesma, o loureiro
ornava a charrua. E, mais tarde, Virgílio, o poeta mais entra-

nhadamente apaixonado da terra peninsular, deixava aquela obra opulenta onde, em milhares de versos, cantou lavouras e astros: — *Hactenus arvorum cultus, et sidera coeli.*[16]

O inciso I desta Tábua é reconstituído por Festus:

> — *Entre os edifícios vizinhos deve existir um espaço de dois pés e meio, destinado à circulação.*

O inciso II, também reconstituído, estabelecia imposições relativas às plantações, construções e escavações em terrenos limítrofes.

O inciso III apresenta apenas as matérias sobre as quais recaíam: — jardins, pequenas hortas, granjas.

O inciso IV prescrevia:

> — *Entre os campos vizinhos deve haver, para acesso e para circulação das charruas, um espaço de cinco pés. Este espaço não é suscetível de ser adquirido por usucapião.*

O inciso V referia-se a questões de limites e Cícero esclarece a omissão dizendo que: — *Em caso de contestação sobre limites, o magistrado deveria oferecer às partes três árbitros para apresentarem a decisão.*

O inciso VI estabelecia as servidões de caminhos e pode ser reconstituído assim:

> — *A largura das estradas será de oito pés em linha reta e, tendo curvatura, dezesseis pés.*

O inciso VII interditava o trânsito de carros pelas estradas que não fossem construídas com as necessárias obras de defesa. E todos sabemos que a facilidade da locomoção das legiões estava naquelas vias revestidas de ótimo calçamento, ainda hoje demonstrando a perícia dos edis romanos. Enquanto o direito decenviral proibia que os veículos rústicos danificassem as suas vias de comunicações, os hindus preocupavam-se com a higiene das estradas, deixando no Código de Manu esta pitoresca postura bramânica.

---

(16) Virgílio — *Bucólicas* — Livr. II, 5. Ed. Garnier. Rio.

Art. 693 – Aquele que faz dejeções na estrada real, sem necessidade urgente, deve pagar dois Karchapanas e limpar imediatamente o local que emporcalhou.

O inciso VIII ficou reduzido a quatro palavras sobre a face tabulária: – *Si aqua pluvia nocet...* Se a água pluvial venha causar prejuízo... Mas a tradição vem em socorro do primitivo texto brônzeo:

> – *O dono de uma propriedade ameaçado de prejuízo pelas águas pluviais provenientes de trabalhos artificiais ou por um aqueduto, tem direito de pedir garantias contra os mesmos prejuízos.*
>
> Inciso IX – *Quando a sombra de uma árvore se estende sobre uma propriedade vizinha, os ramos devem ser todos cortados a quinze pés de altura.*
>
> Inciso X – *O proprietário tem o direito de colher, da propriedade vizinha, os frutos das árvores pendentes para o seu lado.*

Confrontando-se os dispositivos da Tábua VII com os artigos do nosso Código Civil pertinentes aos direitos de vizinhança, distribuídos nas epígrafes – *Do uso nocivo da propriedade, Das árvores limítrofes. Da passagem forçada, Das águas. Dos limites entre os prédios e Do direito de construir*, aplaudimos o professor Caetano Sciascia quando constata a influência de mil textos romanos em cem artigos de nossa legislação civil, de 1º de janeiro de 1916.[17]

É, pois, com a comprovação exposta em seu documentado volume "Direito Romano e Direito Civil Brasileiro", que se ajusta esta afirmativa: – O direito privado nos Estados Unidos do Brasil é o resultado de diversos fatores, entre os quais é proeminente o direito romano na sua ininterrupta tradição secular.

Spencer, apoiando a opinião de James Mackinstosh, que esmerilhou a legislação universal sob o ponto de vista filosófico, cita-lhe este pensamento justificante da razão de ser dos laços da lei natural que sensivelmente encadeia os povos: – "É uma regra suprema e invariável de conduta que obriga a todos os homens".

E Montesquieu, advogando o espírito de universalidade legal, deixou esta passagem marcante no *Esprit des lois*: –

---

(17) Caetano Sciascia – *Direito Romano e Direito Civil Brasileiro* – Ed. Saraiva. S. Paulo. 1947.

"La loi, en géneral, est la raison humaine, en tant qu'elle gouverne tous les peuples de la terre; et les lois politiques et civiles de chaque nation ne doivent être les cas particuliers où s'applique cette raison humaine".

No cotejo da Tábua VIII — *De delictis* — Dos delitos. — carecemos antes do mais, ter em mente o sentido religioso da pena romana, isto é, a pena oriunda do delito que interessava à vida social e a pena do delito que podia despertar a cólera dos deuses. Garraud vai encontrar igualmente este sistema, eivado de teocracia, nos livros de Homero, nas leis de Moisés, entre gauleses e eslavos e *dans les costumes primitives de Rome*.[18] E o romanista Rudolf von Jhering, legalizando o fratricídio de Rômulo, caracteriza o delito de Remo como uma ofensa divina, porquanto "os limites da cidade estavam, como os dos campos, sob a proteção dos deuses".

E sendo a pena, etimologicamente, uma purificação, infere-se que a mácula do crime somente poderia ser lavada pela severidade da lei, principalmente tratando-se de *leges sacratae*.

Silva Ferrão chega a dizer que "as penas nos tempos da antiga Roma, à exceção das que se destinavam aos escravos não tinham nada de cruel, passando a ser atrozes sob a dominação dos Césares e desde Constantino".[19]

Pessina considera errados "os que querem ver nos começos do direito penal romano a vingança de sangue, à maneira dos povos germânicos".[20] E, explicando que, sendo o povo romano legislador e juiz ao mesmo tempo, o sentido religioso da pena foi se debilitando, graças à lei Valéria que avocava aos comícios centuriais o direito de modificação do textos de legislar em matéria penal.

O inciso I desta Tábua estabelecia pena capital contra as injúrias ou ultrajes públicos difamatórios. É preciso, porém, se considerar que a injúria estava classificada como pena religiosa. Von Jhering elucida que "a ordem jurídica civil não se alterava com o homem perjuro, o Estado não tinha interesse nem direito de castigá-lo; mas a cólera divina fazia-o severamente, porque o estado de impiedade em que ele se achava, acarretava a sua exclusão perpétua da comunidade religiosa, deixando-o *execratum*".

---

(18) Garraud — *Traité Théorique de Droit Pénal Française* — Ed. Larousse. Paris. 1898.

(19) Silva Ferrão — *Teoria do Direito Penal* — Tip. Universal. Lisboa. 1856.

(20) Pessina — *Elementos de Derecho Penal* — Trad. cast. de G. del Castillo. Ed. Reus. Madrid. 1936.

O inciso II já se referia a uma condição penal que estava mais adstrita ao caráter privado do delito:

– Contra aquele que destruiu o membro de outrem e não transigiu com o mutilado, seja aplicada a pena de talião.

Ora, convenhamos que sendo o talião condicionado ao não pagamento do dano individual, é óbvio que todos os que amputassem um braço ou uma perna de outrem, tivessem o interesse de transigir, quer pagando-lhe uma quantia compensadora, quer comprometendo-se a fazê-lo, logo depois.

As legislações anteriores, ressalvando o Código de Hamurabi, não derivaram, como a tabulária, objetivamente, para tal sistema de ressarcimento ou indenização por mutilamento, – coisa hoje comum no direito do trabalho, do que se conclui que tal dispositivo constitui uma inovação ou abrandamento da pena taliônica.

A disposição III especificava alguns delitos dessa natureza:

– Pela fratura de um osso de um homem livre, pena de trezentos "as"; de um escravo, pena de cinqüenta "as".

Inciso IV – Pela injúria feita a outrem, pena de vinte e cinco "as".

Depreende-se por aí certa gradação na pena por injúrias, sendo, necessariamente, as estabelecidas no inciso I de caráter mais sério, agravadas pela repercussão pública e pela condição da pessoa ofendida.

Inciso V – Se o prejuízo é causado por acidente, que seja reparado.

Com esta incidência acima, ficava bem esclarecido o dano causado fisicamente a alguém por vontade própria e o dano por acidente; no primeiro caso, permitia-se o prejudicado transigir com o delinqüente, sob pena de talião; no segundo aspecto, o dano involuntário era especificamente compensado por dinheiro.

Inciso VI – Pelo prejuízo causado por um quadrúpede, deve-se reparar o dano ou abandonar o animal.

Cremos que a expressão abandonar significava entregar o cavalo, boi ou cão, ao castigo da parte prejudicada.

103

Inciso VII – *Cabe ação de dano contra aquele que faz pastar o seu rebanho no campo de outrem.*

Este dispositivo foi reconstituído através de Aristo e o inciso seguinte especificava o delito mas não atribui a pena.

Inciso VIII - *Aquele que por encantamentos, faz murchar a seara de outrem, atraindo-a para o seu campo...*

Sabemos que os romanos eram profundamente supersticiosos e daí nada fazerem sem ouvir os áugures, como já vimos atrás, nos presumidos recortes do código "Papirianus". Existia um colégio, em Roma, para essa classe oracular, cercada de imunidades, alimentada e vestida pelo estado e falando em linguagem enigmática e cavilosa. O agricultor acreditava em sortilégios e não admitia que circunstâncias de ordem climatérica diminuíssem a sua safra, ou a aniquilassem. Tal calamidade somente poderia ser originada por um vizinho invejoso. E lá se ia a demanda para o magistrado que teria de consultar os poderes espirituais, através daqueles áugures, áuspices ou fulguratores, de funções vitalícias e investidos da dignidade por decreto real.

Inciso IX – *Aquele que causa, à noite, furtivamente, destruição, ou apascenta o seu rebanho sobre colheitas, seja votado a Ceres e punido de morte; sendo impúbere, será vergastado ao critério do magistrado e condenado a reparar o dano em duplo.*

Plínio, em sua História Natural, fala da excelência desta Tábua, que tanto acautelava os interesses dos que mourejavam nos campos romanos, de onde saíam muitos daqueles austeros e discutidos senadores que assinavam pergaminhos com as rudes mãos calejadas pelo amanho das terras.

Inciso X – *Aquele que causa incêndio num edifício, ou num moinho de trigo próximo de uma casa, se o faz conscientemente, seja amarrado, flagelado e morto pelo fogo; se o faz por negligência, será condenado a reparar o dano; se for muito pobre, fará a indenização parceladamente.*

Parece-nos que a vida agrícola de Roma era constantemente perturbada pelos incêndios dos prédios rústicos e das searas, pois mais tarde, no próprio *Digesto* (47,9), incluía-se uma parte especial, *De incendio*.

Inciso XI – *Contra aquele que corta injustamente as árvores de outrem, aplique-se a pena de vinte e cinco "as" sobre cada árvore cortada.*

As Ordenações do Reino, (Livro 5, Tit. LXXV), eram muito rigorosas neste assunto: se o corte era de árvore de fruto comum, a pena era o pagamento em triplo; se a árvore era estimada, em quatro mil réis, açoite e degradação para a África; se a árvore valia trinta cruzados, então a pena era severíssima: degredo perpétuo para o Brasil.

Inciso XII – *Se alguém cometeu um furto à noite e foi morto, seja o causador da morte absolvido.*

A maioria dos autores romanos confirma esta legítima defesa da propriedade que, mais tarde, foi ampliada quando o *Digesto* inseriu esta definição: – *Dominium est jus utendi, fruendi et abutendi re sua, quatenus juris ratio patitur.* Domínio é o direito de usar, gozar e *abusar* de sua propriedade, enquanto a razão de direito o permitir.

Inciso XIII – *Mesmo que o ladrão esteja roubando a pleno dia, não terá direito de se defender com armas.*

Inciso XIV – *O ladrão confesso (preso em flagrante delito) sendo um homem livre, será vergastado por aquele a quem roubou; se é um escravo, será vergastado e precipitado da Rocha Tarpéia; mas sendo impúbere, será apenas vergastado ao critério do magistrado e condenado a reparar o dano.*

Em todas as penas delituais das *Leges XII Tabularum*, há sempre uma atenuação em referência aos menores; e, em relação ao direito civil, os impúberes gozavam de ampla proteção legal, em todas as fases em que se desenvolveu o direito tutelário.

Inciso XV – Sem redação completa. Reconstituído através de Aulu-Gelle. Tratava-se de uma disposição legal denominada *fruto proibido* e não estabelecia penalidade. Unicamente ordena que *todo aquele que procurar uma coisa roubada o faça despido, mas cingido por uma faixa e trazendo um disco na mão; caso encontre o objeto, o declare publicamente.*

Chamava-se tal preceito lance licioque conceptum e só poderia ser descoberto por meio de um disco, ou prato, e de uma faixa, ou bragas. A seminudez legal certamente era para comprovar que o descobridor da coisa não levava panos em que a ocultasse e o prato era para a exibir imediatamente. Trata-se, como vemos, de uma extravagância legal cuja eficiência não podemos aquilatar no tempo presente.

Inciso XVI – *No caso de um furto manifesto, que a pena contra o ladrão seja do duplo do objeto furtado.*

Como vemos, sempre a pena pecuniária estava na cogitação daqueles decênviros da primeira legislatura; o que se não observa nas duas últimas Tábuas, redigidas pelos que os substituíram, exceto um, que se reconduziu para a perda e desmoralização de todos.

Inciso XVII – *É proibido o usucapião sobre as coisas roubadas, não valendo, no caso, o uso ou a posse do detentor.*

O Direito Justiniano absorveu inteiramente esta disposição tabulária e o nosso Código Civil adotou o mesmo critério de ressalva possessória.[21]

Inciso XVIII – *O juro de empréstimo de dinheiro não poderá exceder de uma onça, isto é, de um por cento ao mês.*

Como observamos, este dispositivo remediava o rigor contido na Tábua III, que permitia a morte e a escravidão, por motivo de dívidas. E o Código não tinha consideração para com a agiotagem, quando afirmava:

– *Improbum foenus exercentibus et usurarum illicite exigentibus, infamiae macula irroganda est. Cod. L. 2, t. 12, fr. 20.* Aos que exercem a agiotagem desonesta e que exigem ilicitamente juros de juros, deve ser lançada a mácula de infâmia.

Inciso XIX – *Aquele que for infiel num contrato de depósito, deverá pagar uma pena dupla.*

---

(21) *Furtivae quoque res et quae vi possessae sunt, nec si praedicto longo tempore bona fide possessae fuerint, usucapi possunt. Inst. L. 2, t. 4, § 2. De usucapionibus.*
Ver o art. 497 do Código Civil Brasileiro.

Entretanto, o Digesto, mais tarde, dispondo longamente sobre a segurança e responsabilidade do depósito, admitia a perda da coisa depositada, sem dolo, ficando o depositário isento de qualquer pena. E ainda melhor: caso a coisa fosse depois encontrada pelo depositário, não havia mais restituição.

Inciso XXI – *Que o patrono que enganar o seu cliente seja devotado aos deuses.*

Desde as leis tabulárias, o exercício da tutela era bastante policiado pela justiça romana. Muitas vezes os pretores tiveram de málear a lei, na defesa dos interesses dos pupilos, ameaçados pela rapina dos tutores. Depois, a jurisprudência foi cercando de garantias os menores, até que a legislação codificada no Império Romano do Oriente consolidou tal matéria defensiva. Tanto o *Digesto* como as *Institutas* estão repletos de disposições defensivas dos direitos da puberdade.

Inciso XX – *Serão afastados da tutela os cidadãos suspeitos, que a exercerem.*

Deveria ser mesmo difícil a função de *patronus*, ou de cognitor (advogado) perante a magistratura romana. Von Jhering diz que o orador, "forçado a seguir o constituinte, tinha que ir de encontro à verdade, pondo a sua eloqüência ao serviço da mentira, deformando, lançando a confusão no negócio e produzindo argumentos falsos". E, naturalmente, se perdia a causa, ficava não somente com o ressentimento do seu constituinte, como com o prestígio abalado perante os freqüentadores do tribunal. Cícero encomiava antes o jurista que o orador, dando mais valor à clareza da palavra que à eloqüência rabulária, – espécie de tambor vazio de todas as tribunas judiciárias e políticas.

Cláudio, imperador, em face do suicídio de um cliente à porta de um advogado que o traíra, combateu a retórica judiciária e incentivou a defesa concisa.[22] Mas essa pena de ser devotado o patrono aos deuses importava necessariamente numa exclusão profissional, pois dali por diante as malhas do direito sagrado o isolavam da sociedade.

---

(22) Encorajei o aparecimento de uma nova espécie de advogado, homens despidos tanto de eloqüência como de grande profundeza legal, mas com bom senso, vozes claras e talento de reduzir os casos a seus elementos mais simples. *Robert Graves – Claudius o Deus e Messalina.* Trad. de J. Abreu. Ed. Globo. P. Alegre. 1940.

Inciso XXII – *Se o porta-balança ou alguém foi testemunha de um ato e recusa dar seu testemunho, seja considerado infame, incapacitado para testemunhar e indigno de que testemunhem para ele.*

Já vimos no inciso I da Tábua I, como a testemunha era obrigada a comparecer perante o magistrado, podendo aquele que o citava usar de meios coercitivos. É que a força privada constituía um princípio legal de defesa pessoal e patrimonial do direito romano.

Inciso XXIII – *Seja precipitado da Rocha Tarpéia aquele que prestou falso testemunho.*

Eis a razão por que os romanos, que puniam atrozmente o roubo, diziam que *Falsi testes pejores sunt latronibus* – As testemunhas falsas são piores que os ladrões.

O inciso XXIV – Estabelecia pena capital contra o homicídio. Não se apresenta textual. Festus refere-se à lei *Parricidii questores*; mas Pessina enumera as *Leges Corneliae* e a *Lex Pompeia de parricidiis*. Precisamos atender a que somente ao tempo de Augusto foi estabelecida a distinção entre o processo criminal e o processo civil, quando já o *jus sacrum* não produzia tão grande sulco na jurisprudência. Mas, conquanto constatemos o talião e a quase ausência de penas médias nas XII Tábuas, nem por isso podemos considerar que os romanos fossem gigantes no direito civil e pigmeus no direito penal.[23] Necessariamente o direito civil teria de tomar vulto e se destacar em Roma, em face das relações econômicas, tratadas com tanta acuidade por aqueles ourives da jurisprudência, entre os quais Cícero, cujo talento não mais teve parelha naquele estuário de vida, capacidade e paixão.

O fato é que o direito civil de Roma foi um direito excitante, estimulado por uma pletora de personalismo e de interesses; enquanto o direito penal foi um direito à margem da sociedade, que somente o percebia quando obrigada por uma relação imprevista.

---

(23) O elemento histórico das instituições do Direito Penal obedece, em regra, à influência do Direito Romano, do Direito Germânico e do Direito Canônico. Impõe-se, por isto, detalhar o papel desempenhado na evolução jurídico-penal pela sistematização das normas contidas nessas três direções, dominantes no período da vingança pública iniciado, como vimos, na Grécia. É absolutamente improcedente a afirmação de Carrara: os romanos, gigantes do Direito Civil, pigmeus no Direito Penal.
ROBERTO LYRA – *Direito Penal* – Ed. Liv. Jacinto. Rio. 1936.

Duelo judiciário: o apelante expõe seu caso ante o juiz do apelado
miniatura do séc. XV

Inciso XXV – *Aquele que prendeu alguém por palavras de encantamento ou lhe deu veneno, seja punido de morte.*

Já tivemos ensejo de falar no espírito supersticioso dos romanos e como temiam eles os filtros das feiticeiras e os conjúrios importados do Oriente.

Inciso XXVI – Dispunha sobre os ajuntamentos noturnos, de caráter sedicioso, os quais eram punidos com a morte dos conjurados.

Inciso XXVII – *Os membros de um colégio ou de uma associação poderão estabelecer os seus regimentos, desde que os mesmos não sejam contrários à lei geral.*

Este dispositivo foi reconstituído através da regulamentação dos colégios e corporações, pelo Digesto.

É interessante verificar-se que na Tábua VIII não se encontram penalidades para o adultério, quando nas leis régias o assunto era tratado duramente. Nas estilhas do livro de Rossi, que citamos atrás, há um dispositivo que manda o marido e os irmãos punirem "convenientemente" a mulher adúltera. Mas Von Jhering esclarece que "na época antiga, não obstante a possível dissolução, o divórcio era raro; mas na posterior, apesar de todas as leis, o adultério e o divórcio eram comuns".[24] Só no longo e fecundo tempo de Augusto foram promulgadas as *Leges Juliae* que, entre outros imperativos, continha *de adulteriis*. Naturalmente com a *patria potestas*, o delito ficava circunscrito ao tribunal doméstico e somente ressumavam à epiderme social aqueles casos de suma importância, pela notoriedade das partes. Mas nem todo mundo tinha a mesma concepção de Júlio César, de que a sua mulher, mesmo inocente, não deveria ser suspeita a ninguém.

A Tábua X – *De jure sacro* – Do direito sagrado – exprime bem o poder que exercia o Colégio dos Pontífices. Maynz diz que a sua autoridade chegava a abolir as prerrogativas reais e que ele possuía atribuições de inflingir penas pecuniárias e corporais, podendo até mesmo condenar à morte.[25] As disposições tributárias, neste particular, decorrem sobre as solenidades fúnebres e não precisam exatamente as penas, que ficariam ao critério pontifical.

---

(24) Rudolf von Jhering – *O espírito do Direito Romano* Trad. de Rafael Benaion. Ed. Alba. Rio. 1943.
(25) Charles Maynz – *Cours de Droit Romain* – Libr. Polytechnique. Bruxelles. 1870.

São estes os incisos do *jus sacrum:*

I – Que nenhum morto seja inumado ou queimado na cidade.(26)

II – Que não seja polida a lenha da fogueira funerária.

III – O morto não poderá ser amortalhado nem cremado em mais de três togas, nem três faixas de púrpura e nem poderá ser acompanhado por mais de dez tocadores de flauta.

IV – Que as mulheres não arranhem o rosto e nem soltem gritos imoderados.

V – Que não se recolham os ossos dos mortos para se fazerem mais tarde outros funerais (exceto em relação aos mortos em combate, no estrangeiro).

VI – A lei proíbe o embalsamamento dos corpos dos escravos, os banquetes funerários, as aspersões suntuosas, as coroas ligadas por longas fitas, as pequenas aras erigidas para nelas se queimarem perfumes.

VII – Mas se o morto houver conquistado, em vida, por si ou por seus escravos ou cavalos, uma coroa, que as honras lhes sejam atribuídas.

VIII – Não é permitido fazer muitos funerais e nem se erigir mais de um túmulo para um só morto.

IX – Que não se enfeite de ouro o cadáver, mas, se os seus dentes são obturados com ouro, seja permitido inumar ou queimar este ouro com ele.

X – Que não se faça pira funerária nem sepultura a menos de sessenta pés de um edifício a outro, se não houver o consentimento do proprietário.

XI – A sepultura e o seu vestíbulo não são suscetíveis de serem adquiridos por usucapião.

Bem. Nesta Tábua X termina o trabalho decenviral da primeira legislatura, composta de honrados e eruditos cidadãos romanos, à exceção do primeiro, que se revelou ambicioso e concupiscente. Foram eles: – Áppio Cláudio, Tito Genúcio, Públio Sesto, Lúcio Vetúrio, Caio Júlio, Aulo Mânlio, Sérvio Sulpício, Públio Curiácio, Tito Romílio, Spúrio Portúmio.

Destes legisladores foram escolhidos para as funções de cônsules durante o ano de 302, Áppio Cláudio e Tito Genúcio. Desde os começos desse governo da magistratura, Áppio tomou a chefia da mesma corporação, passando a cortejar aquela

---

(26) Shakespeare, no drama *Júlio César*, traduzido por Domingos Ramos e editado pela Livr. Chardron, do Porto, em 1913, – faz aparecer um personagem que exclama diante do corpo apunhalado do ditador: "Queimemos em lugar *sagrado* o seu cadáver e com os tições deitemos fogo às casas dos traidores."

plebe que havia sido antes perseguida por ele. De dez em dez dias, um dos decênviros exercia a administração da justiça, resolvendo os problemas judiciários do povo.

E assim decorreu aquela fecunda fase de elaboração legal, constando ainda que os decênviros se recorriam a um grego de Éfeso, chamado Hermodoro, que se achava em Roma, como uma espécie de consultor ou intérprete, em certos casos em que se fazia estudo comparativo com as leis helênicas.

Aprovadas as dez Tábuas nos comícios por centúrias, o povo exultou de contentamento e concordou em que fosse eleito outro decenvirato para a compilação de mais duas Tábuas.

Dessa segunda legislatura fizeram parte Áppio Cláudio (o único reeleito), Marco Cornélio Maluginense, Mário Sérgio, Lúcio Minúcio, Quinto Fábio Vibulano, Quinto Poetflio, Tito Antônio Meranda, Cesão Duflio, Spúrio Óppio Cornícien, Mânlio Rabuléio. Coube ainda a Áppio a função de organizar esta lista e de apresentá-la ao comício aprovador. Deslumbrado com a honraria, não refreou dali por diante os impulsos do seu sangue moço e de sua inteligência criadora, passando novamente a liderar aquele conselho legislativo de anciãos.

A Tábua XI ficou perdida no maremoto romano.

Tito Lívio retrata-a sucintamente: – *Hoc ipsum: ne conubium Patribus cum Plebe, non Decemviri tulerut*. Assim, a legislação decenviral que substituiu a primeira e que se pretendia perpetuar num odioso despotismo legal, não tolerava o casamento entre patrícios e plebeus. Somente em 309 (*ab urbe condita*) a Lei Canuléia revogou esse velho preceito. Escudados numa verdadeira milícia de litores, esqueciam-se eles de que as duas últimas Tábuas teriam de ser aprovadas pelo comiciado. Redigiram-nas e começaram a aplicá-las sem sanção, prestigiados pela juventude perniciosa e turbulenta que incentivava as degolações, os flagelamentos e as apropriações de bens dos desafetos.

O *Espírito do Direito Romano* explica a existência da lei, porém não a justifica: – "Um povo animado de sentimentos verdadeiramente religiosos, preferia os plebeus distanciados da cidade, ou resistir-lhes até perder o último alento, a lhes conceder, por exemplo, o *connubium*, ou contratar matrimônio com eles, mesmo após os haver admitido a tomar parte no consulado".

Porém não era precisamente o sentido religioso que os agitava: era o orgulho que estabelecia uma fronteira de superioridade e, ao mesmo tempo um instinto de usurpação do trabalho da plebe.

A reação, entretanto, se operou, trabalhosa e eficiente e a legislação metálica teve de ceder lugar aos princípios igualitários que se impuseram pelo gládio e pelo sangue.

A Tábua XII dispunha em seu inciso I sobre a apreensão do penhor – *pignoris capio*. Estabelecia uma espécie de ação contra o devedor, para o pagamento do preço de uma vítima, ou do aluguel de um animal de serviço, uma vez que fosse especialmente empregada a importância em sacrifícios.

>Inciso II – *Se um escravo comete um roubo ou um outro delito prejudicial, será movida contra o seu dono uma ação indireta, isto é, uma ação noxal.*

E como se denominava de *noxa* o escravo que causava um dano, *noxia* era prejuízo a ser considerado em juízo. Estabelecia-se, então, este dilema: ou o pagamento pelo ato nocivo, ou a entrega do próprio escravo. Aliás, o *Digesto* dispôs sobre o assunto, no seu capítulo *De noxal action*. Modernamente, o Direito Civil definiu suficientemente a responsabilidade dos danos causados pelos prepostos.

>Inciso III – *Se alguém simular posse provisória em seu favor, que o magistrado nomeie três árbitros para a causa e que, em face da evidência, condene o simulador a restituir os frutos em duplo.*

Como vemos, desde a Tábua XI que os romanos dedicavam cuidado especial à proteção possessória. A jurisprudência que a seguiu é vasta e consubstanciosa. Todos conhecem as sistematizações de Savigny e de Jhering. Mas, antes deles, a conceituação geral já ficara exarada na legislação justiniana: – *Improba possessio firmum titulum possidenti nullum, praestare potest.* (Cod. L. 7, t. 32, fr.7) A posse de má fé nenhum título hábil pode proporcionar ao possuidor.

>Inciso IV – *É proibido consagrar-se a coisa ligitiosa.*

Esse interdito naturalmente visava neutralizar a ação de alguém que pretendesse desviar o domínio de uma coisa, através da consagração da mesma, caso em que ela tomava o caráter de inviolabilidade. Também o *Digesto* regulamentou o assunto, na parte *De letigiis*.

Inciso V – Tito Lívio reconstituiu esta chave de ouro do direito tabulário, nestas palavras: – *Quodcumque postrenum popules jussisset, id jus ratumque esset.* As últimas leis do povo derrogarão as anteriores.

Este princípio saudável foi, todavia, um bem e um mal na fase em que Laboulaye diz que a extrema liberdade foi substituída pela extrema subserviência, isto é, em que *la volonté du prince a force de loi: – Quod principi placuit legis habet vigorem.*[27] A disposição tabulária era harmoniosa e conceituativa da moral política de um povo que se erigia pela força, mas que procurava encontrar na força do direito a razão de ser de suas atitudes. Von Jhering circundou aqui necessariamente o assunto: – "Mas não basta saber que o direito se realiza; o que se torna necessário é saber como se realiza". E Bluntschli explicou o absolutismo estatal dizendo que, nele, *la vie descend, et s'approche de sa fin.*[28]

Emílio Costa alega que "solamente en estos últimos años se ha negado la existencia historica del decenvirato legislativo", porém essa originalidade é de procedência tão pedante que não merece refutação, em face da abundante e autêntica bibliografia consagrada pelos romanistas. E o próprio autor da *História del Derecho Romano Publico y Privado* acrescenta imediatamente: – "Pero los argumentos extrínsecos e intrínsecos adoptados, sea para combatir la tradición o para apoyar estas hipótesis colocadas en su lugar, no son suficientes para destruir los argumentos intrínsecos de veracidad que tiene, sobre todo por los caracteres de las normas atribuidas a las XII Tablas y, principalmente, por las normas referentes al procedimiento; por la procedencia dada a este en el plan (como también se encuentra en otras leys antiguas); por la prevalencia de disposiciones relativas a instituciones y relaciones referentes a una economia agrícola creada todavia sobre la base de propriedad immueble familiar de extensión bastante circunscrita".[29]

Mas, além dos que negam a elaboração tabulária, há também os que admitem uma assimilação do direito grego, pelo fato de ter ido à Grécia uma deputação romana. E, ainda, cita-se a existência de umas XII Tábuas de Gortyn, cidade de Creta, descobertas, segundo Van Bemmelen, em 1884. Entretanto,

---

(27) Eduard Laboulaye – *L'État e ses limites* – Ed. Charpentier. Paris. 1868.
(28) Bluntschli – *La politique* – Ed. Librairie Guillaumin. Paris. 1883.
(29) Emílio Costa – *Historia del Derecho Romano Público y Privado* – Trad. cast. de Manuel Raventos. Edit. Reus. Madrid. 1930.

o mesmo autor de *Nociones Fundamentales del Derecho Civil*, apressa-se em afirmar que os decênviros "No codificaron y reformaron más que el derecho indígena: no importaran ni derecho griego ni ningún otro derecho extranjero".[30]

Não seria, porém, pelo amor à tradição que fôssemos prosseguir nos créditos às XII Tábuas, se uma refutação criteriosa e documentada fosse trazida aos dias presentes. Mas, além de ser difícil contestar Tito Lívio, Gaius e Aulu-Gelle, essa primeira codificação romana, aí está aos nossos olhos, no seu latim bárbaro e conciso, retratando o caráter de um povo capaz de dominar o seu mundo e capaz de impor o seu direito.

Rousseau, encomiando o esforço tabulário, lembra que os Decênviros deram amplas satisfações ao comício, no momento de fazerem a explanação do seu código, elucidando que nada do que ali se achava corporificado teria eficiência sem o consenso do povo, acrescentando: — "Romains, soyez vous mêmes les auteurs des lois que doivent faire votre bonheur".[31]

Uma promulgação vinculada em tal forma à alma da plebe até então vazia de entusiasmo pela *res sacra*, somente poderia ser recebida com explosões de triunfo e alicerces de fé nos seus destinos. Porque o direito, que era mal balbuciado pelos magistrados na perniciosa penumbra do templo, começava a falar bem alto pelas bocas de bronze das XII Tábuas. Até ali tudo era nevoento, confuso e impreciso, como se a legislação antiga fosse uma caligem, através da qual nunca se desvendasse uma nesga benfazeja e consoladora de céu redentor. Andava-se num cosmo acinzeirado e perigoso, cujos caminhos derivavam sempre para o despenhadeiro da Tarpéia.

Não podemos, hodiernamente, diante das lascas recolhidas daquela legislação, ter uma visão fiel do que foi seu corpo integral de Têmis de bronze. Ela nos chegou tal como aerólitos de um astro que, ao envelhecer, explodisse e precipitasse a sua poeira quente e doirada sobre todos os caminhos do infinito. Pouco importa a sua fisionomia policrômica no mosaico bibliográfico que a recolheu pacientemente. O tempo, a língua e a ortografia devem retratá-la hoje dissemelhantemente, em pedaços.[32] Talvez mesmo ela ofereça aos nossos olhos o aspecto

---

(30) P. Van Bemmelen — *Nociones fundamentales del Derecho Civil* – Edit. Reus. Madrid. 1923.

(31) J. J. Rousseau — *Contrat Social*. Libr. de la Bibliothèque Nat. Paris. 1873.

(32) M. Ortolan — *Histoire de la legislation romaine: — Avec le temp, la lange et son ortographe s'étaient successivement modifiés, adoucies; et c'est en cet adoucissement graduel, consacré dans l'usage quotidien et dans la litterature des Romains, que quelques fragments des Douze Tables nous ont été transmis*. Trad. Marescq. Paris. 1895.

bizarro de um legionário romano envergando a farda inexpressiva de um miliciano do século XX. Ainda assim não é uma caricatura de sua primitiva majestade, porquanto o seu atual desajeitamento indumentário é uma seqüência do seu desuso e uma significação de como as coisas de antanho nos são legadas através de remendos, reconstituições e retoques, tirante as boas intenções e a perícia dos juristas.

É natural, pois, que a *Lex XII Tabularum*, com o tempo, tenha seguido o destino de certas essências: modificou a coloração, conservando, todavia, o perfume penetrante que recorda a emanação da humosa terra peninsular. Façamos, todavia, de qualquer modo, a devida justiça ao seu caráter de independência, pois, sendo uma lei acentuadamente nacional, infiltrou-se até à consolidação justiniana, depois de um longo período de moldagem, no qual o pretor realista, com o *jus dicere*, e o juiz dogmático, com o *judicare*, realizaram a comissão jurídica romana, tendo cada um deles uma chave daquela caixa forte que Von Jhering diz não se poder abrir sem o concurso de ambos.

No tempo construtivo de Cícero, a juventude romana tinha o dever de estudar a lei decenviral, pois ela constituía uma das matérias destinadas à educação pelo poder estatal.[33]

O espírito daquele formidável orador ficou, em verdade impregnado daquelas regras legais e, durante a sua vida tumultuosa e brilhante, foi ele um entusiasta da legislação florescida entre as sete colinas sagradas.

Concluímos que a Lei das XII Tábuas outorgou ao mundo um aspecto legal que somente foi igualado pela *Declaração dos Direitos do Homem e do Cidadão*, da Revolução Francesa: — Não foi impingida pelos deuses, nem pelos soberanos, nem pelos jurisconsultos. Foi ela a mais legítima das leis, porque resultou do sacrifício, da luta, do clamor do povo romano reduzido ao pauperismo pela realeza e pelo patriciado.

Cada palavra latina do seu texto é um uivo da multidão sacrificada pelo *jus pontificum*; é o choque do coice de uma lança sobre as pedras do pátio, rejuntadas pelos escravos; é o ressoar do coturno de um legionário desiludido que regressava de Alba Longa; é o grito de um condenado ao abismo tarpeiano; é um punho que se levanta antes de ser cortado pelas *auctoritates* arbitrárias; é o ranger da tribuna popular sob a estatura exaltada do orador; é o protesto de um litigante espoliado ao

---

(33) Cícero – *De Legibus*, XXIII – Nostis quase sequuntur: discebamos enim pueri XII, ut carmen necessarium; quas jam memo discit. Ed. Firmin Didot Frères. Paris. 1859.

ouvir a sentença perniciosa; é o brado pela justiça que ecoava suplicemente por todo o *Vetus Latium*; é o aplauso da plebe quando o decênviro lia pausadamente um dispositivo eqüidoso da nova lei codificada.

Vinculou-se, pois, à alma esclarecida do seu mundo, não somente por ter sido o triunfo de uma aspiração de oprimidos, mas porque, antes de ser moldada nas doze placas de bronze, guardadas mais tarde no Fabulário, — havia sido escrita em sangüe sobre as lajes brancas daquela planície de duzentos metros que era o Forum Romano.

Quando o filho da vestal Réa Sílvia e de Enéias, depois de cumprir o ritual religoso da Etrúria, delimitou o *pomoerium* de Roma com uma charrua do modelo primitivo estampado no vaso etrusco, sentiu estar desempenhando uma missão sobrenatural. Premindo vigorosamente o guidão de madeira com a calosa mão esquerda, levantou a destra para o ar, num gesto de arrancada para o touro branco e a vaca branca, atrelados ao jugo do arado elementar.

Os rudes pastores de Numitor e os guerreiros de Alba que o haviam seguido, abriram alas para a passagem do rei demarcador, enquanto Remo, vestido numa grosseira túnica de linho, com a cabeleira inculta a escorrer sobre a testa, olhava, com um riso transgressor e zombeteiro nos lábios, o sulco deixado pela relha ao deslocar os torrões e a erva da terra virgem e colinosa, na delimitação de *Roma Quadrata*.

Mesmo sem ereção de muralhas, depois do cerimonial daquela manhã de abril, dourada por um sol promissor de primavera, Roma tinha um espaço sagrado e inviolável, defendido até mesmo pela punição fratricida.

Também a consciência jurídica de todos os povos teve uma demarcação na hora em que a plebe romana aprovou, em comício, a décima segunda tábua decenviral. Porque a Lei das XII Tábuas foi para o mundo tal qual a charrua de Rômulo: teve o destino histórico de delimitar, em modelo, as eternas fronteiras do direito universal.

Capítulo V

O ALCORÃO

O cenário que teve Maomé para representar o seu drama político-religioso, foi, de certo modo, mais impressionante que o de Moisés: um solo arenoso e comburido, mosaicado pelas manchas verdes dos oásis; dois golfos profundos e negros, a vastidão árida e fastidiosa dos desertos e uma cúpula de céu zíncico, ajustada e acurvada por um fogo que emanava permanentemente do infinito.

Biologicamente, ali não poderia medrar uma vida exuberante; psicologicamente, ali não se poderia agigantar uma idéia, porquanto o espírito humano se confrangia na estreiteza de um espaço mental sem lucilações e sem iniciativas.

Tudo era mirrado, sáfaro e indócil: a vegetação, a terra, o animal.

O semitismo parecia ter sido arrastado até ali, a fim de ter o seu término racial num panorama de desolação, onde todas as coisas se derretiam ao hálito queimoso do destino que teimava em crestar a criação e anular todo o empreendimento espiritual.

Dir-se-ia que Abraão, ao renegar Ismael, retirara dos seus descendentes os luzeiros do profetismo judaico, entregando-os ao negrume da idolatria embotante. A Caaba, em Meca, era agora um templo onde ídolos extravagantes, antropóides, andróginos e monstruosos, recebiam as venerações, as súplicas e as promessas do povo disperso. Porém eles, na sua horripilante imobilidade, no seu esgar de pedra ou de madeira, nada podiam fazer pela unidade da raça: manipanços que eram, nenhuma influência poderiam ter para além do zimbório escaldante do céu.

Tribos desarticuladas, sem objetivo econômico, locomoviam-se pelas planícies pelos tufos de árvores; de um poço pa-

119

ra outro, de uma aventura para outra aventura. Decorrera um milênio sem que o semitismo houvesse fincado os alicerces de um império.[1] Nenhuma espada fora levantada por um punho másculo, na consecução de um pensamento imperialista. Nenhum cajado israelita impelira um punhado de homens fortes sob a legenda de um novo código de pedra.

Porém estava escrito que um cameleiro, um *khabir*, o faria, legando ao seu mundo um novo livro doutrinário; não gravado pelos discípulos em omoplatas ou em lajes, mas em pele de carneiro[2] como o haviam feito os hebreus, cuja legislação esmerilhou cuidadosamente.

O Alcorão é uma espécie de *Mil e uma noites* religiosa e jurídica dos árabes. Um povo utilitarista como o romano da primeira época só poderia enfeixar uma lei sucinta e retilínea como as XII Tábuas, em que a incidência se faz sem rodeios e sem palavras inúteis. A bíblia maometana é uma tela de pequena dimensão, encaixada numa larga e espalhafatosa moldura de ouro e esmalte, maior do que a paisagem nela recolhida. As suas 114 suratas poderiam ficar reduzidas a 24, se lhe podassem os galhos sem flores e sem frutos, mas com abundantes folhagens de imaginação e devaneio. Mas nenhum árabe letrado ousaria fazer tal expurgo numa lei que foi redigida à sua semelhança espiritual, por um profeta que não teve pejo de cavar, a ponta de lanças, o solo em que lançou as sementes de sua fé. Ademais, ainda hoje o selo da lei islâmica continuou inviolado, conquanto haja quem afirme por conta de Maomé que de três juízes somente um se salvará.[3]

Moisés mais de uma vez se decepcionou com a ingratidão do seu povo e chegou mesmo a quebrar as primeiras Tábuas da Lei, ao retornar da fala maravilhosa com Jeová, na gruta da montanha. E mais de uma vez teve de recorrer aos milagres, para convencer a sua raça buliçosa e casuística.

A decepção de Meca foi a primeira e única na vida de Maomé, porque depois da *Hégira*, ele compreendeu o perigo da versatilidade humana e redigiu aquela surata denominada Hedjr, onde ficaram indeléveis estes versículos:

---

(1) H. G. Wells – *Pequena História do Mundo*, ed. de 1939.

(2) Émile Dermenghem – *A vida de Maomé* – Trad. de A. Souza e Maria Cabral. Ed. Cultura Brasileira. S. Paulo. 1935.

(3) P. José Lopes-Ortiz – *Derecho Musulmán*. "De cada tres jueces, supone la tradicion que habria dicho Mahoma mismo, dos irán a la Gehenna, sólo el otro se salvará." Edt. Labor. Barcelona. 1932.

89 – Eu sou o Advertidor incontestável.

90 – Castigaremos os que dividem.

91 – Que cindem o Corão em partes.

Moisés esculpiu a sua lei numa lápide.

Jesus ofereceu a sua doutrina em cálice de lírios.

Maomé apresentou a sua palavra de unidade religiosa na ponta de um tridente mourisco. E, por isso, não morreu sem entrar na terra da promissão de Meca e nem foi barbaramente crucificado pela sua gente, como o meigo Rabi da Galiléia. Morreu de velhice, dentro dos revérberos da era da luz, isto é, do Islã. Uma inteligência privilegiada, ao serviço de uma concepção intransigente, num momento oportuno – tal foi o segredo de sua eficiência. Todos os juristas e profetas anteriores trabalharam para o seu profetismo, sem o imaginar. Todos contribuíram, por mais de um milênio, para que ele encontrasse material para uma compilação formidável.[4]

Dir-se-ia que Maomé estendeu sobre um tapete oriental todas as legislações precedentes, recortou a tesoura as passagens mais adaptáveis e as foi colando sobre muitos metros de pergaminho, dando-se, em seguida, ao trabalho de as rodear de bordaduras, de desenhos coloridos, ao sabor da paixão artística do Oriente.

E dali saiu o Alcorão, nos seus matizes palpitantes, encerrando a vantagem de ser lido num tom de recitação que obriga o maometano a lhe dedicar toda a sua força espiritual e impregnante, ao amavio de sua linguagem empolada.

Quando a formosa Alexandria, rica de beleza arquitetônica e espiritual, foi sitiada e assaltada pelos muçulmanos, perguntaram a Omar que destino deveriam dar aos milhares de livros de sua biblioteca, onde se entesouravam todas as preciosidades da cultura oriental; o déspota e ferrenho sectário de Maomé deu esta resposta que confrange a história: – "Si los libros concuerdan con el Corán, son inútiles; si no concuerdan, han de ser destruidos".[5]

É deveras interessante como o profeta reconhece as outras doutrinas; mas sem um sentimento promulgativo de ado-

---

(4) M. Kasimirski – *Le Coran.* "Le Koran est un assemblage informe et incohérent de preceptes moraux, religieux, civils et politiques, mêlés d'exhortations, de promesses et de menaces relatives à la vie future et de récits empruntés avec plus moins de fidelité à l'antiquité biblique, aux traditons arabes, et même à l'histoire des premiers siècles du christianisme." Ed. Charpentier. Paris. 1859.

(5) Augusto Riera – *História del Mundo* "En consecuencia, los muchos millares de pergaminos que constituíam la famosa biblioteca foram distribuidos entre los establecimientos públicos de la ciudad para ser utilizados como combustible.". Ed. José Montesó. Barcelona. 1933.

ção. Não as nega, não as condena, não as repudia, não as omite: simplesmente afirma que a sua verdade a todas supera. E o fatalismo árabe a sancionou no postulado comodista de duas palavras solucionantes de todos os seus problemas: — *Mek-Tub*; estava escrito.

E porventura não havia nele uma atitude de iluminado quando, ainda criança, seguindo as caravanas, ouvia, com os olhos arregalados, sustentando a respiração, nos acampamentos à beira dos oásis, as narrativas dos mais idosos, entretecidas com o fio de ouro das fantasias orientais?

Porventura não teriam os fados impelido seus passos até à casa da viúva Kadija, a fim de que ela, bela e rica, se enamorasse do sobrinho de Abdallah e Amida e o desejasse para esposo, dando-lhe oportunidade de investigar todas aquelas coisas que os profetas anteriores haviam dito e os poetas cantado junto às tendas, sob o luzeiro das estrelas?

Porventura não foi uma inspiração generosa a que o fez menosprezar o deus Hobal, da Caaba, e todos os demais fetiches, na propagação de um monoteísmo que se concretiza em Alá?

Porventura não foi o destino que o fez fugir de Meca, na companhia do leal discípulo Abu-Bekr, a fim de que se retemperasse em Medina e expusesse o seu credo?

E ainda não foi uma lucidez sobrenatural que o fez ditar as suratas do Alcorão em palavras condizentes com o seu meio, esmaltadas com o colorido espiritual de sua raça, em vez de as produzir duras e compreensíveis?

Nenhuma outra legislação, redigida com outro escopo, uniria aquelas almas adensadas à luta pelo Islã e aqueles corpos desejosos de uma sombra, um rebanho e mais uma mulher. Maomé não lhes poderia propor a construção de muralhas, nem palácios, porque iria contrariar a feição e o caráter árabe, porquanto a felicidade humana não perdurara dentro daquelas coisas grandiosas das civilizações pregressas.[6]

Por um momento se deve ter ele voltado para as recordações imprestáveis do passado: ruínas de templos e de monumentos, espólios de pó do poderio humano, lamentações de escravos, filosofias vãs, trapos de idéias sobre colunas truncadas, sombras avançando como gigantes sobre a alma do presente e do futuro.

---

(6) Hendrick Van Loon — *A História da Humanidade*. "Naturalmente, essa atitude perante a vida não concita o crente a progredir, a inventar máquinas elétricas, estradas de ferro ou meios de navegação. Dá-lhe, porém, certa dose de felicidade, mantém-no em paz consigo mesmo e com o mundo em que vive, o que representa uma vantagem assaz apreciável."

Só uma grande doutrina, complexa e acauteladora, salvaria a sua raça do materialismo embotante. Uma doutrina que fosse credenciada pela divindade suprema; de quem ele fosse o intérprete único e indiscutível. Uma doutrina repleta de beleza, de perfume, de obediência, de exaltação dos sentidos, de um orientalismo que caminhasse para a universalidade.

E essa doutrina ele a sonhou na contemplação do seu mundo fantástico, gravou-a com as pupilas espelhando o luzir das estrelas e propagou-a sob a invocação do crescente que lhe sugeria o gume recurvado de um alfange.

Teve a sensatez de não exigir templos: cada quadrilátero de um tapete era uma mesquita transportável onde os fiéis poderiam fazer suas orações nos oásis, nos desertos e nas ruas, contanto que estivessem voltados para Meca.

Anulou praticamente a classe sacerdotal, porque ela engrandecera e arruinara o Egito e a Mesopotâmia. Cada árabe seria o seu próprio sacerdote, desde que levasse os preceitos de sua lei dentro do coração. Estabeleceu, sem ajuda de filósofos, a filosofia do fatalismo inexplicável. Porque Farabi, aquele que comentou Aristóteles e antecipou Thomas Morus n'*A Utopia*, influenciando o próprio Avicena, que foi uma janela aberta na Idade Média oriental, e Ghazali, que "est vraiment le grand docteur de l'Islan",[7] vieram tempos depois, não oferecendo nenhuma interpretação que ensombreasse a infalibilidade do Profeta.

Em suma: engendrou um sistema religioso, econômico e adaptável ao nomadismo do seu povo até então disperso como um rebanho sem pastor.

E, convenhamos, que venceu. Venceu porque não violou a sua norma de vida e lhe revelou uma fé que se ajustava precisamente à sua alma sediciosa e inquieta.

Gaston Wiet, no seu estudo já citado sobre *La religion Islamique* avança nesta opinião audaciosa: — *Le Couran pourrait être défini un très long Sermen sur la Montagne*. Mas não é possível estabelecer-se uma comparação entre a palavra de Cristo e a de Maomé. Não há entre o Alcorão e o Sermão da Montanha nenhuma semelhança específica. O Sermão da Montanha é de uma beatitude e de uma justeza inimitáveis, derramando-se sobre as almas como um vaso de óleo perfumado. O Alcorão é uma imposição religiosa e jurídica, infundindo

---

(7) Gaston Wiet – *La religion Islamique*. "Histoire Générale des Religions. Librairie A. Quilet. Paris. 1948.

no espírito dos seus prosélitos a persuasão de que "Deus é poderoso e vingativo". (C III, v. 3) O Sermão da Montanha é uma imensa asa de paz, distendida sobre as cabeças dos homens. O Alcorão é uma nuvem de fogo sobre a sociedade islâmica, porque "Este livro é o desespero dos infiéis". (C. LXX, v. 50)

Cristo disse sobre a falda do monte: "Ouvistes o que foi dito aos antigos: Não matarás, mas qualquer que matar será réu de juízo". (Mateus 5, v. 21)

Maomé disse em Meca, sob o clarão das espadas: "Quando encontrares infiéis, mata-os, faze neles grandes carnificinas e aperta as correntes dos cativos". (C. XLVII, v.)

Cristo aconselhou a caridade discreta: — "Guardai-vos de fazer a vossa esmola diante dos homens, para serdes vistos por eles, aliás, não tereis galardão junto de vosso pai, que está nos céus". (Mateus 6, v. 1)

Maomé recomendou enfático e recompensante: "Aqueles que derem esmolas de dia ou à noite, em particular ou em público, disso receberão a recompensa de Deus". (C. II. v. 275)

Já se vê que não há paridade entre as sentenças maravilhosas de Cristo, proclamadas sobre a colina que se levanta entre as ruínas memoráveis de Cafarnaum e Tiberíades e as suratas alcorânicas, ditadas principalmente ao discípulo Obu-Bakr, em Meca e em Medina.

Entre as duas palavras, somente há um ponto de coerência: Cristo falou para um mundo compreensivo e carecedor de uma oração de paz perpétua; Maomé falou para um povo a quem a oração precisava ser um remédio coercitivo. Daí, Dermenghem ter razão neste conceito: "O Islã triunfou porque trazia uma mensagem da qual o mundo oriental tinha necessidade".[8]

O Alcorão, como dissemos, contém 114 Suratas, ou Capítulos, sendo que a maior é a surata II, denominada *A Vaca*, que se derrama por 286 versículos. As menores suratas são as de ordem CII – *A Hora depois do meio-dia* e CVIII – *O Kauther* – que se apresentam inegavelmente como duas primorosas e sintéticas orações islâmicas.

Verificamos que as suratas de Medina são mais jurídicas, substanciosas e de maior número de versículos. Os capítulos de Meca, são, todavia, mais literários, empolgantes e vívidos. É

---

(8) Émile Dermenghem – *A Vida de Mahomé* – Ed. Cult. Brasileira. S. Paulo. 1935.

que Medina foi a terra da fixação dos postulados da doutrina, depois dos primeiros reveses e da experiência que amadurecia ao contato com a realidade.

Quando Maomé retornou vitoriosamente a Meca, já estava o Alcorão estruturado nas suas maiores linhas e nas suas páginas mais concretas; as suratas da terra natal do profeta representam naturalmente os primeiros devaneios e as últimas alucinações religiosas.

Não nos propomos estudar a parte propriamente religiosa do Alcorão. Alá é tudo no Islã e a palavra de Maomé não admite refutação. Santillana, estudando a lei e a sociedade islâmica, esclarece suficientemente: — "El Islam es el gobierno direto de Alá, el gobierno de Dios, cuya mirada se extiende sobre su pueblo. El principio de unidad y de orden, que en otras sociedades se llama *civitas, polis, Estado,* en el Islam está personificado en Alá: — Alá es el nombre del poder supremo que atua en interés común. Por eso, el tesoro público es *el tesoro de Alá,* el ejército es *el ejército de Alá* y hasta los funcionarios publicos son *los empleados de Alá.*[9] Este princípio fundamental do Islã recorda-nos o sistema constitucional inglês, em que a esquadra é *de Sua Majestade,* o exército é *de Sua Majestade,* o erário é *de Sua Majestade,* mas que Sua Majestade, em verdade, tem tudo, porém, dentro de profundas restrições que tornam as coisas, por vezes, proibitivas.

No painel de azulejos do Alcorão, dezenas de vezes Maomé cita Aarão, Abraão, Davi, Ismael, Jacó, Jesus, Jonas, Lot, Zacarias e Salomão. Em diversas suratas recorda o Pentateuco, o êxodo, a criação do homem ou de Adão, o dilúvio etc. Uma repetição do panorama hebreu, através da peneira do convencionalismo maometano.

O profeta divaga fastidiosamente, em muitas suratas, em torno da idolatria, do inferno, do jejum, da ressurreição, dos sacrifícios e oferendas, dos alimentos permitidos e proibidos, da saudação, da generosidade e da oração. No cap. IX, v. 36, determina a respeito da divisão do ano: — "O número de meses é de doze, perante Deus, assim está escrito no seu livro, desde o dia em que ele criou os céus e a terra. Destes meses, quatro são sagrados; é a fé constante. No decurso desses meses, não obrai iniquamente para convosco, mas combatei os idólatras em todos os meses, ainda mesmo que eles vos ataquem em todos os tempos, e sabei que Deus está com os que o temem''.

---

(9) D.de Santillana — *"Ley sociedad"*, cap. de El legado del Islam —Ed. Pegaso. Madrid. 1947.

A palavra que menos se lê no Alcorão é *lei*, mas compreende-se bem isso num povo em que a legislação não foi recolhida através das camadas sociais, não representou a conquista de muitos, não foi promulgada em centúria, não foi discutida em comícios, não foi elaborada pelos jurisconsultos e nem reclamada pela plebe. Alá inspirou a sua legislação a Maomé e ele a ditou aos discípulos.

Voltemos, ainda, à apreciação de Santillana: — "La obediencia a esta ley es, al mismo tiempo que un deber social, un precepto de la fe. Quienquiera que la viole, no solamente infringe el orden legal, sino que comete un pecado; porque no hay ningún derecho que no emane de Dios. Orden jurídico y religión, ley y moral son dos aspectos de la misma voluntad, de los cuales deriva su existencia y sua trayectoria la comunidad islámica; cada problema legal es en si mismo un caso de conciencia, y la jurisprudencia coincide con la teologia, que es su última base".

Daí a influência que tem tido o Alcorão até os dias de hoje, em todos os países do Islã, que não se deram ao luxo de uma constituição e de muitos códigos, porquanto têm todas as aspirações reguladas pelas palavras do profeta.

Em setembro de 1951, o primeiro ministro Mossadegh, do Irão, declarou ao mundo, numa atitude de martirológico: — "Jurei sobre o Alcorão defender o regime atual".

Não é para admirar que, em resultado dessa contextura religiosa legal, a justiça maometana seja sintética em seus membros e extensiva em suas interpretações. O *califa* é uma espécie de supremo tribunal pessoal e o *cádi* o juiz comum, escolhido pelo chefe espiritual sem a exigência de especialização judiciária. Contudo, tem de se manter numa compostura imparcial, não podendo receber dádivas, comparecer a reuniões a convite das partes, tem de se manter impenetrável durante a exposição de cada processo e somente ditar a sua sentença quando estiver suficientemente instruído e de ânimo tranqüilo.

A ação judicial, nos tempos antigos, não tinha caráter escrito como hoje e os cádis tinham um secretário, o *catib*, encarregado de ir registrando o desenrolar do processo, numa taquigrafia especial.

Precisamos, todavia, lembrar que, assim como os judeus têm o Talmude, que é uma codificação à parte do Pentateuco e nem sempre condizente com o mesmo, os maometanos têm a

---

(10) Lopez Ortiz – *Derecho Musulman* – Editorial Labor. Barcelona. 1932.

Sunna, que é uma coletânea de preceitos e máximas originárias de Maomé, dos seus prosélitos e também dos quatro califas ortodoxos que lhe consolidaram a doutrina na idade de ouro das grandes conquistas do crescente. Contudo, a Sunna não fere nem de leve a substância do Alcorão. Ademais, sempre que se lê qualquer sentença fora do Alcorão, vem escrita desta forma: — "Maomé disse: — A lei é para facilitar e não para entorpecer". "Segundo a tradição, Maomé disse: — "A Ciência é um dever de todo muçulmano". Desta maneira, há sempre uma ressalva sobre a infalibilidade do profeta e uma preocupação de não aduzir elementos sentenciosos à palavra codificada e inviolável do Alcorão.

O Código Civil Muçulmano, por exemplo, é hodiernamente uma compilação apreciável, onde se encontram dispositivos claros e de sabedoria jurídica, como este: — "Art. 490 — Contrato é uma convenção pela qual uma ou muitas pessoas se obrigam para com uma, ou muitas outras, a dar, fazer ou não fazer alguma coisa". Ora, fugir à exigência de um contrato seria, antes da infração da lei civil, um pecado porque o versículo 91 da surata é peremptório: — "Cumpri vossos juramentos".

Desta maneira, o Alcorão é sempre uma lei acima das demais, dispondo de uma prevalência rigorosa e, ao mesmo tempo, controladora. Devemos compreender que, dentro do livro que significa recitação ou declaração, não há propriamente direito público e direito privado, mas sim direitos de Alá e direitos dos homens.

Selecionamos no contexto alcorânico as seguintes matérias, relacionadas propriamente com o direito cuja função legislativa coube exclusivamente ao profeta, cuja Hégira redundou no limiar de nova era; era que impregnou de sua essência o Oriente e grande porção do Ocidente.

Filhos Adotivos

O Alcorão, admitindo a adoção, risca, todavia, uma linha divisória entre os filhos consangüíneos e os adotivos. No capítulo XXXIII, o versículo 4 esclarece: — "Deus não deu dois corações ao homem; não fez que vossas esposas, que podeis repudiar, sejam para vós como vossas mães, nem que vossos filhos adotivos sejam como vossos *próprios* filhos". O versículo 5 recomenda que não tenham eles os nomes do adotante e que fiquem socialmente considerados como irmãos ou protegidos: — "Dai aos filhos adotivos os nomes de seus pais; será o mais èqüitativo perante Deus. Se não conhecerdes seus pais, que sejam vossos irmãos em religião e vossos clientes". Segundo o versículo 37, que cita o caso de Zeid, ocorrendo rompimento dos laços de afinidade, poderá o crente casar com as mulheres de seus filhos adotivos.

Adultério

O conceito de honra entre os muçulmanos é de um rigor excessivo. A surata XVII impõe este princípio de moral que deveria estar contido antes da matéria tratada no capítulo IV, referente às mulheres: − "34 − Evitai o adultério, porque é torpeza e mau caminho". Naquela surata, então, vem esta forma processual que lembra os fragmentos dos *Jus Papirianum*, recolhidos por Felippo Rossi e nos quais havia a permissão de o marido castigar a mulher adúltera como achasse conveniente.[11] "19 − Se vossas mulheres cometerem ação infame chamai quatro testemunhos. Se os seus testemunhos são acordes, fechai−as em casa até que a morte as leve ou que Deus lhes proporcione algum meio de salvação ". Quando o adultério era cometido por escravas devido à sua condição, a lei era menos severa: − "30 − Se depois do casamento cometerem adultério inflija−se−lhes metade da pena aplicada às mulheres livres".

A metade da pena deve ser a estabelecida pela surata XXIV, assim redigida: − "2 − Infligireis ao homem e à mulher adúlteros cem chicotadas a cada um. Que a compaixão não vos impeça no cumprimento deste preceito, se credes em Deus e no derradeiro dia. Que este suplício se realize em presença de certo número de crentes"'. Malic, citado por Ortiz, refere-se à pena de lapidação, cabendo aos juízes e às testemunhas lançarem as primeiras pedras sobre os culpados. Sabemos que, entre os hebreus, era essa justamente a penalidade do adultério e daí a famosa parábola de Cristo referente à mulher pecadora.

Assassinato

O Capítulo IV diz no versículo "95 − Aquele que matar um crente voluntariamente, terá o inferno como recompensa; lá ficará eternamente. Deus, irritado com ele, amaldiçoá-lo-á e condená-lo-á a terrível suplício". Especializando o assassínio, referente aos judeus, sentencia o versículo "35 − Por isso é que escrevemos esta lei para os filhos de Israel: Aquele que

---

(11) Felippo Rossi. Obr. cit.

Alcorão
Edição centenária, encadernada em estilo mourisco

matar um homem sem este ter morto um homem ou semeado a discórdia na terra, será considerado como assassino do gênero humano; e aquele que der a vida a um homem será considerado como tendo dado a vida a todo o gênero humano".

Asilo

O islamismo não fugiu à tradição universal do asilo. Gregos e romanos a adotaram, principalmente quando o criminoso buscava o refúgio de um templo, em cuja porta a justiça perdia toda a força punitiva. Ambroise Rendu Fils conta-nos a atitude dos espartanos diante da traição do seu rei cobarde: — "Pausanias se réfugia dans un temple, dont on n'osa pas l'arracher de vive force, par respect pour la sainteté du dieu; mais on mura les portes de l'édifice, et le roi de Sparte y mourut de faim".[12] O Alcorão, seguindo a tradição de todos os povos antigos, firma este princípio meritório: — "v. 6 — Se algum idólatra te pedir um asilo, dá-lho, a fim de que ele possa ouvir a palavra de Deus; depois conduze-o a um lugar seguro. Isto te é prescrito, porque há gente que o não sabe".

Boato

É interessante ver-se que o Alcorão previa os casos de comunicação falsa de crime, coisa que era omissa em nosso antigo Código Criminal e que hoje está consubstanciada no art. 340 do Código Penal Brasileiro. Determina o versículo 85 da surata IV — "Em recebendo notícia que lhes inspire confiança ou alguma que os inquiete, divulgue-na imediatamente. Se a dessem ao profeta ou aos seus principais, aqueles que desejassem sabê-la, sabê-lo-iam logo da boca destes. Se a mercê de Deus e a sua misericórdia não velassem por vós todos, seguiríeis Satanás, à exceção de pequeno número".

Calúnia

É grave crime, perante a lei de Maomé. A surata XXIV contém este versículo peremptório: — "23 — Aqueles que acusam mulheres honestas, quando tranqüilas de sua consciência, não se importam com as aparências; esses serão malditos neste mundo e no outro; experimentarão terrível castigo". A penalidade referente à espécie consiste em 80 chibatadas quando se tratar de uma pessoa livre e quarenta se se tratar de um escravo, pois as pessoas livres têm mais responsabilidade perante a lei e a sociedade islâmica.

---

(12) Ambroise Rendu Fils – *Cours d'Histoire*. Ed. A. Fouraut. Paris. 1914.

Casamento

Segundo o Alcorão, o casamento pode ser misto, lícito ou ilícito. Alá deu apenas a Maomé a faculdade de casar "com as mulheres que tivesse dotado, com as escravas que Deus tiver feito cair em teu poder, com as filhas de teus tios e de tuas tias maternas e paternas e com qualquer outra mulher". Quanto aos demais homens, podem tomar as mulheres que quiserem, até o limite de suas posses, mas "Não te é permitido tomar outras mulheres daqui por diante, nem trocá-las por outras, ainda quando a sua beleza te deslumbre, à exceção das escravas que puderes adquirir ". (C. XXXIII, v. 52) A surata II, v. 26, proíbe o casamento com as que tenham sido esposas dos pais; o versículo 27 do mesmo capítulo estabelece, então, todos os demais casos proibitivos: – casar com mãe, filhas, irmãs, tias paternas e maternas, tuteladas etc. Também é proibido o casamento com mulheres casadas, exceto se caírem em mãos dos maometanos, como escravas.

Convenhamos que, nos versículos atinentes ao direito de família, Alá outorgou a Maomé e ao povo árabe uma legislação muito propiciatória à libido oriental.

Fraudação

O Alcorão apresenta um capítulo destinado aos fraudadores, o de ordem LXXXIII.

1 – Desgraçados dos que fraudam pesos ou medidas,
2 – Dos compradores que exigem medida cheia,
3 – E que quando medem ou pesam aos outros, os enganam.

Dívidas

A lei maometana é muito benevolente para com os devedores. A Lei das XII Tábuas não perdoava àquele que não podia liquidar uma dívida em dia determinado, sendo-lhes apenas dado o espaço entre uma feira e outra, sob pena de morte ou de escravidão, como tivemos ensejo de ver no capítulo IV deste livro. Entretanto, o Alcorão consagrou na surata II, v. 280, este esplêndido conceito: – "Se o vosso devedor estiver falto de dinheiro, aguardai que esteja mais desafogado. Se lhe restituírdes a sua dívida, mais meritório será para vós, se o souberes".

Difamação

O capítulo XLIX proíbe a difamação entre homens e mulheres, considerando no versículo "II – Que os homens não escarneçam dos homens; nem as mulheres das outras mulheres: talvez essas que são objeto de escárnio valham mais do que as outras. Não vos difameis alcunhas".

Divórcio

É uma matéria amplamente tratada no Alcorão. E, como ressalva sobre a influência de Alá, a surata II previdentemente assinala no v. – "227 – Se o divórcio está firmemente resolvido, Deus sabe e ouve tudo." Em seguida, destacam-se as seguintes disposições, do mesmo capítulo:

- As mulheres repudiadas não se poderão casar antes de passar o período de três regras.
- Uma mulher repudiada pelo marido somente poderá volta à sua companhia depois de haver casado com outro.
- A mulher repudiada será despedida generosamente pelo marido.
- As mães repudiadas terão direito ao amamento dos filhos pelo tempo de 2 anos.
- A mulher repudiada antes da coabitação terá direito a metade do dote estipulado previamente.
- As mulheres repudiadas têm direito a um "sustento decente".

A surata IV em seu v. 24 admite a troca de mulheres, mas não explica se a expressão se refere a trocar, mudar, ou permutar com outrem. "24 – Se desejais trocar uma mulher por outra e tiverdes dado a uma cem dinheiros, não lhe tireis nada." A surata XXXIII, v. 48 prescreve não demorar ou reter uma mulher fiel e repudiada. A surata LVIII diz que, se um homem repudia uma mulher "com a fórmula de separação perpétua e volta atrás com a sua palavra, dará a liberdade a um escravo, antes que se dê a nova coabitação" (v. 4). O capítulo LXV, nos versículos 1, 2 e 6 determina que as mulheres somente podem ser repudiadas no tempo marcado, que será contado com exatidão; exige o testemunho de pessoas justas e obriga o sustento das mulheres prenhes repudiadas até que se verifique normalmente o parto.

O direito muçulmano estabelece a necessidade de o marido pronunciar a fórmula do repúdio, ou *atalque*, com solenidade. E o original é que o ato produz todos os seus efeitos, mesmo que, depois dele, o divorciado alegue que o pronunciara mentindo.

Embriaguez e Jogo

O capítulo II contemporiza com ambos, embora o capítulo V os abomine. Diz o versículo 216 do primeiro: — "Hão de interrogar-te a respeito do vinho e do jogo. Diz-lhes: — Tanto num como noutro há coisas más e vantajosas para os homens, mas as coisas más são superiores às vantajosas, *que ambos proporcionam*". Proclamam os versículos 92 e 93 do segundo: — "Ó crentes! o vinho, os jogos de azar, as estátuas e sorte das flechas, são uma abominação inventada por satanás; abstende-vos de tudo isso e sereis felizes" — "Satanás deseja excitar o ódio e a inimizade entre vós por meio do vinho e do jogo e afastar-vos da lembrança de Deus e da oração". Ainda hoje os cádis mandam aplicar a pena de 80 chibatadas aos ébrios e nem o beber álcool, sob a justificação de medicamento, isenta deste delito.

Falso Testemunho

O capítulo IV inclui este dispositivo a respeito: — "v. 112 — Aquele que cometer um erro (involuntário) ou um pecado e depois o atribuir a um homem inocente, sobrecarrega-se de uma calúnia e de um pecado manifesto". No caso, a aplicação da pena de indenização não exclui a responsabilidade penal.

A Guerra

O Alcorão trata extensivamente da guerra em diversos capítulos. É natural que Maomé assim procedesse, porque o sucesso de sua doutrina não foi conquistado com as suas orações em Meca. Desde o momento de sua fuga para Medina, o espírito guerreiro o possui. Não há, em todo o seu livro, um versículo de misericórdia para com os que hostilizam a sua norma religiosa. O capítulo IV dá, por miúdo, escrupulosamente, o modo de agir durante a campanha. Recomenda aos crentes tomarem todas as informações e nada revelar (v. 96); os que ficarem em casa por outras obrigações, serão respeitados, porém não terão as prerrogativas dos guerreiros (v. 97); abreviar as orações durante a campanha, a fim de não ser colhido de surpresa (v. 102); rezar junto das armas e das bagagens e somente por doença deixar o acampamento (v. 103); não afrouxar a perseguição ao inimigo (v. 105). O capítulo VIII impõe: – "os despojos serão gravados num quinto, em favor de Alá, do profeta, dos parentes, dos pobres e dos órfãos (v. 42); quando os crentes estiverem diante do inimigo, deverão ser inabaláveis e repetir sempre, na peleja, o nome de Alá (v. 47); se aprisionarem ingratos e traidores durante a guerra, que o seu suplício faça dispersar aqueles que tiverem as mesmas intenções (v. 59); se pressentires que alguma tribo pretenda trair, procede com o mesmo rigor porque "Deus não gosta dos traidores" (v, 60). Recomenda o capítulo X (v. 123) que não devem todos os membros de uma tribo marchar para a guerra, devendo ficar alguma reserva. O capítulo XLVII manda que seja feita grande carnificina e aprisionar os cativos com correntes (v. 4); o v. 5 admite o resgate, depois da guerra e o v. 37 ordena que não se mostre covardia e nem se ofereça a paz aos infiéis. O capítulo XLVIII manda que se convoquem para a guerra os "árabes do deserto que ficaram na suas tendas" (v. 16) e exime do serviço de guerra santa os cegos, os coxos e os enfermos (v. 17). Pelo sistema pré-islâmico, as tribos adquiriam o seu próprio armamento, sendo convocados nos momentos de guerra santa. Depois, o califa foi escolhido para a chefia absoluta do exército que combatia com certa tática, mas não foi adotado o sistema da *razia*, como no tempo das hordas.

Não nos propusemos a um estudo sobre a atuação do islamismo sobre o Ocidente, pois fugiríamos aos propósitos deste livro, mas, de passagem, queremos meditar em quantos incisos alcorânicos sobre a guerra sulcaram a civilização e como a Península Ibérica sentiu os seus efeitos. Chesterton investiga o motivo de "todo aquele sussurro de medo que correu todo o Ocidente, sob a sombra do Islã, enchendo cada romance antigo de imagens impróprias de cavaleiros sarracenos, varrendo a Noruega ou as Hébridas". E , depois de lembrar "aquele feroz alarma entre algumas autoridades pela versão racionalista árabe ou de Aristóteles", diz no capítulo sobre *As cinco mortes da fé*: – "A resposta é que centenas de pessoas acreditavam, provavelmente, no âmago de seus corações, que o Islã venceria o cristianismo; que Averróes era mais racional que Anselmo; que a cultura sarracena era mesmo, embora superficialmente, uma cultura superior".[13]

Todavia, essas centenas de céticos ou pessimistas não poderiam se sobrepor aos milhões que morriam pela sua fé,

---

(13) G. K. Chesterton – *O homem eterno* – Ed. Globo. P. Alegre. 1934.

como no exemplo das cruzadas, que foram problemáticas em sua ação militar, porém dignificantes e vitoriosas no seu objetivo espiritual.

Ernesto Barker resume um belo estudo sobre as cruzadas nestas palavras, depois de se referir ao protetorado cristão sobre os Santos Lugares encravados dentro do território dominado pelos maometanos: − "Pero el território no lo es todo; y si las cruzadas no obtuvieron ganancias ni las conservaron, cosa que puede comprobarse en el mapa, ganaron y conservaron otras cosas que son impalpables, pero no menos reales: defendieron la Cristandad ocidental durante el período crucial de crecimiento de la civilización ocidental en la Edad Media; la salvaron del localismo centralizador; le dieron aliento y amplitud de miras".[14]

Seria estultice negar-se o contingente do Islã na geografia, no comércio, nas artes, na literatura, na filosofia, na ciência; mas a sua conduta social e religiosa nunca poderia vencer e medrar no mundo ocidental, onde o cristianismo se radicou num sentido de poesia e de misticismo, trazido pelo martirológio da arena romana.

O alfange espiritual do Alcorão não poderia nunca violar o cadeado da consciência do Ocidente. Esta apreciação de Vanni é correta: − "O pensamento cristão é a afirmação do interior, que não consente constrangimentos exteriores; da espontaneidade e da independência da consciência".[15]

A reação ocidental contra o islamismo não foi, pois, uma sensação de medo a que alude Chesterton, mas sim um sentido de preservação social que se repetiu contra todos os violadores de consciências, mesmo de origem européia, como Napoleão e o hodierno Adolf Hitler.

Imunidades

O maometano poderá percorrer todos os recantos de seu país durante os quatro meses sagrados do ano. Durante essa fase, será permitido asilo aos próprios idólatras. Mas, uma vez terminado esse tempo destinado à peregrinação sagrada a Meca, ficam revogadas todas as regras de garantias individuais e revigoram-se as recomendações da surata IX: − "v. 4 − Uma vez terminados os meses sagrados, matai os idólatras onde quer que os encontrardes, fazei-os prisioneiros, metei-os em cerco,

---

(14) Ernesto Barker − *Las Cruzadas*. El Legado del Islam. Ed. Pegaso. Madrid. 1947.

(15) Icílio Vanni − *Lições de Filosofia do Direito* − Ed. Pocai Weiss. São Paulo. 1916.

esperai-os em emboscada; porém se se converterem, observarem a prece e fizerem a esmola, deixa-os .então sossegados, porque Deus é indulgente e misericordioso".

Juramentos

O capítulo V exige o cumprimento dos juramentos, a menos que haja qualquer engano na violação dos mesmos. O juramento é um apanágio de personalidade do maometano e a sua falta significa uma espécie de *capitis deminutio*. Por isto a lei recomenda: – "v. 91 Cumpri os vossos juramentos".

As Mulheres perante o Alcorão

A situação da mulher perante a lei maometana é simplesmente deplorável, a menos que ela tenha completa independência econômica. É verdade que o Alcorão recomenda sempre o amparo às repudiadas, às viúvas e às parentas inúteis. Mas essa proteção se manifesta mais sob um ponto de vista de caridade ou de moral, do que mesmo de direito. Diz o v. 223 do capítulo II: – "Vossas mulheres são o vosso campo. Vede ao vosso campo como for do vosso agrado, mas fazei antes alguma coisa em favor de vossas almas". Infere-se daí que o tratá-las bem não será na intenção de fazê-las felizes, mas sim de adquirir graças divinas para as almas dos *proprietários desses campos*. Contudo, a lei prescreve não se fazerem acusações às mulheres sem se poder comprová-las com testemunhas e determina que elas baixem sempre os olhos, não deixem ver os seus ornamentos senão a seus maridos e a seus pais. Recomenda casar as solteiras, não disputar a herança das mulheres contra a sua vontade e determina que elas tenham a quarta parte dos bens deixados pelos esposos. O Alcorão, sobre a posição da mulher, se amplia por muitas suratas, mas sempre afirmando a supremacia conjugal do homem. O capítulo IV fixa bem este conceito a respeito: – "v. 38 – Os homens são superiores às mulheres por causa das qualidades pelas quais Deus elevou aqueles acima destas e porque os homens empregam os seus bens em dotar as mulheres".

Órfãos

O direito maometano consagra diversos dispositivos acauteladores dos bens dos órfãos e da caridade que se deve ter para com eles. De início, o capítulo II expõe aos crentes: – "218 – Neste mundo e no outro, hão de fazer-te perguntas a respeito dos órfãos. Diz-lhes: fazer-lhes bem é uma bela ação".

Em seguida o capítulo IV é taxativo: – "v. 2 – Restituí aos órfãos *tornados maiores* os seus bens; não deveis substituir o mau (*de vossos bens*) pelo bom (*que lhe pertença*). Não gasteis a sua herança, confundindo-a com a vossa; é um crime enorme". "V. 3 – Se temeis não ser retos para com os órfãos, não caseis, entre as mulheres que vos agradam, senão com duas, três ou quatro. Se ainda temerdes ser injustos, casai com uma só ou com uma escrava". Ainda, nesse capítulo, recomenda-se no v. 126 que sejam dadas instruções acerca das crianças débeis e "proceder com toda a eqüidade com os órfãos". A surata VI inclui este apreciável versículo: – "153 – Não toqueis na fazenda do órfão, a não ser por bem e isto até a idade da puberdade. Dai a medida e o peso certos". E, ainda, na surata XVII encrava-se este dispositivo: – "36 – Não toqueis nos bens dos órfãos, a não ser que seja de modo louvável, *para os aumentar*, até atingir a idade marcada". Maomé, ao ditar estes preceitos, naturalmente se recordava de sua orfandade na casa do tio que o educou.

Deveres para com os pais

Em primeiro lugar, o maometano coloca os genitores: – "v. 7 – Recomendamos ao homem que procedesse bem com seu pai e sua mãe". "V. 13 – Nós recomendamos ao homem seu pai e mãe (sua mãe trá-lo em seu seio e padece dor sobre dor, não é desmamado senão ao cabo de dois anos). Sê-me reconhecido e a teus pais, tudo remata em mim." Nesse particular, o direito maometano seguiu a legislação mesopotâmia, sendo que "Na China o respeito pelos pais assume a forma de um verdadeiro culto, a piedade filial confunde-se com o sentimento religioso". "Não diverso é o pensar dos japoneses, para os quais a piedade filial é o primeiro dever do homem".[16]

O Direito Romano, apesar da rudeza do pátrio poder, registrava, no Digesto (37.15.9) este princípio eqüidoso: – *Liberto et filio semper honesta et sancta persona patris ac patroni videri debet*. O Código Civil Brasileiro, apenas no inciso VII do art. 384 inclui como prerrogativa paterna: – Exigir que lhes preste obediência, respeito e os serviços próprios de sua idade e condição.

Roubo

Maomé deixou uma disposição impiedosa a respeito dos que cometem o crime de roubo. Muito semelhante, aliás, às XII

---

(16) Clóvis – *Direito da Família* – Livraria Freitas Bastos. Rio. 1933.

Tábuas. Capítulo V, v. 42: – "Quanto a um ladrão ou a uma ladra, cortar-lhe-eis as mãos em prêmio do ato de suas mãos; como o castigo vindo de Deus: ora Deus é poderoso e discreto".

Sucessão

O Alcorão, estabelecendo o direito de herança, fixa uma percentagem para os herdeiros necessários. Deve o cádi atribuí-la no momento da partilha, levando em consideração a qualidade dos bens. O capítulo IV enumera as modalidades desse direito de família. O versículo 8 declara, de modo geral: – "Os homens devem ter uma *porção* dos bens deixados por seus pais e consangüíneos; as mulheres também devem ter uma porção do que deixam seus pais e mães e seus consangüíneos. Quer a herança seja importante, quer de pouco valor, determinada porção lhes é devida". Em seguida, explica-se a situação dos parentes e interessados: – "v. 9 – Quando os parentes, os órfãos e os pobres se apresentarem para a repartição (partilha), dai-lhes alguma coisa e usai sempre com eles de linguagem branda e decente". O versículo 12, então, é normativo, ou formal: – Os filhos herdarão o duplo das filhas; duas filhas herdarão dois terços do monte; uma filha única herdará a metade; o pai e a mãe do *de cujus* herdarão uma sexta parte dos bens, caso sobreviva um filho único; não havendo prole, os ascendentes terão a herança, sendo que a genitora perceberá uma terça parte; se existirem irmãos, a mãe terá uma sexta parte. O direito maometano respeita os legados e, tal como no direito contemporâneo, não reconhece herança enquanto houver dívidas a pagar. O versículo 13, atribui ao viúvo, tal como em nossa organização familiar, metade dos bens, quando não houver prole. As esposas (v. 14) terão a quarta parte dos bens do marido, não havendo prole e, se houver, uma oitava do montemor. Na herança dos parentes em graus afastados, "se forem muitos (herdeiros), terão a sua parte na terça da sucessão". Por fim, o versículo 175 ampara a situação das irmãs, quando o inventariado não deixar filhos, atribuindo-se-lhes, então, metade da herança.

Observe-se que, primitivamente, a capacidade para suceder sofria restrições, entre as quais daqueles que não tinham pulso rijo para defender a sua propriedade.

Talião

Muito se assemelha o talião do livro sagrado dos maometanos, do talião das XII Tábuas. Aliás já tivemos ensejo de dizer em capítulo sobre outras legislações antigas, que essa regra teve uma semelhança universal. A surata II preceitua: – "v. 173 – Ó crentes! a pena de talião vos é prescrita por causa do assassinato. Um homem livre por um homem livre, um escravo por um escravo! Aquele ao qual uma diminuição desta pena for feita por seu irmão, deve ser tratado com humanidade e deve a seu turno desobrigar-se generosamente *para com aquele que lhe fez uma diminuição*". Essa diminuição, ou mutilação, poderia, como se vê, ser paga pecuniariamente, quando o mutilado fosse irmão do criminoso. É interessante como no versículo 48 do capítulo V Maomé diz: – "Fizemos baixar o Pentateuco; contém a direção ao *bom caminho* e à luz". E em seguida, acrescenta: – "v. 49 – Neste código prescrevemos aos judeus alma por alma, olho por olho, nariz por nariz, orelha por orelha, dente por dente. As feridas serão punidas com a pena de talião. Aquele que, recebendo o preço da condenação o transformar em esmolas, fará bem". Desta forma, o Pentateuco não seria obra de Jeová, através da inspiração de Moisés, mas sim de Alá, que a ratificou no Alcorão, por intermédio de Maomé. Mas, já dissemos que o profeta de Meca não fez mais do que desdobrar ante os perquirentes olhos todas as legislações antigas, principalmente a hebraica, e compilar delas aquilo que melhor condissesse com a sua raça e o seu meio, redoirando tudo com seu método poético e exaltado.

Testamento

O Alcorão admite o testamento *in-extremis*. No capítulo V, v. 105, recomenda-se que, estando alguém "em artigo de morte", mande chamar duas pessoas retas, exija-se delas um juramento de fidelidade e se declare os dispositivos de última vontade. Pelo direito muçulmano hodierno, o testamento pode ser aberto ou cerrado, podendo também o testador instituir testamenteiros. Conceitua-se assim o testamento nos países de influência maometana: – "É um ato pelo qual uma pessoa constitui, sobre uma terça parte de seus bens, um direito, que tem efetivação depois de sua morte, com a designação de quem lhe dê cumprimento".

Testemunhas

O papel da testemunha é importantíssimo no processo islâmico. O depoimento pessoal chega a ter preponderância sobre a prova documental. É bem verdade que o Alcorão recomenda redigir-se um compromisso de dívida, mas não dispensa a função testemunhal. A surata II no versiculo 282, amplia-se nesse sentido: – "Ó vós creis! Quando contrairdes uma dívida para ser paga em certa época, ponde-o por escrito. Que um escrivão a ponha fielmente por escrito. Que o escrivão se não negue a escrever conforme a ciência que Deus lhe ensinou; que escreva o que o devedor dite; que tema o seu Senhor e nada tire dele. Se o devedor não gozar de suas faculdades, se for dos fracos deste mundo, ou se não estiver em estado de ditar pessoalmente, que dite por ele o seu patrono, ou seu amigo. Chamai duas testemunhas escolhidas entre vós; se não encontrardes dois homens, chamai um só e duas mulheres dentre as pessoas aptas para testemunhas, a fim de que, se uma se esquecer, a outra possa recordar o fato. As testemunhas não devem negar-se a fazer seus depoimentos sempre que forem requeridas". A surata IV no versiculo 134 ameaça aos dúbios: – "Se negardes o vosso testemunho, se vos abstiverdes, sabei que Deus está informado do que fazeis." Ainda no capítulo V, versículo II, confirma-se a obrigação testemunhal: – "Sede firmes e justas testemunhas".

A Usura

O árabe distingue a usura daquilo que chama *riba*, que quer dizer aumento ou vantagem, isto é, uma compensação justa de um empréstimo. A usura não é somente uma infração penal, como um pecado perante o Alcorão, que registra estes preceitos: – (Cap. II, v. 276) – "Deus permitiu a venda, proibiu a usura. Aqueles que voltarem para a usura serão entregues ao fogo, onde ficarão eternamente." Mas o versículo 125 do capítulo III é mais incisivo: – "Ó crentes! Não vos deis à usura, elevando a quantia ao dobro e sempre ao dobro". Por fim o capítulo XXX esclarece: – "v. 38 – O dinheiro que dais a juros para o aumentardes com o bem dos outros, não aumentará perante Deus".

Há no Alcorão um versículo que nos parece incoerente com a formação espiritual de Maomé e com a sua juventude. Órfão aos oito anos, foi recolhido pelo seu tio Abou Thalib, que lhe dispensou grande carinho. Não sendo rico, o protetor, que tinha a honra de ser guardião de Caaba, educou-o para a vida comercial e por isto, Maomé não recebeu grande instrução na juventude e "durante a maior parte, ou mesmo a totalidade da sua vida, não soube ler nem escrever", – conforme diz o seu próprio biógrafo entusiasta, Dermenghem. Tornando-se caravaneiro, o futuro profeta teve ensejo de contemplar a beleza terrificante do deserto e de acampar nos oásis graciosos, onde "gostava de ouvir as narrações dos velhos, as aventuras dos viajantes, os contos extraordinários e as velhas lendas". Desta forma, enchia ele mais a alma da poesia regional do que mesmo das preocupações com o almíscar, os "couros e tecidos raiados do Iêmen".

Pois bem, esse jovem caravaneiro que se encolhia, com o coração exultante e a alma possuída de uma exaltação mística, ao lado dos velhos declamadores de poemas, junto das tendas e dos camelos, – ditou este versículo estigmatizante sobre os poetas, na surata XXVII: – "223 – São os poetas que os homens transviados imitam a seu turno". E foi talvez em represália que Omar, jurisconsulto e poeta persa, dado ao estudo do esoterismo, se vingou do profeta e "bebeu vinho à saúde de Maomé, num brinde de ironia", segundo Chesterton.

Por acaso a mais bela, a mais empolgante surata do Alcorão (tenha ela sido ditada por Maomé ou imaginada por Abu-Bekr), que é a de ordem LXXVIII, – *A Grande Nova* – não é uma pura poesia oriental?

Um simples legislador não teria concebido esta formosa página do Alcorão, diante da qual não há possibilidade de nenhum muçulmano renunciar às possibilidades de uma vida eterna tão cheia de esplendores e de delícias:

1. Fazem perguntas uns aos outros,
2. A respeito da Grande Nova (da ressurreição).
3. Que é o assunto de suas controvérsias.
4. Sabê-la-ão infalivelmente.
5. Sim, sabê-la-ão.
6. Não formamos nós a terra como um leito
7. E as montanhas como estacas?
8. Criamo-vos.
9. Demo-vos um sono tranqüilo.
10. Demo-vos a noite por manto.
11. Estabelecemo-vos o dia como meio de viver.
12. Edificamos por cima de vossas cabeças sete céus sólidos.
13. Suspendemos neles um facho luminoso.
14. Fazemos descer das nuvens água em abundância.
15. Com o fim de produzir por meio delas a germinação do grão e das plantas.
16. E os jardins plantados de árvores.
17. O dia da decisão é um termo fixado antecipadamente.

18. Um dia soará a trombeta e correreis em chusma.
19. Abrir-se-á o céu e apresentará numerosas portas.
20. Mover-se-ão as montanhas e perecerão qual miragem,
21. A geena estará toda cheia de emboscadas,
22. Asilo dos maus,
23. Para lá ficarem séculos.
24. Não provarão lá nem da frescura, nem de bebida alguma.
25. A não ser água a ferver e matéria.
26. Como recompensa conforme as suas ações.
27. Porque nunca pensaram que havia de ser preciso ajustar contas.
28. E negavam nossos sinais, apodando-os de mentiras.
29. Mas nós contamos e assentamos tudo.
30. Gozem pois da recompensa delas, não faremos senão aumentar vossos suplícios.
31. Bem-aventurada habitação esta reservada àqueles que temem a Deus.
32. Jardins e vinhas,
33. Raparigas de seios túmidos e de idade igual à deles,
34. Taças cheias.
35. Não hão de ouvir lá discursos frívolos nem mentiras.
36. É uma recompensa do teu senhor (é suficiente).
37. Do Senhor dos céus e da terra e de tudo o que está entre eles, do Clemente; mas não lhes dirigirá a palavra.
38. No dia em que o espírito e os anjos estiverem enfileirados ninguém falará, a não ser aquele a quem o Misericordioso der licença e o que só disser o que for justo.
39. Esse dia é um dia infalível; todo o que quiser segue a estrada que leva ao seu Senhor.
40. Advertimos-te da próxima vinda do suplício,
41. No dia em que o homem vir as obras de suas mãos e em que o infiel exclamar: Prouvera a Deus que eu fosse pó.

E ainda a surata CI, – *O Som* – dada em Meca, que é de um fino lavor oriental:

1. O SOM. Que é o som?
2. O som, o grande som que se ouvirá no dia do juízo final,
3. No dia em que os homens forem dispersos como borboletas,
4. Em que as montanhas hão de voar como flocos de lã colorida,
5. Aquele cujas ações pesarem muito na balança, terá uma vida agradável.

6. Aquele cujas ações forem leves, terá por mansão o fosso (El hawiye).

7. Quem é que te pode ensinar o que é esse fosso?

8. É o fogo ardente.

Por fim, como documentário da preocupação poética de todo o contexto alcorânico, vale a pena citarmos, por último, esta bizarra e literária definição de Deus, contida na surata XXIV, v. 35: – "Deus é a Luz dos céus e da terra. Esta luz é como um foco em que está um facho, um facho colocado em um vidro, vidro parecido com uma estrela brilhante; este facho alimenta-se com azeite de uma árvore abençoada, de uma oliveira que não é do Oriente nem do Ocidente e cujo azeite brilha ainda que o fogo lhe não chegue. É luz sobre luz. Deus guia para a sua luz aquele que quer e propõe aos homens parábolas; porque conhece tudo".

Num estudo minucioso sobre "Livros, bibliotecas e bibliófilos entre os árabes", José Khoury documenta que foram os árabes os povos do passado que mais se dedicaram aos livros, superando em produção literária toda a antiguidade. E, amparado em copiosa bibliografia, afirma que "Marcando época decisiva nos destinos da língua e da literatura árabes, *O Alcorão* deve reter a atenção, por ser o primeiro livro escrito em língua árabe e o primeiro monumento literário e autêntico da nossa literatura".

Porém, acrescenta que, antes do Alcorão existia uma "bem guardada Tábua", escrita numa língua estranha, tornada "inteligível ao próprio Maomé somente quando Alá a verteu num *Alcorão* árabe, *Alá*". Acrescenta que apenas Maomé traduziu esse livro inicial e o repetiu aos seus prosélitos. Morrendo o profeta, ficaram os fragmentos de sua obra, sem unidade, sendo que a "primeira compilação não teve cunho e autoridade oficiais: foi somente um empreendimento particular de Abu-Bekr e de Omar".

Houve uma segunda compilação, engendrada pelos discípulos de Maomé e uma terceira, ordenada pelo califa Oman, até que no século XX de nossa era foi oficializado um texto alcorânico, por sete doutores.[17]

Essas fases de elaboração e definição textual não alteraram, todavia, a crença maometana e nem trouxeram dúvidas à missão de um profeta que, ao morrer, levantou a mão para o alto, chamando por Alá "como o mais alto companheiro".

(17) José Khoury – *Livros, bibliotecas e bibliófilos entre os árabes.* Anuário "Universo". S. Paulo. 1950.

A própria *Sunna*, que é um decalque do Alcorão, incidindo sobre legislação civil e criminal, práticas religiosas e preceitos da vida comum, não tergiversa no tocante à infalibilidade do eleito de Alá.

Conquanto Jean Cruet considere a ortodoxia da *Sunna* uma "moeda falsa jurídica, na qual se grava a figura de Maomé",[18] o padrão moral dessa peça monetária nunca foi impugnado, continuando a fazer fé o cunho da autoridade profética. Por conseguinte, poderíamos considerar o Alcorão como um direito substantivo árabe e a Sunna como um direito adjetivo que se tolera porque gravita sempre em torno do astro messiânico de Meca.

Todo estudante secundário de história sabe quem foi Kadija e fala-lhe no nome com certo romantismo, porém poucos sabem que Moisés foi casado com Séfora, filha do sacerdote Jetro.

Rigorosamente falando, Séfora foi na vida de Moisés uma sombra doce e silenciosa, enquanto Kadija foi na vida de Maomé um raio de sol, buliçoso e excitante, que incidia sobre a alma e o corpo do predestinado. A filha do sacerdote teria sido útil como uma ovelha branca, em holocausto; a viúva coraichita, da tribo dos Asad, deveria ter sido uma nuvem humana do perfume estimulante do nardo oriental.

Uma foi a esposa desvelada e amiga que acendia cautelosamente a lâmpada de óleo e seguia passivamente os passos vigorosos do marido. A outra foi a companheira inteligente, discípula e associada do esposo. Dermenghem sintetizou com precisão a personalidade da herdeira dos banqueiros makhzoumitos: — Kadija resumiu para ele todas as virtudes femininas: esposa, amante, mãe, amiga, confidente e consoladora". Por isso, há na vida tumultuosa de Maomé, encerrada por Alá aos sessenta e dois anos, um gesto de galanteria e cavalheirismo, que se faz mister ressaltar: o seu testamento de amor e reconhecimento à Kadija, traduzido neste punhado de palavras sinceras: — "Quando eu era pobre, ela me enriqueceu; quando todos me abandonaram, ela me confortou; quando me chamaram de mentiroso, ela acreditou em mim".

Que diferença sentimental entre o legislador do Sinai e o profeta de Meca! A esposa de Moisés passa anonimamente dentro das narrações pentatêuticas, sem a consagração de um adjetivo carinhoso. A esposa do iluminado de Meca passa dentro da tradição maometana iluminada pela graça de um madrigal.

---

(18) Jean Cruet – *A vida do direito e a inutilidade das leis* – Ed. Aillaud. Lisboa.

No panorama religioso da Palestina e da Arábia, desfilam ambas, corajosas e obreiras: Kadija, com belo rosto semivelado pelo vaporoso e delicado cendal, refletindo sempre nos olhos negros e sonhadores que iluminaram a senda messiânica do marido, o brilho das espadas desambainhadas em Medina na marcha decisiva sobre Meca. Séfora, sem atavios, velada pelo espesso véu israelita, ocultando o rosto vigoroso e cansado pelas preocupações e pelos trabalhos domésticos.

Kadija foi dinâmica e ajudosa, Séfora foi caritativa e boa. possivelmente, ajudava os prosélitos no registro das suratas alcorânicas — todas encimadas pela legenda: — "Em nome de Deus clemente e misericordioso".

Séfora recolhia as espigas de trigo e enchia o cântaro, enquanto Moisés ditava o Deuterônimo e decia sobre a administração do seu Estado.

Kadija foi dinâmica e ajudosa; Séfora foi criativa e boa.

Daí o silêncio de Moisés sobre a esposa e o poema de Maomé sobre a companheira.

Não se negue ao profeta do Alcorão uma qualidade que o assistiu em todos os atos de sua predicação: a varonilidade. Nos momentos mais difíceis de sua missão, ele não obscurecia a sua qualidade de homem. Ele era um delegado de Alá na terra, mas como vivia na terra e não nos sete céus prometidos, gozava de todos os bens materiais, com ternura e com volúpia.

Não foi totalmente um exclusivista. Há um versículo corânico que possibilita fazer de qualquer homem um prosélito. Esse versículo (VI, 125) vale por toda sua missão bélica e religiosa. — "Deus abrirá ao Islamismo o coração daquele que quiser".

Em suma: Podemos desestimar o profetismo de Maomé. Podemos classificá-lo um oportunista político-religioso. Podemos até mesmo condescender com Henry Thomas, que o reduziu à expressão de "um dos maiores desordeiros do mundo". Mas não lhe podemos recusar a palma de ter sido o maior poeta da cosmogonia religiosa árabe.

Renan compreendeu bem isto, quando lhe sintetizou a personalidade neste período dos "Nouvelles Éstudes de Histoire Religieuse":

— *Mahomet du ses succés à la revólution qu'il ópera dans l'éloquence arabe par la prose rimée de son Coran.*

Capítulo VI

A MAGNA CARTA

A Magna Carta não foi um simples extravasamento da concepção política de um novo povo que tivesse atingido a maturidade jurídica, culminada por uma metódica e decidida gradação moral. Quando Justiniano mandou codificar as leis romanas, elas já haviam percorrido os estágios penoso da carência, da elaboração e das reações populares. Na Inglaterra o processo foi diferente, porquanto a sua legislação de alicerce foi uma lei de salvação nacional.

As invasões normandas, (calcando os sentimentos nacionalistas anglo-saxônicos) e as espoliações dos soberanos, deram causa a que se procurasse documentar a conduta do rei, em face do clero, da nobreza e burguesia e, indiretamente, das classes servis.

De longe, por conseguinte, emanava o desgosto inglês contra a lança do invasor, desgosto que atingiu ao auge durante a ação despótica e rapinária de João Sem Terra (Lackland), aquele quarto filho de Henrique II e de Leonor de Aquitânia que não foi contemplando na herança paterna e foi depois governador da Irlanda, antes de ser rei.

Habituados à suavidade das antigas leis, baseadas nos seus costumes, os ingleses sentiam o látego do plantageneta velhaco e se conjuraram numa luta sincera pelo clima de segurança e de estabilidade do passado, jurando fidelidade sobre as relíquias dos seus santos.

Era, em realidade, uma cruzada interna, para readquirir uma situação legal que lhes havia sido subtraída sem denunciação e sem causa.

Há uma explicação, em Kelsen, para esses fenômenos reativos, de quando em vez observados na sociedade. − "Y eso, también porque un análisis de la realidad muestra que todo efecto es no sólo el – provisorio – punto terminal de una serie causal, sino por asi dicirlo, el punto de intersección de muchas. Ningun fenómeno depende de una sola causa".[1]

E A. Croiset, em "Les Democraties Antiques", estudando o organismo democrático da Grécia, que foi "la plus civilisée que nous offre l'histoire de l'antiquité", emite este conceito apreciável: – "Car une constitucion politique n'est, par elle même, qu'un cadre abstrait; la manière dont elle mise en oeuvre est la chose importante et la vraie realité".[2]

Daí, não ser aconselhável conceituar-se *a priori, a Magna Carta,* nem como uma criação original, nem como um modelo constitucional.

Ela foi o espelho do seu tempo e do seu mundo. Do seu tempo, porque sua face polida se nublava com o hálito de uma realeza fraudulenta; do seu mundo, porque ela dera homens do quilate de Albino Flacco Alcuíno, que foi o restaurador da arte e da ciência do império de Carlos Magno; Alfredo, o Grande, que conseguiu, pelo gládio, recuperar metade da Inglaterra aos dinamarqueses, escreveu o *Testamento* e traduziu a *História Eclesiástica* de Bedo; e Atelstano que, cognominado "Rei de todas as Bretanhas", teve a glória de verificar que os invasores terminaram por adotar a língua inglesa.

Ora, considera-se com razão Sócrates quando explica a Glauco, em *A República* de Platão que "É necessário convir que nos indivíduos se encontram os mesmos afetos e costumes do Estado" e que "Dos indivíduos, por certo é que passam para o Estado",[3] – conseguintemente o que havia na Inglaterra ao tempo de João Sem Terra era um desajuste entre a coroa e os homens herdeiros de uma tradição de honra e liberdade.

A Magna Carta retratou, enfim, esses fatores decisivos de sua elaboração e das lutas de mais de meio século para o seu completo reconhecimento e aplicação.

Redigida em latim, não estava ao alcance das inteligências comuns e não fossem cópias previdentemente tiradas pelos altos prelados, ter-se-ia perdido, porquanto João Sem Terra não a quis registrar, premeditando a sua destruição.

Bluntschli expõe que "Une constitution politique parfaite suppose une nation parfaite, donc úne impossibilité". E

---

(1) Hans Kelsen – *La idea del Derecho Natural y otros ensayos* – Editorial Losada. B. Aires. 1946.
(2) A. Croiset – *Les Democraties Antiques* – Ed. Flamarion. Paris. 1911.
(3) Platão – *A República* – Atena Editora. S. Paulo. 1950.

amplia, em seguida a sua propositura: — "Différentes par l'histoire, le pays, le caractére, l'esprit, les tendances, les nations ont également besoin de formations politiques diverses".[4]

De fato, o copioso jurisconsulto suíço, que dedicou a maior parte de sua brilhante vida ao estudo do direito púbico internacional, tem muita razão quando ilústra suas assertivas citando Robert Von Mohl que, em sua Histoire des Sciences Politiques (vol. I, partie III, enumera "ces glorifications, idéalistes", acrescentando: — "L'on peut citer parmi les plus célébres de ces rêves, la Republique de Platon, la Cyropédie, de Xenophon, l'Utopie du chancelier Thomas Morus et le Télémaque de l'évêque Fénelon.

Aliás, essa relação poderia ser acrescentada do angélico livro de S. Tomás de Aquino — *Do Governo dos Príncipes* — *Ao Rei de Cipro* — *(De Regimine Principum ad Regem Cypri)* [5], onde o grande doutor da Igreja Católica, termina o capítulo IV citando Aristóteles, na Ética. Porque, em realidade, aqueles elevados conselhos a Hugo II, seriam igualmente impraticáveis na sociedade atual, onde não encontrariam um soberano que fosse no seu Estado "como a alma no corpo e Deus no mundo".

Mas, recuperando o fio inicial, devemos considerar que o diploma político inglês de 1215 deve ser considerado em suas proporções formais , sem um desnecessário ânimo de entusiasmo, porém como uma justa consagração eqüitativa.

Em poucas palavras, o prof. Pinto Ferreira o definiu suficientemente: — "a Magna Carta encerra uma época histórica e reabre uma outra, devendo ser entendida como a crisálida ou o modelo imperfeito das constituições posteriores".[6]

Esta simetria é perfeita de valor, no tempo e no espaço, estabelecendo sucintamente a posição desse molde constitucional que deu lugar a outros tipos, na proporção das conquistas nacionais.

— *As well may they ask my crown!* — exclamou João Sem Terra, a semelhança de um bôbo fulvo, cercado pela matilha dos barões ingleses que lhe impuseram a outorga da Magna Carta, — semelhante ou inspirada naquela outra do ano de 1100, de Henrique II, rei jurista e descendente do normando

---

(4) Blutschli — *La Politique* — Ed. Guillaumin & Cie. Paris. 1883.

(5) S. Tomás de Aquino — *Do Governo dos Príncipes* — Ao Rei de Cipro (*De Regimine Principium ad Regem Cypri*). Trad. de Vieira Santos. Ed. A. B. C. Rio. 1937.

(6) Pinto Ferreira — *Princípios de Direito Constitucional Moderno* — José Konfino. Rio. 1951.

Guilherme, o Conquistador. Para um espírito tacanho e trapaceiro como daquele plantageneta, de fato a aposição da assinatura ou do selo real sobre o pergaminho dos barões e dos dignitários da Igreja Católica, significava o *mesmo que arrancar-lhe a coroa da cabeça* cabeluda e desmaiolada.

Desde 1213 vinha o neto de Geoffroy – homem do ramo de giesta sobre o capacete, – encurralado num círculo de fogo de reivindicações, as quais fugia ou cedia de má fé. Excomungado por Inocêncio III, finge uma submissão redentora de fiel vassalo da Santa Sé; esquecendo imediatamente a convenção de Dover, arma-se com a Flandres e com Oto IV, da Alemanha, contra Filipe Augusto, da França, mas é encantonado e vencido entre Lille e Tornai, em 1214; no ano seguinte os bispos e os barões organizaram o "Exército de Deus e da Santa Igreja", que marcha contra Londres, onde ele julga que vai perder a coroa com a famosa lei constitucional, legalizada no dia 15 de junho de 1215. A reivindicação culminou naquele domingo em que os revolucionários legalistas invadiram Londres, na hora em que o povo orava nas igrejas.[7]

Durante quatro dias o inescrupuloso e enraivecido soberano, lutou contra a pretensão dos insurretos; seus protestos morriam, porém, sem eco, dentro dos resposteiros, em face da indiferença cautelosa da guarda real e da famulagem habituada aos seus acessos de cólera impotente.

Mas o desiderato se concretizou na verde campina de Runnymede, condado de Surrey, onde foi levantado um suntuoso pavilhão, sobre o qual tremulavam as flâmulas inglesas, bordados de leões ameaçadores e inofensivos.

Sentado sobre um trono ali construído e tendo à frente a rude e insubmissa fidalguia apoiada nos punhos das espadas embainhadas, João ouviu, com o semblante anuviado, o preâmbulo e as 67 cláusulas da grande Charte, et fait encore aujourd'hui la base des libertés de l'Anglaterre, conforme a definiu Montesquieu.[8]

E, após um silêncio perigoso e angustiante, assinou o compromisso e mandou que nele fosse apôsto aquele selo de autenticidade que tem a legenda em latim e o representa de um lado bravamente montado num cavalo, de espada em punho, e, no reverso, a sua ostensiva figura entronizada, com o aspecto grotesco de uma divindade hindu.

---

(7) William Francis Collier – *History of the British Empire* – Ed. Nelson and Sons. London. 1871.

(8) Montesquieu – *Esprit des Lois* – Ed. Didot & Cie. Paris. 1877.

É pena que o destino não houvesse reservado a época meritória de Henrique II (1154-1189), que "foi o verdadeiro fundador do estado inglês",[9] para nela ter sido facultada a Magna Carta. Um documento de tal expressão histórica, merecia a moldura dourada daquela fase tão empolgante e tão entretecida de lustrosos liames para a nação inglesa, cujos arrebóis de liberalismo se haviam anunciado com Guilherme I. Porque, realmente, aquele período foi pletórico e marcante para a nação inglesa e no qual a unidade nacional mais se ajustou, guiada pelo espírito culto de um príncipe que se gabava de cultivar as leis.

Ademais, a contar de 1166, o júri já se esboçava como uma instituição social reparadora, pois se instalava anualmente em cada região, onde o *sheriff*, antes da chegada do juiz itinerante, convocava os nobres, os clérigos, os homens livres e os burgueses, para a composição do *quorum*.

Com tal norma de julgamento em todas as regiões, a lei comum, *Commum Law*, ia instituindo a unidade do sistema legal, através da fusão dos costumes locais do feudalismo.

Henrique II instituíra a *Carta de Armas*, espécie de código militar que exigia de cada indivíduo uma parcela de responsabilidade pela vida nacional, pois não somente prestava juramento de fidelidade, como era obrigado a possuir armas para a defesa da pátria. Desta forma, o mais humilde homem da Inglaterra teria, pelo menos, uma lança para garantir a integridade da nação e a segurança do soberano.

Infelizmente as *Constituições de Claredon*, que limitaram a jurisdição eclesiástica, resultaram no assassínio do antigo chanceler São Thomas Becket, arcebispo de Cantuária; porém a expiação do rei, pela má interpretação de suas palavras, suavizaram-lhe a memória e não apagaram os empreendimentos lúcidos de seu reinado.

Todavia, estava escrito que a assinatura da Magna Carta caberia ao menos digno dos plantagenetas; tão louco e tão versátil que a procurou anular pouco antes da morte o surpreender em confabulações internacionais, no sentido de frustrar a maior conquista da nação inglesa.

Mas o prelúdio judicioso de Henrique II se reacenderia com Henrique III, o filho do promulgador, que convergira por um melhor caminho que o pai (embora a princípio tentasse seguir-lhe as pegadas negaceantes), pois confirmou a carta das liberdades, concedeu novos direitos, erigiu a abadia de West-

---

(9) G. Oncken – *História Universal* – Ed. Allaud e Bertrand. Lisboa.

minster e protegeu a indústria. E, enquanto os ingleses procuravam, naquele reinado tão mal iniciado e tão bem acabado, alargar a esfera de seus direitos e reajustar a nação à letra do seu estatuto, é interessante saber-se que a França procurava alargar os seus domínios territoriais.[10] Porém o descortínio mais acertado era o das Ilhas Britânicas.

Todavia, a elaboração legal prosseguiria entre os gietistas: — Eduardo I introduziria o judiciarismo no país e negociaria com as cidades o envio de deputados ao Parlamento e Eduardo II permitiria o fortalecimento do arcabouço constitucional. Ricardo II encerra tragicamente a estirpe, porém, antes dele, o romântico Eduardo III institui a *Ordem da Jarreteira* e introduz a *Tábua Redonda de Windsor.*

Devemos fixar bem as datas das frustrações reais e das confirmações púnicas da *Magna Charta libertatum*, no sentido de que não deixemos louvar-se João Sem Terra por uma outorga estatucional feita sob a ameaça da nobreza e do clero, já que o povo, em tal regime feudalista, não podia pegar em armas contra aquele que segurava a coroa com os textos teológicos que lhe convinha invocar.

É bem verdade que ainda hoje o cânone inglês unge o rei de regalias superiores, porém elas não chocam, como naquele tempo, com os interesses nacionais e colocam o soberano sempre num nicho de constitucionalidade sagrada. Daí, a explicação de Jacques Crokaert: — "Voice donc un homme, un homme comme les autres, que arrive dans l'immense nef de Westminster. Il n'est encore revêtu d'aucune dignité. Mais l'onction saint fait de lui le délégué de Dieu, l'interprète du Seigneur sur cette Terre; il se crée alors un lieu mystique entre le Pouvoir, qui est d'essence divine et y trouve sa pleine justification, et la Divinité: il est Roi *par la grace de Dieu*, quoique avec l'assentiment de peuples immenses".[11]

Consideremos, todavia, que João Sem Terra, além de ser visceralmente trapaceiro, usou e abusou dos privilégios que a corte pontifícia lhe assegurou, naturalmente em *bona fide.* John Figgis resume sua ação política nesta frase: — "La tirania del rey Juan y de su hijo se sostuvo en gran medida gracias al apoyo papal.[12]

---

(10) Weber — *História Universal* — Typ. Empresa Lit. de Lisboa. 1882.

(11) Jacques Crokaert — *Histoire du Commonwealth Britanique* — Presses Universitaires de France. Paris. 1949.

(12) John Neville Figgis — *El Derecho Divino de los Reys* — Trad. espanhola de Edmundo Gorman. Ed. Fondo de Cultura Economica. México. D. F. 1942.

Detenhamos prudentemente esta cronologia sobre a Magna Carta e pela qual verificamos a sua *via crucis* que não terminou felizmente no Calvário, porém no Capitólio:

1215 – Promulgação, seguida da manobra violadora por parte do rei póstergo.

1236 – Confirmação de Henrique III, diante das carências econômicas, seguida de novo repúdio.

1240 – Reclamação dos bispos à coroa, por meio de um enérgico memorial e as reuniões freqüentes de dietas, resultando, assim, na instituição do Parlamento.

1253 – Confirmação capciosa do rei – "como homem, como cristão, como cavaleiro e como rei ungido e coroado que era". Porém, logo depois, pede licença ao Papa para desobrigar-se de tão solene juramento.

1258 – Reivindicação da Magna Carta por parte da dieta de Oxford, reacendendo-se o archote constitucional e estabelecendo-se as épocas das reuniões ordinárias do Parlamento (fevereiro, junho e outubro).

1267 – Revigoração definitiva dos princípios constitucionais, com a consagração da Magna Carta.

Já se vê que o título das liberdades inglesas, esboçado pelo ardoroso e erudito arcebispo Estêvão Langton, a pedido dos barões pouco versados em letras, percorreu, como já dissemos, o espaço crucial de pouco mais de meio século, a fim de alcançar uma aplicação pacífica e integral. Consideremos, porém, que aquela fase de persistências cívicas e sonegações reais serviu para que as normas do direito constitucional inglês se alicerçassem de uma vez por todas no espírito conservador e jurídico do povo britânico e oferecessem ao mundo uma evidência da possibilidade de sua aplicação por todos os povos livres.

As investigações históricas alcançaram à evidência que a Magna Carta não foi um código original na Inglaterra porquanto, "desde 1213 o Arcebispo Langton, cérebro de conspiração, despertara grande entusiasmo, reunindo secretamente os barões para ler-lhes a velha Carta de Henrique I, que todos haviam esquecido e que garantia o respeito dos direitos e costumes dos súditos".[13]

----

(13) André Maurois – *História da Inglaterra* – Trad. de Carlos Domingues. Pongetti. Rio.

Mas é admissível um recuo histórico além de Henrique I, pois o prof. Hersílio de Sousa, num estudo sobre "O Direito Romano nos Códigos da Europa",[14] vai buscar no Lácio a ascendência da carta de franquia britânica, afirmando: – "Assim, a Magna Carta, de que os ingleses tanto se orgulham e que realmente num dos seus artigos prescrevia, já naquele tempo, que nenhum homem seria privado de sua vida, liberdade ou bens, sem o julgamento de seus pares e disposição da lei nacional, – essa Magna Carta teve por principal redator um doutor da Universidade de Bolonha, portanto, do *direito romano*.

E, em seguida, reivindica para o direito de Roma a instituição democrática do júri, citando esta afirmação de Morris em *The History of the Development of Law*: – "In the system of judices selected by the proetor of judice".

Quanto ao *habeas-corpus*, completa o prof. Hersílio de Sousa a sua asserção romana, da seguinte maneira: – "E assim é, enfim, que o *habeas-corpus*, a mais eficaz e pronta garantia, que se supõe ter o povo inglês descoberto para a felicidade do gênero humano civilizado, já encontra suas raízes no Dig. 4.4. Tit. 29 I. I., pelo interdito de *homine libero exhibendo*,[15] por força do qual, conforme explica Ed. Cuq, o pretor ainda protegia a liberdade do cidadão, de qualquer modo violada, sem prejuízo do respectivo processo criminal e que servia também para defender o exercício do pátrio poder dominical".

Dom Henry Norbert Birt descreve fleumaticamente a promulgação constrangida de Runnymede, presenciada por Norbert Fitz-Walter, comandante dos reivindicantes, pela baronia, por 8 bispos, pelo representante do Papa, Randulph, e 15 cavaleiros, acrescentando que a Magna Carta "Não é contudo, considerada como formando um novo código de lei, ou sempre como um esforço para incutir nos grandes princípios da legislação. Seus autores não tiveram em mente perturbar ou improvisar a jurisprudência nacional; seu único objetivo era corrigir os abusos que procederam dos costumes feudais sob o despotismo de Guilherme e seus sucessores".[16]

---

(14) Hersílio de Sousa – *O Direito Romano nos Códigos da Europa* – (Rev. da Faculdade de Direito do Recife. Ano XIX).

(15) Ait Proeton – Quem liberum dolo malo retines, exhibeas: – Hoc interdictum proponitor tuende libertatis causa; videlicet, ne homines liberi retineantur a quoquam.

(16) It is not, however, to be considered as forming a new code of law, or even as an attempt to inculcate the great principles of legislation. Its framers meant not to disturb or improve the national jurisprudence; their only object was to corret the abuses which had grown out of the feudal customs render the dispotism of the first William and his sucessors. Dom Henry Nobert Birt. *Lingard's History of England*.

Precisamos, porém, penetrar no sentido social e jurídico da Magna Carta e constatar as injustiças que muitos lhe fazem de que é "filha do feudalismo e da Common Law".

Lopes Gonçalves, no seu trabalho sobre *A Constituição do Brasil*, apresenta, em apêndice, uma tradução que nos parece criteriosa. Sabemos que aquele infatigável parlamentar era sincero ao considerar que o êxito do regime federativo-presidencial dos Estados Unidos era por ter sido "inspirado o povo americano, quanto possível, no liberalismo da velha Inglaterra, criadora, sem contraste, do direito público, com as suas Magnas Cartas de 15 de junho de 1215, Rei João Sem Terra; de 11 de fevereiro de 1225, Henrique III; com a Petição de Direitos (Bill of Petition), 7 de junho de 1628, Carlos I; Declaração de Direitos (Bill of Rights), 13 de fevereiro de 1689, Guilherme III; a lei do Estabelecimento (Act of Settlement), 12 de junho de 1701, ainda Guilherme III; e a Lei do habeas-corpus (The Habeas-Corpus Act), de 26 de maio de 1769, Carlos II; – que, no dizer de Lord Chatam, o primeiro Pitt, formam a Bíblia da Constituição Inglesa".[17]

Em verdade, o regime republicano-federativo deu excelente resultado nos Estados Unidos da América, não somente pela atinência do seu rigor normativo, como especialmente pelo crédito de responsabilidade dos seus estadistas.

Céptico em relação à estabilidade constitucional norte-americana, Stuart Mill emite em 1877 esta opinião, ressalvando a valia dos continuadores de Washington: – "En Amerique, une fédération constituée sur ce principe a complètement échouté au bout de très-peu de temps; mais heuresement les hommes dont l'habilité et la préponderance avaient fondé la republique, vivaient encore pour la guinder dans cette transition difficile".[18]

Temístocles Cavalcanti, desposando a teoria de Von Stein, de ser "o direito administrativo a constituição em movimento", cita o conceito de que "o valor de uma constituição determina-se em relação aos seus méritos em face à administração; não se pode, assim, ajuizar em definitivo sobre o mérito de uma Constituição, senão considerando as suas afinidades com a administração".[19]

---

(17) Lopes Gonçalves – *A Constituição do Brasil* – Estabelecimento Artes Gráficas. Rio. 1935.

(18) John Stuart Mill – *Le Gouvernement Réprésentatif* – Ed. Guillaumin & Cie. Paris. 1877.

(19) Temístocles Cavalcanti – *Curso de Direito Administrativo* – Freitas Bastos. Rio.

É concludente que as modificações constitucionais que temos experimentado, dentro do regime federativo-presidencial e as tentativas de parlamentarismo, seja o resultado de nossas inconseqüências administrativas.

A Magna Carta esquematizou um sistema que se perpetuou na Inglaterra, bem como a Constituição Norte-Americana, que manteve a austeridade de suas dependências de Estado.

Parece-nos que esse *movimento constitucional* de que trata Von Stein, não incidiria pelo descrédito de uma constituição se, antes de modificá-la ou substituí-la, se obrigassem os governos a seguir honestamente a letra da mesma.

E o fato de João Sem Terra e Henrique III (ao começo) negarem plenitude à Magna Carta nunca estabeleceu dúvidas aos ingleses sobre as excelências dos seus relevantes desígnios.

André Maurois, atrás citado, enfileira-se com os escritores que negam ao documento de Runnymede o caráter de uma conquista popular, alegando que "em 1215 essas idéias, tão claras para nós, são inacessíveis às massas. E acrescenta: — "A Magna Carta esteve tão longe de ser um documento popular que não foi traduzida em inglês antes do século XVI".

Há exagero nesta apreciação: é verdade que, dos 67 artigos ou proposições da Magna Carta, somente 12 beneficiam diretamente o povo, mas é preciso convir que a iniciativa da rebelião partiu do clero e da nobreza e, naturalmente, para eles recairiam as premissas da conquista legal.

Não houve, porém, indiferença por parte da plebe à insubordinação histórica. A sisuda *Encyclopaedia Britannica* considera que "o colapso da administração judicial deve ter concorrido mais do que tudo para trazer as massas populares para o lado dos barões". E elucida que "Até mesmo grandes historiadores do século passado escreveram sobre a Carta com mais entusiasmo do que exatidão". Porém, "os escritores modernos têm-se esforçado para reduzir o fato a suas justas proporções e alguns têm ido demasiado longe em sua crítica demolidora, ao afirmarem que a Carta foi traçada no interesse exclusivo dos barões, inserindo-se algumas cláusulas liberais simplesmente para atrair boa vontade e apoio".[20]

Oncken afirma que "A Magna Carta não criou nenhum direito novo" e que, com a sua imposição "O sistema feudal tornou, pois, a assentar em bases legais, pois esses mesmos de-

---

(20) The Encyclopaedia Britannica. 14th Edition.

veres que se impunham ao rei, obrigavam os barões para com os seus feudatários".

O prof. Luís Sanchez, catedrático da Universidade de Granada, adere a essa dualidade de direitos, corroborando a popularidade da carta inglesa, em concordância com Green. Assim diz ele em seu estudo sobre o direito constitucional contemporâneo, de alguns países: — "Pero en la universalidad de este caráter ve Green la verdadera importancia de la Carta Magna y su significación nacional: los Obispos y los nobles no solo han reclamado y asegurado sus derechos, sino también los de los labradores y los comerciantes, los burgueses y los villanos. La misma garantia con que los barones se cubren ante el Rey, cubrirá a los hombres del pueblo ante sus señores".[21]

O prof. Laurindo Leão , num estudo "Sobre a idéia do Estado e da administração", dando como definitivo na Inglaterra o regime de liberdade, explica que, "nas Ilhas Britânicas uma nobreza pobre de poder pelas invasões sucessivas de normandos e dinamarqueses que fortificaram as realezas, teve que congraçar-se com os *munícipes* e limitar assim insistentemente a realeza, dando em resultado o constitucionalismo representativo, que passou à sua colônia norte-americana, de onde se comunicou à França que o propagou a todos os países fortes".[22]

É preciso que se olhe imparcialmente, em retrospecto, o panorama sombrio da Europa da Idade Média, a fim de que se compreendam o alcance, a extensão benéfica e as prerrogativas trazidas pela carta inglesa. Não foi ela um astro que surgisse no firmamento das nações, para alumiar a consciência dos homens, porém foi uma centelha inicial que serviu para despertar o espírito humano, embotado pela barbárie e pelo feudalismo.

A condição dos europeus naquele tempo era pior do que a da plebe romana, especulada pela realeza, antes das reivindicações tabulárias. Era de condoer a situação do povo numa organização social em que não havia um órgão legal, uma palavra autorizada em defesa de sua honra e seus bens.

M. Mary-Lafon, no capítulo "Privileges et Droits féodaux", da documentada obra "Le Moyen Age et la Renaissance",[23] enumera cruamente os privilégios da nobreza de então, entre os quais aquele "des noces et de marquette", que reduzia

---

(21) Luís Sanches Agesta – *Curso de Derecho Constitucional* – Granada. 1948.

(22) Laurindo Leão – *Sobre a idéia do Estado e da Administração* – Rev. da Faculdade de Direito de Recife. Ano XX. 1912.

(23) M. Paul Lacroix – Diretor – *Le Moyen Age et la Renaissance*, 1ª Parte: *Privilèges et Droits Féodaux*, – por M. Mary-Lafon. Typ. Plon. Frères. Paris. 1848.

a mulher, na véspera de suas núpcias, a uma condição tão infamante que nem mesmo os bárbaros haviam imaginado semelhante sacrifício em favor da lascívia de seus senhores: – *Exibere debebant Domino virgines nupturas, qui primus illas vitiaret.*

Diz ainda o autor, cuja bibliografia citada é opulenta, que "Les vilains d'Alemagne, d'Angleterre et de Belgique pouvaient racheter l'honneur de leurs filles avec trente-deux deniers". Mas, para o vilão miserável conseguir essa quantia, no sentido de resgatar a virgindade das filhas nubentes, era coisa quase impossível.

Não podemos argumentar, em abono dos costumes britânicos do feudalismo, que na Inglaterra fossem eles diferentes dos da Europa continental. Se as regras da cavalaria eram as mesmas, admite-se que a moral social e o regime econômico fosse o mesmo.

Imagine-se a vida de um servo da gleba, produzindo para o seu senhor, nada podendo adquirir ou vender sem a sua anuência, não podendo sair das fronteiras do feudo sem a permissão do suserano, não tendo o direito de opinar, de se conduzir, – de coisa alguma, enfim.

Van Loon delineia esse quadro do pauperismo e da escravidão da vassalagem nos domínios daqueles truculentos senhores que ocuparam as terras que haviam pertencido ao Império Romano e que, após a sua decadência, caíram sob as manoplas dos barões normandos, dos duques germânicos e dos cavaleiros aventurosos, – edificadores de ninhos de pedra onde somente se penetrava por uma ponte levadiça.

– "Não qualificaremos certamente de ideal o mundo em que viviam. A maior parte dos homens eram, então, servos ou vilões, trabalhadores rurais, considerados parte do solo em que mourejavam como o gado em cujos estábulos viviam".[24]

Quanto aos mercadores, não imaginemos que fossem inteiramente livres, pelo fato de comparecerem às feiras de Nuremberg, Antuérpia e Amsterdã com a bolsa recheada, ou com os seus fardos de mercadorias, porquanto, se não pagavam os chamados direitos banais pelo uso obrigatório do moinho ou do forno do senhor feudal, tinham de pagar o imposto de entrada nas cidades, o imposto relativo às mercadorias, os impostos especiais e admitidos em lugares diferentes.

---

(24) Hendrick Van Loon – *A História da Humanidade* – Trad. de Marina Guaspari. Ed. Globo. P. Alegre. 1934.

Era uma coisa quase impossível a existência pacífica de um *alódio* ou propriedade livre, encravada no latifúndio feudal. Uma noite sem estrelas envolvia de trevas o mundo medievo. Dentro desse negrume não poderia vicejar nenhuma floração jurídica de caráter coletivo, por falta do sol fecundo da liberdade. Somente a arte deixava por vezes a sua situação de térmita e ensaiava um vôo pelo azul da espiritualidade. Mas, ainda assim, censurada pelo cânone e policiada pelo espírito estreito e supersticioso da nobreza e da burguesia.

É interessante observar-se que a nobreza dirigente não se preocupava em incentivar ou possuir as indústrias, nas cidades, uma vez que a manufatura estava toda ao seu serviço, exercendo sobre a mesma uma ação orçamentária tão lucrativa que era mais prático deixá-la sob a direção da burguesia, fácil de ser manietada através dos incisos fiscais. Ademais, poderia, a todo instante, mandar apregoar a incisão de impostos imprevistos ou excepcionais.

Não é para admirar que no primeiro livro das Ordenações do Reino (Tit. 66) houvesse D. Filipe criado para Portugal, Brasil e colônias o sistema das *fintas*, ou contribuição extraordinária, aplicado todas as vezes que as rendas dos Conselhos não bastassem para "as coisas que os Oficiais das Câmaras são obrigados por seus Regimentos, prover e fazer". E, ainda, como um laivo feudal, dizia-se num artigo previdente que estavam escusados do pagamento das mesmas os fidalgos, cavaleiros e escudeiros de linhagem, os doutores, licenciados, bacharéis, vereadores e procuradores. E esses privilégios foram confirmados pela consolidação de 1773, assinada pelo Rei e pelo Marquês de Pombal. Já se vê que a Idade Média se infiltrou no organismo estatal que a seguiu, por via de muitas raízes de caráter econômico e social.

Ademais, pesa bastante a opinião de A. J. Carlyle, ressalvante a estimativa do direito naquela fase de transição social: — "El primero de los principios, pues, del sistema político de la Edad Media era la supremacia del derecho; esto no era un principio abstrato, sino que encontró forma concreta en la regla medieval de que esa autoridad encarnaba en tribunales de justicia independientes del príncipe. Esto es lo que significa la famosa cláusula 39 de la Carta Magna de que ningún hombre libre puede ser detenido o encarcelado, ni siquiera por el rey, salvo por el juício de sus pares o por la *ley de la tierra*, y hay que recordar que esta regla no era unicamente inglesa".[25] Aliás essa cláusula citada em "La Libertad Política" não é a de nº 39, mas sim a de nº 48.

Quanto à alegação de que tal regra ou disposição não era exclusivamente da Inglaterra, estamos de acordo, pois em 1022 o Rei Luís, o Gordo, outorgou uma carta intitulada *Estatutos da Paz*, considerada por César Cantu como um documento interessantíssimo e na qual está consignada a mesma norma, que adiante comentaremos, com o seguinte texto:

— "Ninguém poderá prender qualquer pessoa, livre ou serva, sem a intervenção do juiz; se ele não aparecer, o indiciado réu poderá ser detido até ele chegar, ou conduzido à sua casa".[26]

Deste modo, em confronto com os dispositivos da Magna Carta, só podemos considerar em que ela foi também uma mercê para os burgueses e servos, isto é, para os pilares do feudalismo.

Se não, vejamos com espírito de imparcialidade:

> Art. 26 – Do mesmo modo, um aldeão ou qualquer vassalo nosso não poderá ser condenado a pena pecuniária, senão debaixo de idênticas condições, quer dizer, que se lhe não poderá privar dos instrumentos necessários a seu trabalho. Não se imporá nenhuma multa se o delito não estiver comprovado com prévio juramento de doze vizinhos honrados e cuja boa reputação seja notória.

Num regime de confisco desabusado como era o medieval, não podemos deixar de reconhecer o alcance humanitário desse dispositivo, que era uma espécie de interdito proibitório tanto para os suseranos como para os *sheriffs*, em relação aos instrumentos de trabalho do artífice ou do agricultor.

> Art. 29 – Nenhuma pessoa ou população poderá ser compelida, por meio de embargo de seus bens móveis, a construir pontes sobre os rios, a não ser que haja contraído previamente esta obrigação.

---

(25) A. J. Carlyle – *La Liberdad Política* – Versão espanhola de Vicente Herrero. Ed. Fondo de Cultura Economia. México. 1942.

(26) César Cantu – *História Universal* – Edição ampliada por Antônio Enes. Lisboa.

Burns enumera as obrigações dos vilões e servos, classificadas da seguinte maneira:

Redevances – ou retribuições.
Prestations – ou prestações.
Corvées – ou corvéias.

As *redevances* se subdividiam desta forma:
Capitatio – Imposto *per capita*, que recaía exclusivamente sobre os infelizes servos.
Cens – Imposto de censo ou foro, pago pelos vilões e pessoas livres.
Taille – Imposto sobre toda produção do feudo, recaindo tanto sobre os vilões como sobre os servos.
Banalités – Impostos pagos aos senhores pela utilização obrigatória do moinho, do lagar, dos tonéis, do forno do pão e também pela moradia local.

As *prestations* eram "um tipo de hospitalidade forçada". Os suseranos tinham direito de hospedagem de um feudo para outro, sendo "dever dos camponeses fornecer alimentação e alojamento para o grande senhor e sua comitiva e até para os cavalos e cachorros".

A terceira e mais importante das obrigações era justamente a *corvée*, prevista no aludido artigo 29 da Magna Carta. Ela determinava o "trabalho forçado que os vilões e os servos eram obrigados a executar no cultivo do domínio do senhor e na *construção e reparação de estradas, pontes e represas*".[27]

Como vemos, este inciso beneficiava amplamente os servos, pois não poderiam ser tirados dos seus trabalhos comuns, a fim de prestar serviços gratuitos e penosos aos próprios barões reivindicantes.

Art. 35 – Nenhum *sheriff*, condestáve. ou funcionário tomará colheitas nem bens móveis de uma pessoa que não se ache debaixo de sua jurisdição, a não ser que satisfaça, à vista, seu importe ou tenha convencionado, de antemão, com o vendedor, a fixação da época de pagamento. Se o vendedor estiver sujeito à jurisdição do funcionário, o pagamento será feito no prazo de quarenta dias.

---

(27) Edward McNall Burns – *História da Civilização Ocidental* – Trad. de Lourival Gomes Machado e Lourdes Santos Machado. Ed. Globo. P. Alegre.

Destarte, retirava-se do *sheriff* a competência para exercer a sua excessiva autoridade judiciária fora de sua comarca e ainda ampliava-se o prazo para a liquidação dos compromissos.

Art. 43 – Haverá em todo o Reino uma mesma medida para o vinho e a cerveja assim como para os cereais (grãos). Esta medida será a que atualmente se emprega em Londres. Todos os panos se ajustarão a uma mesma medida, em largura, que será de duas varas. Os pesos serão, também, os mesmos para todo o Reino.

Dois méritos ofereceu o dispositivo acima: a repressão à fraude, em abono das classes pobres, consumidoras, e a antecipação ao sistema métrico que somente foi imaginado em França no ano de 1670, pelo abade Gabriel Monto, tomando por base o minuto de um grau meridiano. Desse ano em diante, outros cientistas cuidaram do assunto, como, por exemplo, o inglês Wren, o francês Picard, o holandês Huigens e ainda o francês La Condamine, – todos eles concebendo por unidade a extensão do pêndulo, por segundos. Só em 1790 Talleyrand apresentou o seu famoso projeto de unificação, convertido um ano depois na lei de 30 de março, que tomou por base do nosso sistema atual o quarto do meridiano terrestre. Mas, a Magna Carta foi a precursora dessa unificação de pesos e medidas e os seus intuitos foram naturalmente de amparar o povo, vítima das extorsões.

Art. 44 – Não se cobrará nada para o futuro pelos "writs" ou cédulas de inspeção a favor de quem queira uma informação, por haver perdido a vida ou algum de seus membros qualquer indivíduo; pelo contrário, serão dados grátis e nunca serão negados.

Parece-nos que o inciso supracitado foi também uma antecipação do hodierno processo de acidente no trabalho. Admitia-se, assim, a indenização pela perda de um membro ou órgão do corpo e as informações ou certidões seriam isentas de pagamentos. Tal inciso equivale ao seu semelhante da Lei das XII Tábuas, excetuando-se nele o primitivíssimo talião para o caso em que não houvesse a compensação do dano pessoal.

162

Art. 47 – Nenhum bailio ou outro funcionário poderá obrigar a quem quer que seja a defender-se por meio de juramento ante sua simples acusação ou testemunho, se não for confirmado por pessoas dignas de crédito.

Sabemos que o juramento constituía parte importante em qualquer processo e a coação de um funcionário para que alguém o prestasse, ocasionaria certamente a sua condenação antecipada.

Art. 48 – Ninguém poderá ser detido, preso ou despojado de seus bens, costumes e liberdades, senão em virtude de julgamento de seus pares, segundo as leis do país.

Este inciso democrático poderia ser encaixado em qualquer legislação penal contemporânea, apenas com uma simples adaptação de texto.

Art. 49 – Não venderemos, nem recusaremos, nem dilataremos a quem quer que seja a administração da justiça.

Este dispositivo vale pela evidência da probidade administrativa que se inaugurava na Inglaterra, cuja justiça é um dos seus maiores galardões. Recordemos que, na França, uma das causas da Revolução Francesa de 1789 foi a venalidade dos cargos públicos e a exclusividade na nobreza para o exercício das magistraturas.

Art. 53 – Se alguém proceder de uma terra que se agregue, em seguida, às nossas possessões por confisco ou por qualquer outra coisa, como Wallingford, Bolônia, Nottingham e Lancaster, que se acham em nosso poder, e o dito indivíduo falecer, – seu herdeiro nada deverá, nem será obrigado a prestar mais serviços que os que prestava quando a baronia estava em posse do antigo dono e não era nossa. Possuiremos dita baronia debaixo das mesmas condições que os antigos donos, sem que, por causa disso, pretendamos o serviço militar dos vassalos, a não ser que algum possuidor de um feudo pertencente à dita baronia dependa de nós por outro feudo, com a obrigação do serviço militar.

Desta maneira, o herdeiro de um vassalo falecido, não somente não respondia pelas suas dívidas, nem era obrigado ao serviço militar, nem seriam alteradas as condições econômicas da baronia agregada à coroa.

Art. 58 – Ninguém será encarcerado, a pedido de uma mulher, pela morte de um homem, a não ser que este tenha sido seu marido.

Restringindo à mulher comum a faculdade de denunciar ou delatar, a lei inglesa ressalvava, todavia, a situação da mulher casada. Este artigo trazia o mérito de evitar uma prisão injusta e de ressaltar as prerrogativas que a mulher adquiriu na Inglaterra através dos tempos e tão relevantes que o próprio Spencer chegou a escrever em 1891: – "Não é urgente nem na Inglaterra nem na América conceder mais vastos direitos à mulher, no ponto de vista da sua associação doméstica com o homem".[28]

Art. 60 – Nenhum *sheriff* ou outro funcionário reunirá seu tribunal senão duas vezes por ano e no lugar devido e acostumado, uma vez depois da Páscoa da Ressurreição e outra depois do dia de São Miguel. A inspeção ou exame das finanças, que mutuamente, se prestam os homens livres de nosso Reino, se verificará no mencionado tempo de São Miguel, sem obstáculo nem vexação de qualquer espécie; de maneira que cada um conserve suas liberdades, tanto as que se teve e se acostumou a ter em tempo de nosso ascendente o Rei Henrique, como os adquiridos posteriormente.

Este dispositivo constitucional veio em socorro dos contribuintes, obrigados a obedecer às convocações arbitrárias dos *sheriffs* e esclarecer que o comparecimento nas épocas fixadas seria sem vexames. Esboçava-se nele o parlamentarismo das baixas câmaras, ou dos comuns. E o Rei abjurante e hipócrita era obrigado a reconhecer que a conservação das liberdades nele invocadas advinham do seu pai, de quem não herdara as boas qualidades.

---

(28) Herbert Spencer – *A Justiça* – Trad. de Augusto Gil. Ed. Aillaud. Lisboa.

Art. 62 – Ficará proibido ao *sheriff* oprimir e vexar a quem quer que seja, contentando-se com os direitos que os *sheriffs* costumavam exercer em tempo do nosso ascendente o Rei Henrique.

Vê-se que a Magna Carta foi uma apologia de velhas leis inglesas, tanto dos antigos soberanos como do tempo de Henrique II, o imaginador de um tribunal em cada província, a fim de evitar o caso daquele pobre litigante citado por Maurois, que "correra durante cinco anos no encalço de seus juízes". Criava-se, assim, um freio às investidas das autoridades judiciárias e deixava-se gravado bem nitidamente que era proibido "vexar a quem quer que seja".

Comparando-se esses princípios jurídicos e acauteladores com os costumes medievais, ver-se-á que a Magna Carta não firmou apenas privilégios para a nobreza e a prelazia. Eles são corretivos e democráticos e a sua influência está evidente em todas as constituições modernas.

Mais tarde, em 1689, veio a Declaração de Direitos (Bill of Rights), que, em seus 13 artigos, consolidou ideais políticos do povo inglês. Ela vedava ao Rei a autoridade de suspender o cumprimento das leis, proibia cobrança de impostos que não fossem votados pelo Parlamento, exigia o direito de petição ao Rei, impugnava as prisões ilegais, exigia a anuência do Parlamento para a criação de exércitos em tempo de paz, reclamava a liberdade para as eleições ao Parlamento , exprobava as finanças exorbitantes e os impostos excessivos, proclamava que a lista dos jurados eleitos deveria ser feita na devida forma e com as notificações necessárias, anulava as concessões abusivas e as confiscações ilegais e impunha que os Parlamentos fossem convocados para "corrigir, afirmar e conservar as leis".

Não podemos concordar em que os redatores da Magna Carta e os seus defensores perante a Corte inglesa não tivessem a compreensão da imperiosa necessidade da união nacional, ou melhor, a solidariedade ativa de todos os que seriam por ela beneficiados e protegidos.

Mesmo admitindo-se a indiferença da nobreza em relação ao povo, devemos considerar que culta era a prelatura que constituíra a alma do movimento e daí a possibilidade de sua influência e de sua clarividência extensiva às classes inferiores daquela nação.

É possível que as idéias d'*A Política* lhes tenham surgido a mente, porquanto bastante divulgado era este conceito socrático que o filósofo de Stagira desposara: – "Diz Sócrates que o legislador, ao compor suas leis, deve ter sempre os olhos fixos em duas coisas: o país e os homens".[29] De sorte que a exclusão do elemento humano naquela cruzada política seria improfícua e desajustante e não daria seiva às raízes do legalismo que se impunha.

Ademais, naquela conjuntura, sucedeu precisamente o contrário daquilo que Rui Barbosa observou contemporaneamente nos momentos culminantes das transmutações políticas: – "Nas crises de transformação social ou política, a corrente dominante propende, sempre, pela natureza das coisas, a exceder o limite da razão e exerce sobre os espíritos uma ascendência intolerante, exclusivista e radical".[30]

Na Inglaterra, a corrente *revolucionária* não foi, todavia, a corrente dominante, mesmo porque a revolução que se operou no mundo britânico foi uma revolução de caráter jurídico e, tanto melhor, porque uma vitória armada, com o destronamento de João Sem Terra não produziria, séculos afora, uma impressão tão demarcadora dos princípios constitucionais.

Estudando a transição do estado servil para o estado de liberdade profissional ou trabalhista, Spencer adianta que "Um século depois, a Magna Carta pôs um travão ao arbítrio governativo e às restrições de liberdade que dele resultaram para os cidadãos". E adiante, em abono aos serviços e vantagens que a relevante carta prestou, em seguida, por etapas, ao comércio livre e à liberdade individual: – "A influência crescente das classes mercantis traduzia-se na liberdade de circulação concedida aos negociantes estrangeiros. E, quando um século mais tarde o laço que prendia o servo à terra se afrouxou primeiro e se rompeu definitivamente depois, o trabalhador, integrado na posse plena da sua liberdade, adquiriu o direito de locomoção sem peias".[31]

Já tivemos ensejo de dizer que a Carta inglesa levou mais de meio século para ser definitivamente reconhecida e respeitada pela coroa, donde advém que os seus favores políticos não foram imediatamente gozados, nem pelo alto clero, nem pela nobreza, nem pelos burgueses e nem pelos servos.

É bem verdade que a simples existência de tal documento, revestido de tamanha autoridade legal, já era o bastante para que cada um, na parte que lhe competia no estado inglês, ti-

(29) Aristóteles – *A Política* § *4º Cap. III* Atena Editora – S. Paulo. 1950.
(30) Rui Barbosa – *A Constituinte de 1891* – Ed. do M. da Educação. Rio. 1946.
(31) Herbert Spencer – *A Justiça* – Versão de Augusto Gil. Ed. Aillaud. Lisboa.

vesse a convicção de um direito, pelo qual deprecasse e pelo qual pudesse lutar e morrer, dentro das raias do seu civismo.

Porque, em verdade, ali estava um direito constitucional exarado dentro de um molde clássico e admirável e o que não podemos deixar de estranhar no presente é que Jenks, professor de direito e espírito judicioso, estudasse clarividentemente o direito de sua pátria, não fazendo menção à Magna Carta no seu livro "El Derecho Inglés".[32]

Talvez porque ela não carecesse mais de nenhuma citação, para ser consagrada como fonte ou como modelo do direito político dos povos.

Oliveira Lima deixou na sua "História da Civilização" esta frase exata e condizente com o destino da carta constitucional dos ingleses: – "Nem sempre a Magna Carta foi respeitada, mas sempre foi invocada como salvaguarda e, neste caso, com êxito".

De fato, se ela não exerceu sempre uma função controladora sobre o poder real; se foi mais de uma vez repudiada; se não teve um cumprimento correspondente à finalidade para a qual foi exarada – não foi porque sua estrutura não condissesse com as razões profundas de sua existência.

O seu relegamento foi uma reação da autocracia tocada pela letra de fogo da lei de salvação nacional. E a benemerência de uma legislação nem sempre está na sua imediata objetividade. Ela pode existir em potencial, até o momento em que se evidencie em toda a plenitude, reparando as injustiças anteriores e exercendo um sentido de realidade benéfica.

Não se trata, porém, daquela "experimentação legislativa", de que nos fala Cruet, considerando que "Um princípio, na ordem política, só é bom se tiver bom êxito".[33]

A experimentação legislativa seria sempre perigosa em qualquer organismo estatal, porque poderia importar muitas vezes num recuo nocivo e oneroso para os interesses coletivos. Kelsen contrapõe-se à criação de uma norma jurídica, em base experimental, expondo que "los hechos que condicionan la existencia de una norma jurídica – la presencia de un hecho de creación normativa y la ausencia de un hecho de anulación de la norma – no son, portanto, la base de la existencia de la norma".[34]

---

(32) Edward Jenks – *El Derecho Inglés* – Trad. de J. Peniagua. Edit. Reus. Madrid. 1930.
(33) Jean Cruet – *A vida no Direito e a inutilidade das leis*, já citado.
(34) Hans Kelsen – *La idea del Derecho Natural y otros ensayos*, idem.

A Magna Carta
Fantasma de reivindicações para os João Sem Terra contemporâneos

Processo criminal do Contestável de Bourbon ante a corte dos pares e barões da França, em 1523 – tirado de La Monarchie françoise, *de Montfaucon*

Ora, a Magna Carta não levou o seu longo período de arquivamento pelo fato de ter sido imposta por ensaio ou verificação de eficiência pelo uso. Na sua fase de hibernia, ela possuía exação na alma do Estado inglês e uma salutar influência nos ambientes de cultura onde se conhecia a sua vitalidade adormida.

Por uma coincidência do destino, naquele mesmo ano da promulgação inglesa de 1215, Gêngis-Cã, depois de cinco anos de devastações, atingia Pequim e destruía, com sua neurose diabólica, os monumentos de arte e queimava, em holocausto à barbaria, os documentos preciosos da filosofia e da literatura da China.

Do feroz conquistador mongol nem as cinzas restam, enquanto João Sem Terra, abjurante e hipócrita, ainda hoje é relembrado, só pelo simples fato de ter sinetado, de mau humor, a carta modelo das liberdades constitucionais.

Os romanos, à semelhança dos gregos, possuíam uma divindade a que chamavam *Spes*, Esperança. Era representada por uma jovem ninfa, de expressão doce e serena, coroada de flores e sorrindo, a qual parecia acenar com um ramo víride, para aqueles que iam adorá-la no seu templo gracioso. E a deusa *Elpis* não lhes podia dar a Justiça de Júpiter, nem os frutos de Ceres, nem a beleza de Vênus, nem a luminosidade de Apolo. No seu altar de mármore, ela podia dar aos que a invocavam apenas ânimo, consolação, esperança.

A Magna Carta, durante a sua fase de óbice, foi tal qual a *Elpis* dos gregos e a *Spes* dos romanos: foi sempre para a consciência política do mundo uma Esperança.

Capítulo VII

DECLARAÇÃO DOS DIREITOS
DO HOMEM E DO CIDADÃO

Se fôssemos julgar a Revolução Francesa pelas conclusões que Scipio Sighele deu ao seu livro "A multidão criminosa", então já teria sido feito um libelo crime acusatório contra os Enciclopedistas, pois o autor do mesmo ensaio de psicologia coletiva arquiteta esta fórmula conclusiva e paradoxal: — "Visto que a opinião do maior número não é, no fundo, afinal, senão a opinião dos homens superiores penetrada lentamente na multidão, o despotismo da maioria reduz-se portanto *ao despotismo das idéias geniais, quando a sua aplicação é oportuna e amadurecida.*"[1]

Nunca ninguém deixou de reconhecer no povo francês, empobrecido e escravizado pelos Bourbons, o direito de reação e de reivindicação; porém nunca se deixou profligrar aqueles excessos e aquelas crueldades praticadas em nome da lei e da justiça.

Rousseau, que naturalmente teve maior relevo entre os disseminadores de idéias geniais, quando, no "Contrato Social", procura estabelecer os "meios para atalhar as usurpações do governo", considera no capítulo XVIII, de início, que "Il est vrai que ces changements sont toujours dangereux".[2] Não lhe pesa à memória a responsabilidade da divulgação, em receita venenosa, das suas altruísticas concepções políticas. Afrânio Peixoto recorda que "Marat, em 1788, lia nas praças

---

(1) Scipio Sighele – *A multidão criminosa* – Trad. A. Lima. Aillaud e Bertrand. Lisboa.
(2) J. J. Rousseau – *Du Contrat Social* – É certo que essas mudanças são sempre danosas e que nunca se deve tocar no governo introduzido, se não oposto ele ao bem público; mas tal circunspecção é conselho de política, não regra de direito, e o Estado não é mais compelido a deixar a autoridade civil a seus chefes, que a militar a seus generais.

públicas o *Contrato Social* a assistentes entusiasmados".[3] Porém não foi naquele livro de Jean Jacques que o médico sangüinário, nascido na Suíça e autor do panfleto *As cadeias da escravidão*, aprendeu a incentivar os saques e a dizer que o único meio de paralisar as agitações dos seus comparsas revolucionários estava em "decapitar, decapitar, decapitar sempre".

Voltaire, que foi admirado pelos grandes soberanos do seu tempo e que nunca perdeu oportunidade de satirizar a realeza, empenhou-se num dos mais rumorosos processos da história, que foi o de Jean Calas, cuja reabilitação conseguiu depois de uma luta judiciária de quatro anos.

André Maurois aprecia a moderação do autor de "Candide" neste período de sua biografia: — "O Rei dá trinta e seis mil libras, a título de reparação, à viúva, e Voltaire escrevia um *Tratado da Tolerância* para demonstrar que todo homem tem o direito de ter e de exprimir a opinião que lhe parece justa, desde que não perturbe a ordem pública."[4]

Montesquieu, cuja influência "De l'esprit des lois" foi universal e cujo nome foi reivindicado pelos constituintes franceses como de seu mestre, após considerar com horror os regimes despóticos, nos capítulos VIII e IX do seu famoso livro, considera, entretanto, no capítulo seguinte: — "Il y a pourtant une chose que l'on peut quelquefois opposer à la volunté du prince: c'est la religion".[5]

Já se vê que as *idéias geniais* não exerceram nenhum despotismo, através das multidões que enodoaram de sangue as mais belas páginas da Revolução Francesa, pois as suas unidades humanas nunca haviam sido penetradas das persuasões filosóficas dos Enciclopedistas.

Não podemos mesmo condescender com a existência de um princípio de igualdade, porquanto a própria *Declaração dos Direitos do Homem* foi levada concordantemente à sanção real. Não se ajustariam ao caso as razões aristotelianas: — "Efetivamente, uma realeza perpétua, estabelecida sobre cidadãos iguais destrói a igualdade; e geralmente todas as revoluções têm por objetivo o restabelecimento da igualdade".[6]

É necessário, pois, que se não salpiquem os intelectuais que propagaram princípios democráticos antes da Revolução Francesa, com o sangue de muitos inocentes e de muitos ho-

---

(3) Afrânio Peixoto – *Poeira da Estrada* – 2ª ed. Livr. Francisco Alves. Rio.

(4) André Maurois – *Voltaire* – Trad. de Aurélio Pinheiro – Pongetti. Rio.
(5) Montesquieu – *Esprit des Lois* – Ed. Didot & Cie. Paris. 1877.
(6) Aristóteles – *A Política* – Atena Editora. S. Paulo. 1950.

mens de cultura, como por exemplo André Chenier, Bailly e Malesherbes.

Charles Seignobos, na "História Sincera de la Nación Francesa", que contradiz o conceito generalizado da miséria da França antes da revolução, alegando o seu desenvolvimento comercial e agrícola, apresenta-nos este argumento original: — "Esta impresión de progreso inspiraba optimismo y justificaba la esperanza de un mejoramiento más rápido. La generación que iba a hacer la Revolución era entusiasta, estaba animada por una ingenua confianza en el porvenir que le hacia creer que la buena voluntad era suficiente para transformar una sociedad".[7]

A nação inteira, por todos os seus poros sociais, aspirava, de fato, por uma transmutação política, a estabelecer-se num nível de liberdade e de igualdade, porém sem os desmandos e as violências que culminaram no saturnismo dos próprios revolucionários.

Da reação da Assembléia Constituinte, até o famoso *Te Deum*, em que o seu presidente se ajoelhou numa almofada ao lado de Luís XVI, tudo se processou dentro de uma fórmula de legalidade; daí por diante a tempestade se desencadeou de uma maneira imprevista, com as multidões enlouquecidas pelas ruas de Paris e pelas províncias e a gentalha irresponsável, dirigida pelos loucos e pelos degenerados, dominou a situação e superou alguma tentativa de equilíbrio policial. Ademais, a imprensa vermelha começara a distilar fel na alma nacional e ainda hoje sentimos a sua viscosidade nas transcrições de seus artigos, entre os quais os de *La France Libre* e *Las Revoluciones de Paris*.[8]

Porém toda aquela desordem e aquela autofagia tinham as suas raízes na sedimentação de um passado em que o individualismo reduzira a massa indefesa à condição semelhante aos servos da gleba da Idade Média.

Thiers, que recolheu os informes ainda cálidos da Revolução Francesa, recompõe o espírito daquele momento culminante: — "Ainsi tout concourait à une révolution. Un siècle entier avait contribué à dévoiler les abus et à les pousser à l'excès; deux annés à exciter la revolte, et à aguerrir les masses populaires, en les faisant intervenir dans la querelle des privilègiés. Enfin des desastres naturels, concours fortuit de diver-

---

(7) Charles Seignobos – *História sincera de la Nación Francesa* – Trad. cast. de J. M. Guarnido. Ed. Losada. B. Aires. 1950.
(8) E. Barriobero y Herrán – *Processo y ejemción de Luís XVI* – Ed. Mundo Latino. Madrid. 1931.

ses circonstances, amenèrent la catastrophe, dont l'époque pouvait être différée, mais dont l'accomplissement était tôt ou tard infailible".[9]

Desta apreciação do historiador francês, que recompôs também a *História do Consulado e do Império*, chega-se à percepção da existência de uma revolução em potencial, antes de 1789, porém à espera do ambiente favorável, proporcionado pelo clamor das reivindicações populares, acordadas pela verbiagem clangorante dos comícios.

Nenhum historiador desapaixonado procurou até hoje obscurecer os profundos motivos da Revolução Francesa, sulcados na consciência nacional pela venalidade da magistratura, pela persistência de odiosos privilégios feudais, pelas *lettres de cachet*, pelo embaraço ao livre exercício das profissões, por tudo aquilo que constituía um estado de fermentação ou de efervescência social.

Porém poucos justificaram os excessos revolucionários que culminaram no Terror. O que se ouvia nas praças públicas, o que se lia na imprensa vermelha, não eram as palavras dos enciclopedistas e sim a verborragia dos demagogos e dos incendiários, numa volúpia de destruição e de vingança.

No empolgante Manifesto à Europa, que Lamartine redigiu durante a Revolução de 1848, explicou-se o papel que havia tido o povo francês, anteriormente: — "En 1792, le peuple n'était que l'instrument de la révolution, il n'en était pas l'objet. Aujourd'hui la révolution s'est faite par lui et pour lui".[10]

É necessário, pois, que se considere com maior elevação o sentimento daquela obra político-social dos homens que conceberam a melhoria da condição humana e a finalidade do Estado em bases legais, favorecidas pela civilização que não podia retroceder a um primitivismo adormecido sob a poeira e o bolor dos séculos.

Culpa alguma tiveram eles de que o seu esmerado trabalho intelectual fosse superado pela brutalidade da massa revolucionária.

No pórtico deste livro, tivemos ocasião de nos referir àquele "princípio de legislação universal", sustentado por Kelsen em "La Idea del Derecho Natural y otros Ensayos". E, neste capítulo referente à Declaração dos Direitos do Homem e

---

(9) M. A. Thiers — *Histoire de la Révolution Française.* 15 ed. Soc. Typ. Belge. Bruxelles. 1840.

(10) A. de Lamartine — *Histoire de la Révolution de 1848* — Libr. Wouters. Bruxelles. 1849.

do Cidadão, ajustados à Revolução Francesa, vamos evidenciar as alterações ou semelhanças entre aqueles elementos jurídicos e orgânicos e as legislações anteriores e subseqüentes.

Leibniz, em 1702, em suas "Consideraciones" sobre la doctrina de un espiritu universal", assentava em que "no hay jamás pensamiento abstracto que no esté acompañado de algunas imágens o huellas materiales, y he estabelecido un *paralelismo* perfecto entre lo que pasa en el alma y lo que sucede en la materia, habiendo mostrado que el alma con sus funciones es cosa distinta de la materia, pero que, sin embargo, la acompañan siempre los órganos que le deben corresponder, lo cual es recíproco y será siempre".[11] Firmava-se, assim, a convicção da não existência de uma coincidência solitária dentro da universidade das coisas e compreendia-se aquele seu exemplo de que não seria possível traçar-se uma linha, sem encontrar-se "una noción o regla o ecuación común a todos los puntos de esta línea, en virtu de la cual estos mismos cambios deben ocurrir".

Amédée Jacques procurou reduzir essa idéia numa frase burilada: — "Tout celá se dit d'un seul mot: les lois de la raison sont *universalles*; et c'est une entreprise aussi vaine de vouloir tirer l'universel du particulier que, de l'imparfait et du fini, l'infini, l'infini et le parfait".[12]

Num capítulo em que se esquematizam as "Representaciones individuales y representaciones sociales", Durkheim expõe lucidamente: — "Dentro de este orden de ideas, se puede prever más aún, se decir, que todas las organizaciones tengam entre si caracteres comunes, cuyo descubrimiento seria de una evidente utilidad".[13]

Essas concepções de paralelismo ou de semelhanças levaram John Dewey a esclarecer que não eram inéditas as idéias expressas na "Declaração de Independência" dos americanos, pois o próprio Locke "tinha atrás de si uma tradição que antedatava de muito os escritos de Locke".

Porém, ajuntava o mesmo biógrafo: — "Havia, contudo, algo de distinto, algo de original na Declaração. Não estava, entretanto, nas idéias pelo menos tão velhas quanto Aristóteles

---

(11) Leibniz – *Tratados Fundamentales* – Trad. cast. de Vic. Quintero. Edit. Losada. B. Aires, 1946.

(12) Amédée Jacques – *Manuel de Philosophie* – Libr. Hachette. Paris. 1869.

(13) Emílio Durkheim – *Sociologia y Filosofia* – Trad. de J. M. Bolano (hijo). Ed. Kraft. B. Aires. 1951.

e Cícero, no direito civil expresso por Pufendorf e outros e na filosofia política dos padres da igreja".[14]

Conquanto Aristóteles se resignasse ao sistema escravocrata grego, dele poderemos citar este período d'A Política: — "Porque é evidente que não pode existir, para o homem de bem que obedece, mas que é livre, uma só e única virtude, como a justiça, por exemplo, — mas que várias existem, conforme ele mande ou obedeça".[15]

A seqüência do pensamento universal concòrdante com os direitos humanos começa verdadeiramente com Rousseau. Ninguém, antes, fizera melhor apologia dos direitos e das liberdades humanas, explanando com clareza e apresentando soluções irrefutáveis e corajosas, capazes de encontrar eco em todas as nacionalidades e em todos os espíritos esclarecidos.

O "Contrato Social" foi uma bíblia política sobre a qual se debruçaram até hoje todas as consciências, encontrando sempre nele soluções imediatas ou convicções consoladoras. Podemos mesmo dizer que os átomos de Rousseau estão palpitando em todas as constituições democráticas de ontem e de hoje, sem que se possa depreender qualquer pensamento de servilismo jurídico.

A exposição inicial do seu livro é uma espécie de prelúdio do direito constitucional contemporâneo ou o átrio do edifício do direito moderno. Neste marco inicial, vamos encontrar estes princípios basilares: — "O homem nasceu livre". "A ordem social é um direito sagrado".[16]

Prosélitos que somos do direito natural, achamos, todavia, muito exagerada esta opinião do prof. Henry Nézard: — "Cette théorie du Contrat Social est scientifiquement fausse; il n'y a pas d'exemple historique d'une semblable convention".[17]

O direito penetrante dos nossos dias e a "Declaração dos Direitos do Homem", das Nações Unidas, refutam, entretanto, este comentário do constitucionalista da Faculdade de Direito da Universidade de Caen.

Encaminhemo-nos agora pela estrada do paralelismo, ou da disseminação das idéias que têm constituído um vínculo de universalidade.

---

(14) John Dewey — *O Pensamento vivo de Jefferson* — Trad. de Leda Boechat. Livr. Martins. S. Paulo. 1942.
(15) Aristóteles — *A Política* — Trad. de Nestor S. Chaves. Atenas Edit. S. Paulo. 1950.
(16) Rousseau — *Contrat Social* — Libr. de la Bibliothèque Nat. Paris. 1873.
(17) Henry Nézart — *Elements de Droit Public* — Rousseau & Cie., Edit. Paris. 1946.

A "Declaração de Independência" americana antecedeu dezessete anos a "Declaração dos Direitos do Homem", dos franceses. Malgrado Washington, ao entrar em Boston, haver se manifestado convictamente pela emancipação, ainda perdurava certa dúvida a respeito do rompimento dos liames políticos com a Inglaterra. Em 7 de junho, Richard Henry Lee decide-se a propor ao Congresso uma moção decisiva. Prepara-se, então, a Declaração de Independência, confiada à clarividência de uma junta composta de três homens notáveis: — Benjamin Franklin, John Adams e Thomas Jefferson.

Porém, deles, o último era reconhecidamente o mais moderado, conquanto "eloqüente, franco, explícito e resoluto". Foi ele o escolhido para a tarefa de redigir aquele documento de caráter internacional, pois "A Declaração da Independência era dirigida ao mundo inteiro", conforme nos diz André Maurois.[18]

E assim foi ela proclamada na reunião do Congresso de 4 de julho de 1776. O seu exórdio é uma justificativa dos motivos que levaram o povo americano a tomar tal atitude revolucionária e decisiva: — "Quando, no decorrer dos acontecimentos humanos, se torna imperioso que um povo rompa os laços políticos que o unem a outro, assumindo junto às potências do globo o lugar que lhe compete como nação independente ao lado de seus pares, e de acordo com as leis da natureza e as leis de Deus, impõe o devido respeito às opiniões da humanidade que esse povo declare os motivos que levaram à separação".

Este antelóquio explicava suficientemente a decisão dos homens que se haviam reunido no Congresso de Filadélfia e o brado de "liberdade ou morte" de Patrick Henry na gloriosa Virgínia um ano antes.

Em seguida, vêm as razões fundamentais do diploma constitucional que os americanos guardam cuidadosamente na Biblioteca do Congresso:

— "Cremos axiomáticas as seguintes verdades: que todos os homens foram criados iguais; que lhes conferiu o Criador certos direitos inalienáveis, entre os quais o de vida e de liberdade, e o de procurarem a própria felicidade; que, para assegurar esses direitos, se constituíram entre os homens governos cujos justos poderes emanam do consentimento dos governa-

---

(18) André Maurois – *História dos Estados Unidos* – Trad. de Godofredo Rangel. Edit. Nacional. S. Paulo. 1946.

dos; que sempre que qualquer forma de governo tenta destruir esses fins, assiste ao povo o direito de mudá-la ou aboli-la, instituindo um novo governo cujos princípios básicos e organizações de poderes obedeçam às normas que lhe parecerem mais próprias a promover a segurança e felicidade gerais."

Podemos recompor, sucintamente, a fase elaborativa dos Direitos do Homem e do Cidadão: – Thiers autorizadamente diz que, na famosa noite de 4 de agosto, ocuparam a tribuna da Assembléia Nacional o Visconde de Noailles e o Duque d'Aiguillon, procurando se conciliar com o povo por via de seus ataques ferozes ao feudalismo, M. Leguen de Kerengal, interpretando o camponês espoliado, agitando o auditório também contra o sistema feudal e Lally-Tolendal, estabelecendo esta fórmula para a sua completa adesão ao espírito declaratório: – "Livrez-nous la sanction royale et nous sommes amis". –

Podemos imaginar, pelas agitações parlamentares de hoje, as dificuldades com que Chapelier presidiu os trabalhos daquele vulcão revolucionário.

Um dos incisos mais calorosamente discutidos foi o 5º, atinente ao dízimo, pois ele ocasionava a destruição da agricultura e o empobrecimento dos pequenos proprietários, – conforme esclareceu Mirabeau.

E, no dia 15 de agosto daquele decisivo ano de 1789, os artigos foram apresentados a Luís XVI, que se julgou desafogado ao aceitar o título efêmero que lhe outorgavam de "restaurateur de la liberté française".

Enumera, então, o credenciador historiador da Revolução Francesa, os seguintes princípios, aprovados naquela "nuit mémorable":

- L'abolition de la qualité de serf;
- La faculté de rembourser les droits seigneuriaux;
- L'abolition des juridictions seigneuriales;
- La suppression des droits exclusifs de chasse, de colombiers, de garenne etc.;
- Le rachat de la dime;
- L'égalité des impôts;
- L'admission de tous les citoyens aux employs civils et militaires;
- L'abolition de la vénalité des offices;
- La destruction de tous les privilèges de villes et de provinces;
- La réformation des jurandes;
- Et la suppression des pensions obtenues sans titres.

Mignet, que é igualmente um dos honestos historiógrafos da Revolução Francesa, ao se referir a esse "auto de posse do direito em nome da humanidade", elucida: — "Quoique cette déclaration ne contint que des principes généraux, et qu'elle se bornât à exposer en maximes ce que la constitution devait metre en lois, elle était propre à élever les âmes et à donner aux citoyens le sentiment de leur dignité et de leur importance".[19]

Conforme se pode ler na *Gazette Nationale ou Le Moniteur Universel*, número 44, de 20 de agosto de 1789,[20] contendo a resenha dos trabalhos da Assembléia Nacional do dia anterior, três projetos de Declaração estavam em pauta, sendo o do dinâmico padre Conde de Sieyès aprovado por fim. Aliás, o seu autor já se destacara em anos anteriores, com a publicação de trabalhos políticos, entre os quais *Estudos sobre os privilégios*.

Diante dos preceitos declaratórios de 1789 e os de 1793 (que damos em apêndice), evidenciamos o seguinte: — os primeiros retratavam a alma revolucionária da França, num traço vigoroso, mas sem um exato movimento retilíneo; os segundos, admitidos pela Convenção Nacional e afixados no lugar de suas reuniões, constituíam nos seus 35 artigos de preâmbulos da Constituição Francesa um texto de maior amplitude e de mais acurado pensamento social. Daí dizer o prof. Mirkine que "A Declaração de 1793 não seguiu o ousado projeto de Robespierre"; mas ela estabeleceu já alguns direitos sociais e em seu artigo primeiro dispôs: — "O fim da Sociedade é a felicidade comum".[21]

Comentando a primeira elaboração de direitos, Maurice Duverget disse que "La Déclaration de Droits de l'Homme et du Citoyen a été rédigée avec hâte et désordre".[22] Porém é preciso considerar-se que o sentido jurídico da revolução não se acomodou aos direitos de 1793, porquanto ele mesmo confessa que "plus d'une douzaine de constitutions écrites se succèdent en moins d'un siècle (1789-1870)".

O essencial, — considerava Mirkine com justiça, — era "o estabelecimento, pela técnica constitucional da Revolução Francesa, fonte fundamental do direito constitucional moderno

---

(19) M. Mignet – *Histoire de la Révolution Française* – Libr. Didot. Paris. 1892.

(20) *Gazette Nationale* – Henri Plon. Imprimeur, Editeur. Paris. 1859.

(21) B. Mirkine-Guertzévitch – *As novas tendências do Direito Constitucional* – Trad. de Cândido Mota Filho. Edit. Nacional. S. Paulo. 1933.

(22) Maurice Duverger – *Les Constitutions de la France* – Presses Universit. Paris. 1950.

— dos *direitos do homem e do cidadão*, com a correspondente obrigação de o Estado respeitar estes direitos e os garantir".

Não interessava, pois, o *modus faciendi*, desde que "A Revolução Francesa criou um direito novo" e este serviu de orientação à mentalidade jurídica que se processou após a sua implantação violenta e renovadora.

Jean Cruet escreveu que, ao ser elaborado o projeto do Código Civil Francês, havia-se exarado, nas suas justificativas, esta frase: — "Existe um direito universal e imutável, fonte de todas as leis positivas: é a razão natural, dado que governa os homens".[23]

Não seria essa "razão natural", essa causa geral do conhecimento, ou essa da concepção idêntica, que teria despertado no ateniense Péricles aquela igualdade de direitos humanos, na oração admirável pronunciada diante das urnas com as cinzas dos heróis gregos do primeiro ano da guerra do Peloponeso?

Porque, estabelecendo-se um confronto com as Declarações de Direitos da Independência americana para os dias de hoje, pode-se deduzir que ele as antecipou em clarividência e universalismo, nesta frase: — "Nos assuntos particulares, todos são iguais perante a lei, mas só àqueles que se distinguem por algum merecimento se tributa consideração".[24]

Porém, queremos incidir diretamente sobre as constituições outorgadas depois da conflagração de 1914-1917, onde a influência das Declarações clássicas constituíram uma espécie de *pastiche*, ou melhor, aquilo que Mirkine-Guetzévitch denominou "fabrication en série".

Pode-se justificar a paridade constitucional em face da igualdade do fenômeno político-econômico para todos os povos atingidos pelas contingências bélicas; mas, a verdade é que vamos encontrar os direitos da Revolução Francesa marchetados nelas a papel carbônio, principalmente este famoso inciso: — *La loi doit être la même pour tous.*

E isto poderemos facilmente constatar, no folheio que fizemos das constituições européias enfeixadas pelo mesmo professor Mirkine-Guetzévitch, trabalho cuja leitura Marcel Prélot considera "n'est plus alors seulement de curiosité technique et de documentation juridique", pois é o espelho onde se reflete

---

(23) Jean Cruet — *A vida do Direito*. Edição Aillaud. Lisboa.
(24) Péricles — *Um Discurso* — Trad. de Eduardo Cruz. Livr. Ed. Nacional. Porto. 1941.

"le double drame de la division du continent et de la dispersion de l'Occident".[25]

Constituição da Albânia
(Vigorante em 15 de março de 1946)

Art. 12 – Tous les ressortissants sont égaux devant la loi.
Art. 18 – Il est garanti à tous les ressortissants la liberté de parole, de presse, d'organisation, de réunion, de ressemblement et de manifestation publique.

Alemanha (República Federal)
(Const. promulgada em 23 de maio de 1949)

Art. 3 – Tous les êtres humains sont égaux devant la loi.
Art. 4 – La liberté de croyance, de conscience et la liberté d'opinion religieuse et philosophique sont inviolables.
Art. 5 – Chacun a le droit d'exprimer et de diffuser librement ses opinions par la parole, la plume et l'image, et de s'instruire sans entraves aux sources accessibles.

Estado Livre da Baviera
(Const. votada em 20 de setembro de 1946)

Art. 102 – La liberté individuelle est inviolable.
Art. 118 – Toutes les personnes sont égales devant la loi.

Estado da Renânia
(Const. votada em 22 de abril de 1947)

Art. 1 – L'homme est libre.
Art. 17 – Tous sont égaux devant la loi.

País do Saxe
(Const. promulgada em 28 de fevereiro de 1947)

Art. 8 – Tous les hommes sont égaux devant la loi.
Art. 9 – La liberté de la personne est inviolable.

---

(25) B. Mirkine-Guertzévitch – *Les Constitutions Européennes* – Presses Universitaires de France. Paris. 1951.

Áustria
(Const. de 30 de julho de 1925, revisada em 1945)

Art. 7 – Tous les citoyens sont égaux devant la loi. Il ne peut être établi de privilège fondé sur la naissance, le sexe, l'état, la classe ni la confession.

Bélgica
(Const. de 7 de fevereiro de 1931)

Art. 6 – Les Belges sont égaux devant la loi.
Art. 7 – La liberté individuelle est garantie.
Art. 14 – La liberté des cultes, celle de leur exercice public, ainsi que la liberté de manifester ses opinions en toute matière, sont garanties, sauf la répression des délits commis à l'occasion de l'usage de ces libertés.

Bulgária
(Const. adotada em 4 de dezembro de 1947)

Art. 71 – Tous les citoyens de la République Populaire de Bulgarie sont égaux devant la loi.
Art. 78 – La liberté de conscience et de culte est garantie aux citoyens, ainsi que libre exercice des rites religieux.

Finlândia
(Const. de 17 de julho de 1919, modificada em 1944)

§ 5, Tit. 1 – Les citoyens filandais sont égaux devant la loi.
§ 6 – La loi garantit à tout citoyen filandais sa vie, son honneur, sa liberté personelle et ses biens.

França
(Const. promulgada em 27 de agosto de 1946)

Forja da Declaração de Direitos, era natural que a constituição francesa guardasse o antigo calor elaborativo e daí fagulhas que se encontram no seu magnífico texto. E como uma dignificante homenagem e compreensão com o seu passado, a Assembléia Nacional Constituinte, ao adotar a sua carta política em nome do povo francês, registrou coerentemente no seu preâmbulo: – "Au lendemain de la victoire recomportée par les peuples libres sur les régimes qui ont ententé d'asservir et de dégrader la personne humaine, le peuple français proclame à nouveau que tout être humain, sans distinction de race, de religion ni de croyance, posséde des droits inaliénables et sacrés. Il réaffirme solennellement les Droits et Les Libertés de l'Homme et du Citoyen consacrés par la Declarations des Droits de 1789 et les principes fondamenteaux reconnus par les lois de la République".

Em seguida, vêm os incisos proclamatórios da igualdade de direitos entre o homem e a mulher; o direito de asilo; o direito de trabalhar; exclusão de origens em relação aos empregos; defesa dos interesses através da ação sindical; o direito de greve; garantia da propriedade; direito da família; proteção aos menores; igualdade de acesso às escolas públicas; fidelidade à tradição de não fazer guerra de conquista; união dos povos franceses sem distinção de raça e de religião; fidelidade à democracia em todas as manifestações da vida.

Podemos afirmar, sem exagero, que a constituição francesa exprime o pensamento jurídico de seu passado, em harmonia com o seu presente e que a Declaração dos Direitos do Homem e do Cidadão palpita dentro no seu texto admirável, como o coração do seu sistema político.

Grécia
(Const. de 23 de maio de 1911)

Art. 3 – Les Hellènes sont égaux devant la loi.
Art. 4 – La liberté individuelle est inviolable.

Hungria
(Const. adotada em 18 de agosto de 1949)

Art. 49 – Les citoyens de la R. P. H. sont égaux devant la loi et jouissent tous des mêmes droits.
Art. 54 – La R. P. H. garantit à citoyens la liberté de conscience et le droit au libre exercice de la religion.

Irlanda
(Const. ratificada em 1º de julho de 1937)

Art. 40 – En tant que personnes humaines, tous les citoyens seront égaux devant la loi.
§ 6º – L'État garantit la liberté d'exercer les droits suivants, sans préjudice de l'ordre et de la moralité publics:
– Droit pour les citoyens d'exprimer librement leurs convictions et opinions.

Itália
(Const. promulgada em 27 de dezembro de 1948)

Art. 13 – La liberté personnelle est inviolable.

Art. 21 – Il est reconnu à tous le droit de manifester librement leur pensés par la parole, par les écrits et par tous les autres moyens de diffusion.

Luxemburgo (Grão-Ducado)
(Const. de 17 de outubro de 1863)

Art. 11 § 3 – L'etat garantit les droits naturels de la personne humaine et de la famille.

Art. 12 – La liberté individuelle est garantie.

Mônaco
(Const. de 5 de janeiro de 1917)

Art. 5 – Les Monégasques sont égaux devant la loi. Il n'y a pas entre eux de privilèges.

Art. 6 – La liberté individuelle est garantie.

Polônia
(Const. de 22 de fevereiro de 1947)

Direitos primordiais da liberdade do cidadão, de acordo com "la line politique de la Nacion":

2º – L'immunité de la personne, la protection de la vie et des biens du citoyen;

3º – La liberté de conscience et de confession.

Portugal
(Const. de 19 de março de 1933, modificada até 1945)

Art. 8 – Les droits et garanties individuelles des citoyens portugais comprennent:

1º – Les droits à vie et à l'integrité personnelle;

4º – La liberté d'exprimer sa pensée sous une forme quelconque;

Rumânia
(Const. de 17 de abril de 1948)

Art. 16 – Tous les citoyens de la République populaire roumaine, sans distinction de sexe, de nationalité, de race, de religion ou de degré de culture, sont égaux devant la loi.

Sarre
(Const. de 15 de dezembro de 1947)

Art. 1º – Tout homme a droit au respect de sa personnalité individuelle. Le droit à la vie, à la liberté, au respect de la dignité humaine constitue, dans les limites posés par l'intérét publique, le fondement de l'organisation sociale.
Art. 3º – La liberté de la personne est inviolable. Elle ne peut être restreinte que par une loi.

Suíça
(Const. de 29 de maio de 1874, modificada em 11 de setembro de 1949)

Art. 49 – La liberté de conscience et de croyance est inviolable.
Art. 55 – La liberté de la presse est garantie.

Tchecoslováquia
(Const. de 9 de maio de 1948)

Cap. 1 – § 1 – Tous les citoyens sont égaux devant la loi.
§ 2 – La liberté de la personne est garantie. Elle ne peut être limitée ou suprimée qu'en vertu d'une loi.

Turquia
(Const. de 20 de abril de 1924, com as leis constitucionais até 1934)

Art. 68 – Tout Turc nait libre et vie libre.
Art. 69 – Les Turcs sont égaux devant la loi et sont, sans exception, obligés de la respecter.

União das Repúblicas Socialistas Soviéticas – U.R.S.S.
(Lei fundamental da União)

Art. 123 – L'égalité en droits des citoyens de l'U.R.S.S. sans distinction de nationalité et de race, dans tous domaines de la vie économique, publique, culturelle, sociale et politique est una loi imprescriptibile.

Iugoslávia
(Const. de 31 de janeiro de 1946)

Art. 21 – Tous citoyens de la République Populaire fédérative de Yougoslavie sont égaux devant la loi et égaux en droit sans distinctions de nationalité, de race et de confession.

Observamos também que a maioria desse papel-carbônio constitucional europeu ostenta esta respeitabilidade: – "La liberté du domicile est garantie".

Mas a influência da Declaração francesa não ficou somente na Europa, pois a Constituição Chinesa de 1º de janeiro de 1947 também reproduz os aludidos dispositivos dos empreendimentos constitucionais a que nos referimos:

Art. 5º – Tous les citoyens de la République Chinoise sont égaux.

Art. 7º – Les citoyens de la République Chinoise, sans distinction de sexe, de religion, de race, de classe et de parti, sont égaux devant la loi.

A Constituição da Índia, de 26 de janeiro de 1950, estabelece entre os direitos fundamentais da mesma República os seguintes:

1 – Direito à igualdade.
2 – Direito à liberdade, em geral.
3 – Direito à liberdade de religião.

Em relação ao Brasil e à adoção que fizemos da norma constitucional britânica, disse Carlos Maximiliano: – "Limitou-se a República, no Brasil, a desenvolver os dogmas da democracia firmados pelo Império que se inspirara em Benjamin Constant e nos exemplos do liberalismo inglês".[26]

---

(26) Carlos Maximiliano – *Comentários à Constituição Brasileira* – 2ª edição. Jacinto Ribeiro. Rio. 1923.

Entretanto, aqui poderemos constatar, nestes dispositivos do nosso direito constitucional, a fonte exuberante de 1789, de onde eles promanaram beneficamente:

Constituição de 24 de fevereiro de 1891:
Art. 72, § 2º – Todos são iguais perante a lei.

Constituição de 16 de julho de 1934:
Art. 113, Inciso I – Todos são iguais perante a lei.

Constituição de 10 de novembro de 1937:
Art. 122, Inciso I – Todos são iguais perante a lei.

Constituição de 18 de setembro de 1946:
Art. 141 § 1º – Todos são iguais perante a lei.

A própria Constituição do Império, de 25 de março de 1824, adotou o princípio declaratório no seu art. 179, Inciso 13:
– A lei será igual para todos.

Como acabamos de ver, a Declaração dos Direitos do Homem e do Cidadão tornou-se uma fonte inspiradora dos direitos universais e muitas das constituições que repetiram seus principais postulados não representam senão o sentir de cada povo, despertado para a fixação nacional de normas que, em verdade, constituem um patrimônio da humanidade.

Observamos, todavia, que os Estados da Europa, que constituem o satelício soviético, são os que expõem teoricamente, com maior veemência, esses princípios, conquanto na ordem prática sejam eles manietados pelos empeços da linha política interna.

Dir-se-ia que tais dispositivos aparecem nos edifícios constitucionais como plantas urticáceas, que crescem nas paredes e, como tal, prestam-se apenas ao papel de ornamentação.

Retornando, porém, ao professor Mirkine e em atinência à similaridade constitucional européia, queremos ainda recordar que o eminente mestre da Escola Livre de Altos Estudos de Nova Iorque disse a respeito das constituições elaboradas após 1918: – "Les Constitutions européennes de cette époque furent plus moins similaires, puisque les circonstances sociales et politiques des lesquelles elles ont été conçues, débattues et élaborées furent les mêmes".

Não adotamos inteiramente este pensamento. A maioria deve ter tido as mesmas circunstâncias, porém as ideologias políticas muito devem ter influído nos seus textos, ou mesmo o espírito de imitação prolongado desde os Direitos do Homem.

É o caso de se rotular certos diplomas constitucionais com aquela classificação de Carlyle: – *Constituições de papel*. Porque, realmente, só nas suas páginas a igualdade de direitos e a liberdade de pensamento estão lavradas.

Diferentes são as condições do Oriente e do Ocidente europeu e, conseqüentemente, diversas são as aplicações dos postulados escritos com o mesmo sentido. É ainda no passado, em Aristóteles, que encontramos uma significação para esse fenômeno: – "Las acciones realizadas pueden ser muy numerosas; y sin embargo, cada una de las leys que las arreglan es una, porque el principio es general".[27]

Quem ler em Thiers e outros historiadores criteriosos da Revolução Francesa, os antecedentes daquela transformação política e social que se estruturou em normas que transformaram o pensamento universal, estabelece certa compensação entre a sublimidade jurídica alcançada e os horrores cometidos em nome da lei.

As conquistas tabulárias foram conseguidas em Roma com menor sacrifício popular e o material com que Justiniano edificou o Direito Romano fora trabalhado lenta e minuciosamente através das épocas, resguardado das revoluções civis.

A Declaração dos Direitos dos franceses foi *ex-abrupta* e escrita ao se formar de uma única e monstruosa tempestade que fulminou os artífices dos seus próprios raios.

Havia, pois, uma condição especialíssima, um motivo primordial que degenerou em carnificina. E, se outros povos estavam premidos por circunstâncias idênticas, a Declaração penetrou-lhes pela consciência, indicando-lhes a paridade de atitude constitucional.

O filósofo Benedetto Croce justapõe, com precisão, o fenômeno: – "Como hecho histórico, la Declaración de 1789 tuvo su importancia, puesto que ha venido a expresar una general aquiescencia que se desarrolló en el seno de la cultura y de la civilización europea del siglo XVIII (la edad de la razón, de las luces, etc.), y venía a responder a una urgente necessidad de reforma política de la sociedad europea (incluyendo la sociedad europea en América)".[28]

---

(27) Aristóteles – *Los tres tratados de la ética* – Trad. de Patrício de Azcárate. Libreria El Ateneo. B. Aires. 1950.

(28) Benedetto Croce – *Los Derechos del Hombre y la situación histórica presente* – (Ed. da UNESCO). México. 1949.

Entretanto, o panorama europeu após 1918 não era todo análogo ao que se seguiu a 1789; pelo que não apresentaram sentido básico declaratório certas constituições, aparentemente democráticas.

E, retroagindo mesmo ao século passado, podemos ver que tal astúcia já encontrava o seu precedente significativo e o professor Bouglé diz em reforço: — "Parcourons les préambules des constitutions composés au XIX siècle, en Italie ou en Espagne, en Belgique ou en Prusse, à l'exemple de notre Déclaration, l'égalité des citoyens devant la loi. Presque toutes ajoutent aussitôt que les citoyens sont égaux devant les fonctions publiques, que toutes seront acessibles à tous."[29]

Elucidando as dificuldades da elaboração dos Direitos do Homem, pela UNESCO, em testada com as crises de valores individuais e sociais, Laski recorda Tucídides, que há uns dois mil anos dizia que os homens haviam deixado de se entender, "porque el significado de las palabras ya no tiene la misma relación con las cosas, sino que aquéllos las cambiaron a sua arbitrio."[30]

Em estimativa geral, os textos constitucionais desde 1789 foram benemerentes em relação à liberdade e à igualdade do Homem, porém ineficientes em sua realidade; devendo-se, todavia, ressalvar as intenções de muitos legisladores que os propuseram, na esperança de os verem concretizados após sua promulgação.

Sabemos que, muitas vezes, os chefes de estado aceitam, em tese, as iniciativas parlamentares, mas já prevendo a sua inexeqüibilidade por parte da entrosagem governamental.

Seria bem melhor que as constituições em vez de costumeiras e escritas, tivessem simplesmente esta nomenclatura: sinceras e capciosas.

E a Declaração de 1789 teve funda repercussão universal, porque foi, precisamente, um pronunciamento sincero dos revolucionários franceses.

Otto Flake, entusiasta dos princípios legais da Revolução, estabelece o seguinte paralelo, de certo modo exagerado, entre a declaração americana e a declaração de 1789: — "A declaração da independência americana fora lançada num tom de justificação e assemelhava-se à comunicação dum comerciante

---

(29) C. Bouglé – *La Démocratie devant la Science* – Libr. Alcan. Paris. 1923.

(30) Harold J. Laski – *Hacia una Declaratión Universal de Derechos del Hombre* – Ed Unesco. Fondo de Cultura Economica. México. 1949.

que faz saber aos seus fregueses que se tornou independente. Revelava em todos os termos um caráter másculo, como cumpria a puritanos que exerciam severo controle pessoal e honravam suas mulheres sem resquícios de erotismo. A declaração francesa dos direitos civis é produto de estado de alma diverso. O entusiasmo gera-se de energias que desconhecem o controle humano. Os homens que realizaram o 4 de agosto foram arrebatados pelo delírio criador."[31]

Diferentes, todavia, foram as causas e os ambientes em que se processaram as mesmas elaborações declaratórias. A declaração americana foi, de fato, estratificada num clima de menor exaltação parlamentar; todavia, estabeleceu, com energia, os postulados que se comunicaram psicologicamente aos revolucionários da França. O espírito latino e o espírito ianque teriam, naturalmente, que se manifestar em documentos políticos de tão relevante natureza, em desiguais estilos e em proposituras correspondentes às suas causas.

Para exemplo de prudência, poderemos recordar a resposta que Washington deu a Jay, em 1787, quando se sugeria a revisão do sistema federal americano, em memorável carta que Labolaye considera "mélange de simplicité, d'inquietude et de clair-voyance". Aconselhando maior estudo e observação da prática constitucional, disse ele: — "Mais l'esprit public est-il mur pour un pareil changement, et quelles seraient les conséquences d'une tentative prématurE? Mon opinion est que ce pays doit encore *sentir et voir* un peu plus avant que ce projet puisse s'accomplir".[32]

E ainda em abono ao conservantismo constitucional americano, herdado daquele primeiro "comerciante" que fizera saber "aos seus fregueses que se tornou independente", poderemos citar esta declaração feita por Paul Deschanel, vice-presidente da Câmara dos Deputados da França, em agosto de 1889, quando se aventava a modificação do sistema constitucional do mesmo país: — "Eh bien! si nous pouvons, si nous devons essayer d'imiter quelque chose en Amérique, c'est justement cela: cet esprit politique excellent, cette sagesse, cette modération d'un grand peuple qui, selon la parole de Webster, *se limite spontanément et fixe des bornes à sa propre souveraineté,*

---

(31) Otto Flake – *A Revolução Francesa* – Trad. de Alcides Rossler. Ed. Globo. P. Alegre. 1937.

(32) Edouard Laboulaye – *Histoire des États Unis d'Amerique* – Libr. Charpentier Paris. 1868.

Lápide da Lex municipalis, *editada sob Júlio Cesar*

*Tribunal de un bailio do rei
tirado de* Praxis rerum civilium *de Damhoudere (1557)*

qui sent que nul ne doit aller jusqu'au bout de son droit et de sa liberté, qui sait se gouverner parce qu'il se possède".[33]

Não poderia nunca haver paridade entre a externação política dos homens dos treze Estados Unidos da América e o documento básico dos revolucionários franceses, exarados compativelmente com as condições internas e psicológicas de cada povo.

E também não concordaríamos com a ironia de Thomas Carlyle que "Com debates intermináveis, nós obtivemos os *Direitos do Homem* escritos e promulgados: verdadeira base de papel de todas as constituições de papel." Acrescenta, todavia, o historiador minucioso: — "Ficou no esquecimento, exclamam os oponentes, declarar os Deveres do Homem. Esqueceram-se, acrescentamos nós, de formular os *Poderes* do Homem; uma das mais fatais Omissões!"[34]

É interessante, todavia, a opinião do prof. Sánchez Agesta no tocante à clarividência e à sobriedade que encontra no texto declaratório de 1789, malgrado a sua elaboração tumultuosa, como já vimos, e resultantes das energias que desconhecem o controle humano, no dizer de Flake: — "El texto de la declaratión se caracteriza por la sobriedad y simplicidad de su contenido y puede decirse que ésta ha sido en gran parte la razón de su éxito."[35]

Desta forma, adstritos a percepções sensoriais diferentes, os analistas sociais julgam as coisas e os fatos desta maneira: em parte, como realmente os mesmos se apresentam na vida e em parte como são vistos pela gradação de sua sensibilidade.

A tese, porém, é uma só: a extensividade indiscutível da Declaração dos Direitos do Homem e do Cidadão até os nossos dias.

Sintetizemos o motivo deste capítulo:

— Os princípios igualitários do homem já haviam sido concebidos pelos grandes pensadores da antiguidade e não constituíram criações ou expressões inéditas do século XVIII.

Montesquieu e Rousseau despertaram, mais que outros filósofos, o espírito universal para a proposição e a realidade dessas idéias.

Houve, na França, um clima favorável à transformação

---

(33) Paul Deschanel – *La République nouvelle* – Calmann Lévy, Ed. Paris. 1898.
(34) Thomas Carlyle – *História da Revolução Francesa* – Trad. de Antônio Ruas. Ed. Melhoramentos. S. Paulo.
(35) Luís Sanchez Agesta – *Curso de Derecho Constitucional* – Imprenta J. M. Ventura Hita. Granada. 1948.

política e social de 1789, bem como foram cometidos irreparáveis excessos por parte do povo e da parceirada revolucionária.

Desde então, a Declaração dos Direitos do Homem e do Cidadão começou a exercer penetrante influência nas legislações do mundo.

A maioria das constituições modernas, após 1918, adotou, *in-littera*, os postulados de maior culminância na Declaração francesa.

Nenhuma outra expressão jurídica alcançou, até os nossos dias, uma aura de popularidade tão enternecida, uma consagração tão acentuada e uma universalidade tão consciente.

Enfim, a Declaração dos Direitos do Homem e do Cidadão, pelo seu expositivo sentido jurídico, pelo seu caráter vibratório, lembra-nos a *Marselhesa*, que todo mundo sabe de cor e canta alguns dos seus versos contagiosos, imaginando que a eletrizante composição de Rouget de Lisle foi composta exclusivamente para alegorizar a sua própria sensibilidade patriótica.

Capítulo VIII

DOS DELITOS E DAS PENAS

Beccaria não criou nenhuma filosofia, nem fez nenhuma revelação de caráter divino. Sua justa imortalidade está no seu sentido de percepção criminológica e na oportunidade da exposição de suas idéias. Teria ele o destino de iniciar na Itália a constelação de criminologistas que se seguiu com Carrara, Lombroso, Garôfalo, Pessina, Ferri e Sighele.

Por certo nunca imaginou a revolução que o seu livro iria trazer à ciência penal do mundo, nem a sua biografia registra qualquer gesto que lhe denunciasse pretensões messiânicas.

Foi apenas um espírito penetrante e empreendedor, a serviço da causa humana, com a indiscutível virtude do seu postulado. Porém isso foi o bastante para que a sua consagração se tornasse universal, na proporção em que o seu trabalho de elucidação penal ia sendo traduzido e as suas idéias tauxiadas nas legislações penais que se seguiram.

Se Beccaria tivesse sido chefe de Estado ou parlamentar europeu, talvez que *Dei Delitti e delle pene* não se impregnasse tão convictamente na consciência jurídica do século XVIII, porquanto poderia a sua outorga ser suspeita, uma vez que estava bem acesa na memória dos peninsulares aquele conselho cretino de Maquiavel: – "Por isso, um príncipe prudente não pode nem deve guardar a palavra dada quando isso se lhe torne prejudicial e quando as causas que o determinaram cessem de existir".[1]

Porém, a sua reivindicação humanitária partiu justamente de um nobre que contava apenas vinte e sete anos de idade e possuidor de um nome que não se enodoara na bajulação polí-

---

(1) Niccoló Macchiavelli – *O Príncipe* – Trad. de Lívio Xavier. Atena Editora. S. Paulo. 1948.

tica e nem nos bordéis onde se obscurecia e se aviltava a juventude boêmia do seu tempo, cuja única e improdutiva atitude viril consistia em floretear na escuridão das ruas tortuosas.

Mas, se o seu livro não levava a chancela parlamentar ou a outorga de um soberano, tinha, entretanto, uma força de expressão consagradora, que iria forçar as cadeias das velhas legislações penais.

Aconteceu com a sua iniciativa criminológica aquele imperativo social que Hans Kelsen observou em nossos dias: — "Los juicios jurídicos de valor muestran una estratificación paralela a la que corresponde a las normas jurídicas. Puesto que todo juicio jurídico de valor enuncia una relación entre una conducta humana y una norma jurídica, estos juicios forman un sistema que representa la misma estructura que el sistema de normas jurídicas".[2]

Poderíamos mesmo afirmar que *Dei Delitti e delle pene* foi, no momento de sua publicação, um direito subjetivo ou virtual, que tomou forma jurídica logo em seguida.

Carlos Nardi-Greco, depois de condicionar a eficácia das regras à sanção das consciências e aos motivos psíquicos de sua determinação, completa o pensamento kelseniano considerando que "Las recientes y antiguas criticas hechas a la essencialidad de la sanción para el derecho, no son suficientes para afirmar, en contrato de cuanto nos demuestra la observación de los hechos, que pueda existir un derecho sin sanción".[3]

Tomamos, naturalmente, o vocábulo sanção, na técnica legislativa, como ato complementar de aprovação por parte do poder executivo e não como sanção social.

Beccaria, em realidade, legislou para o espírito do mundo, que sancionou as suas idéias altruísticas, incluídas nas codificações que avançaram no campo da criminologia. O seu papel no drama do direito penal foi o de um expositor sincero dos sentimentos do seu tempo, quando poucos tinham a coragem de procurar estabelecer reformas sociais que, mesmo de leve, cerceassem o absolutismo coroado.

Porém o mérito de sua obra não está no seu acerto jurídico, nem nos clarões que ela abriu nos espíritos obscurecidos de muitos homens poderosos: está na sinceridade com que ela foi escrita, sem outro intuito que atenuar a pertinácia cega do direito de punir.

---

(2) Hans Kelsen – *La idea del Derecho Natural y otros ensayos.* Editorial Losada. Buenos Aires. 1946.

(3) Carlos Nardi-Greco – *Sociologia Jurídica* – Versão castelhana de E. Ovijero. Editorial Atalaya. Buenos Aires. 1949.

Para que possamos aferir convenientemente a estreiteza do ambiente estatal de Milão em 1764, basta que recordemos o seguinte: César Beccaria Bonesana, conquanto de descendência nobre, pois era Marquês de Beccaria, — teve de se servir do anonimato, a fim de publicar o seu sensacional livro, escrito em onze meses de trabalho consecutivo.

Milão, como as outras frações em que era dividida a península itálica, era simbolizado pelo famoso castelo de torres de mármore, construído pelo tirano Galeazzo Visconti II, verdadeiro "ninho guerreiro, dentro do qual viviam existência de prazeres e de onde saíam, nos dias de revolta, com seus bandos mercenários, cobertos de ferro, para anavalhar o povo milanês.[4] É bem verdade que Blasco Ibañez fala também na existência, ali, da biblioteca Ambrosiana, "na qual estão aos milhares os livros e manuscritos dos gregos, latinos, hebreus, assírios, caldeus, persas e armênios". Porém, seria daquela era?

Imaginamos, então, Beccaria, jovem e pensativo, saindo muitas vezes daquela cidadela dos livros e contemplando, com o espírito confrangido, aquelas torres afirmadoras do absolutismo e sentindo aquele estado de alma que retratou a Morellet, seu tradutor francês, nestas palavras:

— "Ouvi o ruído das cadeias abalar a superstição e os gritos do fanatismo abafar os gemidos da verdade. A visão desse espetáculo medonho determinou-me, algumas vezes a envolver a luz de nuvens. Quis defender a humanidade sem ser mártir".

Possivelmente, herdara dos jesuítas que o haviam educado em Paris, o espírito humanitário, tocado em seguida pelo estilete das *Cartas persas* de Montesquieu. Ademais, a proveitosa e incentivante convivência com os irmãos Pedro e Alexandre Verri termina tornando em realidade aquele potencial de iniciativa e de reforma social, que lhe inundava o espírito.

Porém o destino determinara que o marco inicial da humanização do Direito Penal não fosse editado em Milão e sim em Livorno, ao encargo de Giuseppe Aubert, que dirigia então a tipografia do Abade Marco Coltellini.

O contato com a brutalidade senhorial aconselhava prudência na divulgação da obra que em julho de 1764 "Apareció sin fecha, sin nombre del autor y sin division de párrafos o capítulos".[5]

---

(4) Vicente Blasco Ibañez — *No país da arte* — Trad. de Ferreira Martins (3ª edição).

(5) Luís Jiménez de Asúa — *La Ley y el Delito* — Editorial "Andrés Bello". Caracas. 1945.

Quando Morellet escreveu a Beccaria em fevereiro de 1766, sobre o livro "que o êxito é universal", – já um ano antes a Sociedade Patriótica de Berna dedicava uma medalha de ouro ao autor anônimo da obra.

Beccaria não sistematizou autorizadamente nenhuma legislação estatal, nem foi mesmo o precursor do sentido humanitário da pena. Antes dele, "Hobbes, Spinoza y Locke demuestran que el fin de la pena puede ser otro que la corrección o eliminación de los delincuentes y la intimidación de los individuos a la mala conducta, arrumabando el concepto de la pena como retribuición jurídica por mandato divino".[6] Porém, ele a todos superou: pela clareza da revelação científica, pela normalização esmerada e eqüitativa da pena, pela mensagem legal e compassiva que enviou ao mundo com o seu livro.

O crime e a pena estavam comprimidos entre as folhas do direito hebreu; das leis atenienses; do código hamurábico; nas leis religiosas, morais e civis de Manu; no código tabulário de Roma; no Alcorão; na legislação medieval; nas revelações dos filósofos alemães e dos enciclopedistas.

Todavia, a concepção clarividente do crime e da pena não havia ainda atingido a superfície social e, como explicou o erudito Pontes de Miranda, "o que sabemos do mundo é o que nos dizem a consciência e a ciência, que nasce daquela, e o que sabemos da consciência e da ciência é o que nos diz o que sabemos do mundo e da consciência como parte dele".[7]

Beccaria sobraçou a consciência e a ciência quando fez a exposição de sua obra num método não somente jurídico, também pedagógico. Naturalmente, o ardoroso marquês havia lido o *Discours de la méthode* de Descartes, pois os quatro princípios estabelecidos na primeira parte do livro foram por ele observados em *Dos Delitos e das Penas*:

1º – Éviter soigneusement la précipitation et la prévention;

2º – Diviser chacune des difficultés que j'examinois en autant de parcelles qu'il se pourroit et qu'il serait requis pour les mieux résoudre.

---

(6) Ibidem.

(7) Pontes de Miranda – *O Problema fundamental do conhecimento* – Ed. Globo. Porto Alegre. 1937.

3º – Conduire par ordre mes pensées, en commeçant par les objets les plus simples et les plus aisés à connaitre, pour monter peu à peu comme par degrés jusques à la cannoissance des plus composés, et supposant même de l'ordre entre ceux qui ne se précèdent point naturellement les uns les autres.[8]

Os quarenta e dois capítulos do livro, conquanto apresentados em textos de maior ou menor extensão pela atinência da matéria compendiada, evidenciou observação ponderada de cada assunto, solução possível para os problemas mais difíceis, concatenação das idéias esmerilhadas e imparcialidade no rigor expositivo, sem circunlóquios ou omissões.

Qual o sistema jurídico vigorante ao tempo em que Beccaria fez a elaboração de seu trabalho de investigação e de caráter inédito? Isto deixou ele bem claro e acertadamente no seu prefácio, a fim de que pudéssemos hoje aquilatar os méritos de sua obra:

"Alguns fragmentos da legislação de um antigo povo conquistador, compilados por ordem de um príncipe que reinou há doze séculos em Constantinopla, combinados em seguida com os costumes dos lombardos e amortalhados num volumoso calhamaço de comentários obscuros, constituem o velho acervo de opiniões que uma grande parte da Europa honrou com o nome de *leis*; e, mesmo hoje, o preceito da rotina, tão funesto quanto generalizado, faz que uma opinião de Carpzow, uma velha prática indicada por Claro, um suplício imaginado com bárbara complacência por Farinaccio, sejam as regras que friamente seguem esses homens, que deveriam tremer quando decidem da vida e da fortuna dos seus concidadãos. É esse código informe, que não passa de produção monstruosa dos séculos mais bárbaros, que eu quero examinar nesta obra. Limitar-me-ei, porém, ao sistema criminal, cujos abusos ousarei assinalar os que estão encarregados de proteger a felicidade pública, sem preocupação de dar ao meu estilo o encanto que seduz a impaciência dos leitores vulgares".

Em seguida, desenvolve seu postulado penalista dentro desta esquematização que traçara, jurídica e conscientemente: – Origem das penas e direito de punir, interpretação e obscuridade das leis, da prisão, dos indícios do delito e da forma de julgamentos, das testemunhas. das acusações secretas, dos acu-

---

(8) René Descartes – *Oeuvres choisies de Descartes* – Garnier Frères. Paris.

satórios sugestivos, dos juramentos, da questão ou tortura, da duração do processo e da prescrição, dos crimes começados, dos cúmplices, da impunidade, da moderação das penas, da pena de morte, do banimento e das confiscações, da infâmia, da publicidade e da presteza das penas, que o castigo deve ser inevitável, das graças, dos asilos, do uso de pôr a cabeça a prêmio, que as penas devem ser proporcionais aos delitos, da medida dos delitos e sua divisão, dos crimes de lesa-majestade, dos atentados contra a segurança dos particulares e principalmente das violências, das injúrias, dos duelos, do roubo, do contrabando, das falências, dos delitos que perturbam a tranqüilidade pública, da ociosidade, do suicídio, de certos delitos difíceis de constatar, de uma espécie particular de delito, de algumas fontes gerais de erros e de injustiças na legislação e, em primeiro lugar, das falsas idéias de utilidade, do espírito de família, do espírito do fisco, dos meios de prevenir os crimes e conclusão.

Em confronto com o índice de qualquer código moderno, verificamos que foi muito ampla a visão penalista de Beccaria, deixando apenas de registrar as disposições avançadas que a ciência e os imperativos sociais impuseram, como, por exemplo, o livramento condicional, o sursis, o aborto provocado, a violação de correspondência e de segredo profissional e o dano de coisa de valor artístico, arqueológico ou histórico.

Em seguida ao sucesso bibliográfico de Beccaria, — alguns fatos inexplicáveis foram registrados: — Brissot de Warville e Marat, na França, constituíram-se prosélitos das idéias renovadoras do direito penal. O primeiro, leal às suas convicções, destacou-se durante a Revolução Francesa, recebendo do povo as chaves da Bastilha no momento em que foi assaltada a famosa prisão; entretanto, atingido pelo ódio de Robespierre, foi miseravelmente guilhotinado. Quanto a Marat, depois de escrever uma memória, contendo um *Plan de Législation criminelle*, no qual, segundo Asúa, "no encierra pensamientos nuevos", mas que assinalava um reconhecido esforço pela recuperação da moral, depois de obter o prêmio instituído pela *Gazette de Berne*, desvia sua atividade para uma série de ações criminosas, esquecido da doutrina exposta pelos seus inspiradores intelectuais: — Beccaria, Rousseau, Morellet e Voltaire.

Outro acontecimento a ser comentado e em contraste com o liberalismo penal e a consagração *Dos Delitos e das Penas*: — "O primeiro código então promulgado foi o Código Penal Francês de 1810, no qual aliás não influíram por completo as idéias de Beccaria. O referido código serviu de modelo a quase todas as legislações posteriores e principalmente às dos países latinos".[9] Esta observação foi feita pelo professor Lima Drumond e o professor A. Carpentier corrobora em que "Sans s'inspirer beaucoup de l'ancien droit, les rédacteurs de ce dernier projet avaient pour tenir compte de quelques grands principes formulés par des précédents immediats".[10]

Porém, em 1832 esse Código foi sensivelmente modificado em relação às normas becarianas, seguindo-se os Códigos belga, espanhol, Federal Germânico, chileno etc.

Teria o Brasil o destino de, após reger-se pelo livro 5º das Ordenações Filipinas, promulgar em 1830 o Código Criminal do Império, enquanto Portugal somente em 1852 realizaria a promulgação do seu Código Penal.

Asúa, no seu Curso de Dogmática Penal, esquematiza a Escola Clássica dentro da esfera de suas variedades, da seguinte maneira:

a) Teorias morais.
b) Teorias utilitárias.
c) Teorias ecléticas.

O nome de Beccaria é encravado pelo notável penalista entre os prosélitos da segunda classificação, explicando que "son sus precursores Platón y Aristóteles con su medicina de virtud de contrários, así como Beccaria".

Tomamos este resumo para recordar certa semelhança existente entre esses três pioneiros. Carrara, no 2º volume do seu *Programa*, § 583, procurando esclarecer a idéia da pena, diz:

> "Beccaria definiendo le pene – *ostacoli politici contro il delitto* – espresse piuttosto il *fine* delle pene come egli lo concepiva, anzichè darne la nozione. Carmignani oltrepassò il limiti di una definizione quando volle includervi la ragione di essere e la destinazione dele pene, e formulare con la definizione un sistema".[11]

---

(9) Lima Drumond – *Direito Criminal* – Lições taquigrafadas por Paulo Domingues Viana. Ed. F. Briguiet & Cia. Rio. 1919.

(10) A. Carpentier – *Code d'Instruction criminelle et Code Pénal* – Librairie Siney. Paris. 1923.

(11) Francesco Carrara – *Programa del Corso di Diritto Criminale* – 7ª edição. Typ. di G. Canovetti. Lucca. 1889 (1º vol.), 1890 (2º vol.).

A crítica seria procedente se Carrara, no capítulo I, 2ª seção desse volume, não recorresse a Grocio e a Roeder e não reconhecesse, em seguida, que "Difficilemente nella definizione di un oggetto si possono stringere i suoi *fini* e le sue *ragioni*".

Porém queremos recordar que nem Aristóteles no Livro Primeiro d'*A Política* , tratando do "objeto e limite da ciência política"[12], deu satisfatória definição da matéria do seu empolgante trabalho, nem Platão nos livros 4º e 8º d'*A República*, resumindo as virtudes republicanas e as vantagens da democracia, deu definição à república.[13]

Parece que Carrara, dentro de sua pletora criminalista, não admitia um transformador do direito penal aureolado pelos publicistas de sua época, com a mais sensível falha na estrutura de sua obra.

Porém Ferri situou, depois, o penalista nobre de Milão na posição que lhe cabe, numa análise de ordem geral:

> "No campo da justiça penal depois da crítica e afirmações de Montesquieu (*Lettres persanes*, 1721 – Esprit des lois, 1748), César Beccaria, Marquês de Bonesana, publicando, primeiramente sob anônimo, em Livorno em 1764, o seu maravilhoso livrinho *Dos Delitos e das Penas* – escrito na idade de 26 anos – reúne e exprime, numa forma mais sentimental e de bom senso do que tecnicamente jurídica, o protesto contra os horrores das leis penais, – insistindo sobre a separação entre a justiça divina e a justiça humana, – indicou uma série de reformas mais ou menos profundas, a começar pela abolição da pena de morte e da tortura".[14]

Mas é, ainda, o próprio Ferri que vem ajuntar, em outro livro, na mesma análise de destino histórico, o crítico e o criticado, como dois legionários da escola clássica:

> – "Cesare Beccaria e Francesco Carraro sono il due termini fullgente di una scuola scientifica, che ha raccolti tanti allori e trionfi nella storia del pensiero moderno, portando alto e lontano il bel nome d'Italia. Il filantropo lombardo inizia la gloriosa corrente della scuola classica criminale e il giureconsulto toscano chiude, superando la pleiade dei grandi criminalisti italiani, che seguirone e svolsero quell'inizio, portandolo alla piu alta espansione teorica e pratica".[15]

---

(12) Aristóteles – *A Política* – Trad. de Oliveira Chaves. Atena Editora. S. Paulo
(13) Platão – *A República* – Trad. de Albertino Pinheiro. Atena Editora (4ª ed.). S. Paulo.
(14) Enrique Ferri – *Princípios de Direito Criminal* – Trad. de Luís Lemos de Oliveira. Saraiva & Cia. S. Paulo. 1931.
(15) Enrico Ferri – *Studi sulla criminalitá* – Editrice Torinese. 2ª ed. Torino. 1926.

Todos os publicistas do direito penal têm até hoje, ao historiar o mesmo direito, feito referências aos doutrinadores do direito natural, que antecederam Beccaria. É fatal a citação cronológica de Grócio, falecido em 1645; Hobbes, em 1679; Espinosa, em 1677; Puffendorf, em 1694; Locke, em 1704; Thomas, em 1728; Vico, em 1744; Wolf, 1754; Montesquieu, em 1755; e ainda Rousseau em 1778; Voltaire (f. em 1778), D'Alembert (f. em 1783) e Condorcet (f. em 1794); — constituindo uma corrente do pensamento intelectual visando derrubar a muralha da tirania das razões do Estado e teoria do direito divino.

A bibliografia que se registrou, saída da pena daqueles homens admiráveis, alguns geograficamente distantes, porém realizando obra de unidade objetiva, representa não somente trabalho corajoso de precedência, mas também criações de tendências universitárias.

Podem mesmo alguns deles, na mensurabilidade da cultura e da imaginação, ultrapassar os limites da proposição becariana, todavia, ao nosso ver, não podemos justapor os seus nomes ao nome de César Bonesana.

Quanto a se dizer que a sua notoriedade advém do seu ineditismo ou do seu primicério tipográfico, não vem ao caso, porque se o livro do siciliano Tomás Natale lhe superasse as idéias, mesmo oito anos depois teria alcançado um considerável sucesso, já encontrando desbravado o caminho por onde Beccaria se conduziu com o risco de cair nas profundidades daqueles cárceres contra os quais assestou os petardos de suas palavras eloqüentes.

Moniz Sodré enquadra perfeitamente Beccaria e *Dos Delitos e das Penas* neste período:

> — "Foi este punhado, pois, de idéias notáveis, expostas com brilho e clareza, e um pequenino livro que, após contraditas violentas e por vezes injuriosas ao seu autor, provocaram uma revolução universal, operando reformas profundas e radicais nas legislações dos povos cultos e reduzindo a ruínas os sistemas penais até então existentes".[16]

A verdade é que o livro de Beccaria é universalmente conhecido e recordado pelos professores de Direito Penal e de

---

(16) Moniz Sodré — *As três escolas penais — Clássica — Antropológica e Crítica —* Ribeiro Gouveia & Cia. Bahia. 1907.

Direito Judiciário Penal das Faculdades de Direito, enquanto que pouca gente sabe ter Tommaso Natale publicado, em 1771, o *Tratado da eficácia e da necessidade das penas*.

Beccaria foi um dos redatores do jornal *O Café*, que de 1764 a 1765, veiculou na Itália as idéias evolucionistas da Europa. Justamente nessa fase de jornalismo, o intrépido marquês acompanhou atentamente o desenrolar do célebre processo Calas, na França, de 1761 a 1765.

Acreditamos que aquela complicada ação judicial tenha sensivelmente contribuído para a sua orientação e para o arrojo de sua obra, desafogante da opressão judiciária de uma fase de tal intolerância e de despotismo que Voltaire, o herói do caso, escreveu a d'Argental:

— "É tão difícil chegar-se à justiça como ao céu".

Naturalmente, centenas de processos como aquele tiveram a sua fase de instrução e julgamento, sem que repercutisse além das fronteiras da França, a ponto de dois soberanos, Frederico da Prússia e Catarina da Rússia, remeterem ao enciclopedista fundos necessários à reabilitação da memória do injustiçado.

O caso foi simples: João Calas, protestante, foi executado como autor do assassinato, por enforcamento, do próprio filho Marco Antônio, pela simples alegação de que o jovem ia se converter à religião católica. A condenação, tomada por oito votos contra cinco, pelo Parlamento de Toulouse, ofereceu o seguinte aspecto característico da justiça neolítica da França:

— Interrogatórios capciosos e exaustivos, sob ameaças.
— Intolerância religiosa.
— Morte do suposto criminoso pelo suplício da roda.
— Banimento do filho inocente do condenado.

Voltaire, numa campanha apaixonada, agita a França e recolhe o material do seu judicioso livro *Defesa dos Oprimidos*. E a 9 de março de 1765, o Parlamento de Paris reabilita aquele pobre velho de sessenta e três anos que "expirou protestando sempre, até o último momento, pela sua inocência, com uma coragem e firmeza de alma que encheram de admiração e respeito seus acusadores, mesmo os mais obstinados".[17]

Aquele erro judiciário, que originou tantas conseqüências desastrosas, entre as quais o suicídio do magistrado David Beaudriguez e, em 1793, a decapitação do seu neto, pelos re-

---

(17) Henri-Robert – *Os grandes processos da história* – Trad. de Costa Neves. Livraria Carvalho. (1ª série).

volucionários franceses que viram na pessoa daquele seu descendente a encarnação da velha justiça exercida privativamente pela nobreza.

Beccaria, testemunhando, da Itália, aquela ação tosca, irregular e impiedosa da justiça de Toulouse, deve ter ajustado os seguintes argumentos do seu livro em preparo:

§ VII – As provas de um delito podem distinguir-se em provas perfeitas e provas imperfeitas. As provas perfeitas são as que demonstram positivamente que é impossível que o acusado seja inocente. As provas são imperfeitas quando não excluem a possibilidade da inocência do acusado.

§ XII – Direi ainda que é monstruoso e absurdo exigir que um homem seja acusador de si mesmo e procurar fazer nascer a verdade pelos tormentos, como se essa verdade residisse nos músculos e nas fibras do infeliz.

§ XVI – Que se deve pensar ao ver o sábio magistrado e os sagrados da justiça fazerem arrastar um culpado à morte, com cerimônia, com tranqüilidade, com indiferença? E, enquanto o infeliz espera o golpe fatal, por entre convulsões e angústias, o juiz que acaba de o condenar deixa friamente o tribunal para ir provar em paz as doçuras e os prazeres da vida e talvez louvar-se, com secreta complacência, pela autoridade que acaba de exercer.

§ XVII – Parece-nos que se poderiam banir aqueles que, acusados de um crime atroz, são suspeitos de culpa com a maior verossimilhança, mas sem estar plenamente convencido do crime.

Um ano antes de morrer, Beccaria deve ter sabido que a Convenção Nacional Francesa, em 1793, decretava que fosse erigida por conta da República, – "no lugar em que o fanatismo fizera morrer Calas, uma coluna de mármore na qual seria gravada a seguinte inscrição – "A Convenção Nacional, ao amor paterno, à natureza, a Calas, vítima do fanatismo".[18]

É possível que aquelas palavras indiretamente consagrantes da defesa judiciária de Voltaire, tenham adulçorado a solidão do pensador das considerações jurídicas e sociais *Dos Delitos e das Penas.*

---

(18) André Maurois – *Voltaire* – Trad. de Aurélio Pinheiro. Pongetti. Rio.

O professor Osman Loureiro, no prefácio do seu livro *Modificativos da Pena no Direito Brasileiro*, apresenta uma interessante observação a respeito da idéia política na obra de Montesquieu e a idéia social na obra de Beccaria. Naturalmente, o milanês muito aprendeu da obra do filósofo francês, cuja opulência jurídica é maior do que o seu sentido social, ou humano.

Montesquieu teve um aspecto mais erudito e mais teórico; Beccaria foi mais expositivo e mais filantrópico. A obra de Montesquieu, sem nenhum desdouro, foi estruturada com a preocupação do fundamento religioso; a obra de Beccaria, mais pertinentemente jurídica, tomou uma feição de laicidade.

Pondera o professor Osman Loureiro, em seu judicioso prefácio:

> – "Para o jurista francês, preocupado em surpreender o espírito das leis, a concepção do direito penal se apresentava de preferência como aspecto individuado da organização geral do Estado; era, por assim dizer, de índole eminentemente política. Já para o tratadista italiano, conquanto lhe chamasse lei política, nela divisava mais vivamente a consideração da utilidade comum; era problema precipuamente social; e através da sociedade, cuja tranqüilidade tramava, a justiça, que preconizou, não esquecia a dignificação do homem".[19]

Poderemos constatar, em seguida, essa dissemelhança jurídica, no modo como ambos procuraram qualificar os crimes:

Montesquieu, no Cap. IV do Livro XII do *L'esprit des lois*, diz:

> – "Il y a quatre sortes de crimes. Ceux de la première espéce choquent la religion; ceux de la seconde, les moeurs; ceux de la troisième, la tranquilité; ceux de la quatrième, la sûreté des citoyens. Les peines que l'on inflinge doivent dériver de la nature de chacune de ces espèces".[20]

Beccaria, no § XXV *Dos Delitos e das penas*, considera:

> – "Há crimes que tendem diretamente à destruição da sociedade ou dos que a representam. Outros atingem o cidadão em sua vida, em seus bens ou em sua honra. Outros, finalmente, são atos contrários ao que a lei prescreve ou proíbe, tendo em vista o bem público".

---

(19) Osman Loureiro – *Modificativos da Pena no Direito Brasileiro* – Empresa Gráfica. Editora. Paulo Pongetti & Cia. Rio. 1927.
(20) Montesquieu – *Esprit des Lois* – Librairie Firmin Didot & Cia. Paris. 1877.

A segunda classificação, como observamos, reflete uma orientação mais ampla e mais correspondente com o espírito público, cujas necessidades começavam a ser atendidas através *Dos Delitos e das penas.*

Quando César Beccaria surgiu no publicismo universal, anunciava-se aquela época das luzes, de que nos fala Asúa. Já se estava distante do costume da vingança pessoal e a autoridade do Estado já procurava impor o seu caráter imparcialista.

Seguiu-se o período em que a penalidade tomou uma feição mecânica, derivada de leis que outorgavam ao Estado uma autoridade excessiva e ímpia, como se a "vingança do sangue" passasse a ser uma vingança social.

Belime, no seu curso de introdução à ciência do Direito, explicou assim aquela concepção malévola que procurava prorrogar legalmente o medievalismo jurídico:

> – "La fausse opinion que le droit de punir était l'exercice d'une vengeance, avait multiplié autrefois les suplices les plus affreux, la mutilation, la roue, les bûchers, et cela souvent pour des délits d'un ordre secondaire".[21]

Porém aconteceu que, daquela causa de intensificação de vida social a que se refere Spencer, se originou conseqüentemente "um sistema de leis em que se preceituam as restrições de conduta individual e as penalidades correspondentes".[22]

Coube aos filósofos a tarefa de esclarecer a consciência estatal, retirando-lhe o comodismo abúlico ou o indeferentismo com que agia através dos fanáticos agentes do seu aparelho político. Concebia o poder público a irremovível idéia de que não poderia subsistir com segurança sem que estivesse sempre prestigiado pelo sistema de esmagar o agente do crime, sem se recorrer ao trabalho de enquadrar os delitos numa cansativa escala penal.

O criminoso valia pelo crime e a pena, *a priori*, correspondia à violação da segurança social.

Beccaria teve, talvez, uma sensibilidade jurídica mais acurada do que a dos seus antecessores cujas obras não tiveram uma penetração social tão profunda, conquanto vazadas em grandiosas concepções científicas.

A magnitude de seu livro está mais no seu objetivismo do que mesmo na sua estruturação por vezes reveladora de lacu-

---

(21) W. Belime - *Philosophie du Droit, ou cours d'introduction a la Science du Droit* - S. Durand, Librairie. 10ª ed. Paris. 1856.

(22) Herbert Spencer – *A Justiça* – Versão de Augusto Gil. Edição Aillaud, Alves & Cia. Lisboa. Rio.

nas técnicas, justificáveis num espírito que a todos surpreendeu, pois até então não havia revelado aquela notável capacidade de criação jurídica.

Porém, a exposição de suas idéias se processou numa decorrência lógica, sincronizada e didática.

Concordemos, assim, que a razão do seu sucesso foi a singeleza do seu método, a sinceridade do seu grito de protesto em favor da causa humana e, sobretudo, a imparcialidade e a insuspeição em torno de sua personalidade marcante.

Vai para além de um século e meio que César Beccaria traçou a planta do edifício do Direito Penal. No decorrer desses longos anos, a criminologia , arrimada pela ciência, dilatou nobremente os horizontes sociais, num trabalho eficiente de recuperação humana.

Uma vasta bibliografia de criminalistas assinala a continuidade da obra daquele milanês aristocrata, antes do qual "Nunca se proclamara mais desassombradamente a igualdade perante a lei".[23]

Chegamos ao dia em "que todos os ramos científicos, todas as observações, todas as tendências modernas conduzem o penalista a ver a simplicidade fundamental do problema penal".[24]

Passados os períodos críticos de saturação das escolas clássica, antropológica e eclética, — atingimos uma espécie de terreno neutro da criminologia universal, sobre o qual um sentido político se sobreleva a todos os conceitos anteriores, estabelecendo uma norma de conduta que aspira mais ao equilíbrio social do que mesmo o romantismo humanitário da restauração individual.

Sendo o crime "resultado da ação combinada de fatores biológicos, físicos e sociais",[25] — carece de uma especulação estatal diferente daquela encontrada por Beccaria, em que a justiça se limitava a um inquérito tortuoso, roldanas para esticar os membros do corpo do indiciado e um cárcere algumas vezes provido de grades externas, por onde a luz do sol penetrava nas trevas, já que a luz do direito não penetrava na consciência dos homens.

---

(23) Evaristo de Morais — Prefácio da tradução de *Dos Delitos e das penas* — por Paulo M. Oliveira. Atena Editora. Rio. 1937.

(24) Cândido Mota Filho — *A função de punir* — Livr. Zenith. S. Paulo. 1928.

(25) Caio Nunes de Carvalho — *A nova aplicação do Direito Penal* — York Printing Company. New York. 1914.

Na atualidade, o destino dos delinqüentes não fica espremido dentro das folhas dos autos, porque a cooperação científica, através de laudos, gráficos, fichas biométricas, testes psicológicos, análises de laboratórios, dados de antecedentes e outros elementos de prova, veio esclarecer e consolidar as decisões jurídicas.

Ademais os sistemas penitenciários foram se modificando para melhoria da condição dos criminosos, proporcionando-lhes os meios de correção e readaptação.

Pois bem. Entre os criminalistas modernos, destaca-se um norte-americano, o professor Hans von Hentig, da Universidade de Kansas City, que conclui o seu documentado tratado de criminologia com o capítulo XIV, denominado *El factor Azar*.

Concorda ele em que o azar, que se manifesta no jogo e nas relações econômicas comuns, – torna-se "una fuerza de conflito y una fuerza conspirativa" na criminologia.

Admitindo talvez a teoria do crime perfeito, diz que "no hay delito en tanto que no ha sido descubierto y condenado un delincuente. El azar interviene nuevamente en este procedimiento".

Relembrando que John Venn publicou em 1876, em Londres, o livro *The Logic of Chance*, von Hentig afirma que o seu autor recorreu à autoridade de Hume quando afirmou que "no hay algo asi como azar en el mundo".

Porém a conclusão mais chocante do criminólogo americano é a que ele faz em derredor da ação da justiça:

> – "Otra esfera de azar está en esa institución muy humana, la administración de justicia. Considerando lo corrompido que está la naturaleza humana y el gran número de seres involucrados – juices, jurados, fiscales de distrito, defensores, testigos, expertos, policías, – el desenlace a menudo parece ser un juego inexplicable. La fortuna mezcla las cartas, favoreciendo a uno, prejudicando al otro".[26]

E procura comprovar, com evidentes dados estatísticos recolhidos de relatórios de penitenciárias da América do Norte, que, por exemplo, a penalidade aplicada ao roubo com armas mereceu de um mesmo tribunal, dentro do prazo de sessenta dias, penas diversas, sem referências a circunstâncias agravantes ou atenuantes.

---

(26) Hans von Hentig – *Criminologia* – Tradução castelhana de Diego Abad de Santillán. Ed, Atalaya. Buenos Aires. 1948.

Em face da percepção de tal ponto que lhe parece fraco na muralha da justiça, verfica-se com pesar, que a totalidade do mundo civilizado hodierno não está dando receptividade ao apelo angustioso que nos fez Beccaria no § XL do seu livro e no qual se insurge contra a infalibilidade da toga:

> – "Nossos descendentes, sem dúvida mais felizes do que nós, terão dificuldades em conceber essa complicação tortuosa dos mais estranhos absurdos e esse sistema de iniqüidades incríveis, que só o filósofo poderá julgar possível, estudando a natureza do coração humano".

Poderíamos dar a palavra aos filósofos, para a explicação desse fenômeno, porém, achariam eles a respota satisfatória?

Beccaria doutrinou numa era de transição social, em que "a justiça criminal, em muitos casos, era antes um ofício de carrasco do que de juiz".[27] Hoje, a função de julgar atingiu uma tal proeminência que o professor Enrico Altavila, no 4º volume de sua *Psicologia Judiciária*, estudando o magistrado nas suas diversas funções, sugere a criação de "escolas nas quais o juiz completaria a sua cultura jurídica, com aquelas ciências subsidiárias do direito criminal, que tornam possível a sua reta aplicação: assim, ele deveria ocupar-se de polícia científica, de psicologia judiciária, de antropologia criminal de medicina legal; deveria completar seus conhecimentos de psicologia geral, com toda a bagagem das ciências afins".[28]

Mas não acreditamos que esse fantasma do *azar*, tão preocupante para von Hentig, venha a constituir um entrave na marcha do direito penal. Kantorowicz, em *La lucha por la ciencia del Derecho*, prognosticando, sem iluminismo, a criação de um direito livre, como expressão refinada de toda concepção legal humana, diz:

> "El juez no necessitaba ya el empleo de cuerdas, tenazes y llamas a fin de coaccionar al acusado a confesar *unos hechos*, los cuales la razón del juez, ya emancipada, pudo comprobar con independencia. Así vendrá el tiempo en el cual el jurista no necesitará ya hacer uso de ficciones, interpretaciones y construcciones para sacar violentamente de la ley una *solución*, que su propia voluntad, despertada a la vida individual, podrá hallar con independência".

---

(27) Bezerra Moraes – *Estudo sobre os sistemas penitenciários* – Jacinto Ribeiro, editor. Rio. 1915.

(28) Enrico Altavila – *Psicologia Judiciária* – Trad. de Fernando de Miranda. Saraiva & Cia. S. Paulo. 1946.

(29) German Kantorowicz – *La lucha por la ciencia del Derecho*. Incluído no livro. *La ciencia del Derecho*. Editorial Losada, S. A. Buenos Aires. 1949. Tradução de Werner Goldschmidt.

Não seria possível admitir-se a idéia da infalibilidade nas relações humanas. Porém, se há, por vezes, fatores que podem imprevistamente alterar a ação imparcial da justiça, há também um espírito de retidão propendendo sempre para a inviolabilidade da lei.

Von Hentig considera, porém, que "El prognostico favorable de la mayor parte de los asesinos es una buena razón". Parece-nos que essa boa razão vem a ser, conseguintemente, a acuidade ou a psicologia do magistrado, procurando perceber a diferença entre duas individualidades aparentemente iguais perante a lei.

Sabemos que a propensão da pena é para a sua individualização. O juiz não julga mais por aquele sistema matemático, tabelado no apêndice do Código Penal, em o que tempo de reclusão era mensurado pelos gêneros de delinqüência e não pelos fatores sociais ou fisiológicos.

Von Liszt secunda assim essa idéia de tipicidade, ou de característico individual, no segundo volume (Seção I, § 44) do *Tratado de Derecho Penal*, traduzido em sua 20ª edição alemã pelo exuberante Luís Jimenez de Asúa:

> — "Ahora bien, ordinariamente se da la punibilidad y se apresenta la acción penal pública con la comisión del *acto contrário al derecho, culpable y definido*. Pero, en ciertos casos, el legislador, en razón de la personalidad del autor, excluye el castigo en relación a *éste*, y solo en relación a *él*, mientras que para los demás considera el acto como punible. Se puede hablar aqui de *causas personales que libran de la pena*".[30]

Beccaria percebeu, ao seu tempo, a necessidade da seleção individual na aplicação da pena, quando redigiu esta consideração no § XXIV do seu método criminal:

> — "A grandeza do crime não depende da intenção de quem o comete, como erroneamente o julgaram alguns : porque a intenção do acusado depende das *impressões* causadas pelos objetos presentes e das *disposições precedentes da alma*. Esses sentimentos variam em todos os homens e no mesmo indivíduo, com a rápida sucessão das idéias das paixões e das circunstâncias."

---

(30) Franz von Liszt – *Tratado de Derecho Penal* – Tradução do alemão por Luís Jiménez de Asúa. Editorial Reus (S. A.). Madrid. 1927.

É bem de ver que, naquela época, se estudava o crime e não o criminoso e que, somente no século seguinte, seria compreendido até onde chegaria o limite do controle volitivo do homem — violentado pelos impulsos inatos que Lombroso retratou e aos quais a escola crítica deu mais amplas explicações científicas.

Desejamos, desta forma, admitir que o criminologista norte-americano, cuja obra apresenta um caráter fundamentalmente nacional, quis refletir apenas uma lacuna sutil e incorrigível na aplicação de certas penas, diante do fatalismo judiciário e em observância ao individualismo penal.

Pessina foi, até o dia de hoje, ao nosso ver, quem melhor compreendeu a missão jurídica e social de Beccaria, sem que houvesse mister de escrever uma longa biografia do marquês penalista ou um tratado de considerações penais, em apoio de suas idéias reformistas.

Em poucos períodos, ele resumiu, com sinceridade e alcance psicológico, a obra que abalou os cárceres das consciências do século XVIII. Outros se ampliaram em livros, capítulos e páginas. Porém Pessina foi sintético e preciso, quando afirmou:

> — "La aparición del libro *Dei delitti e delle pene* no fué un momento en la historia de la ciencia, sino el anuncio de una revolución; mas, aún, — era la revolución misma, la cual, antes de atacar a la autoridad en su fundamiento, la combatia en sus excesos, que son más visibles. Y he aqui que a la voz de Beccaria se agrupan en torno de él gran número de escritores, proclamando todos ellos la humanidad y dulzura de las penas y las garantias del derecho del individuo en la administración de la justicia penal".[31]

Dissemos, no pórtico deste livro, que Beccaria foi o autor da única legislação no mundo que não foi discutida em congresso ou outorgada por um soberano.

Porém é forçoso que reconsideremos essa apreciação, diante do julgamento de Pessina. Porque, em verdade, teremos de reconhecer que Beccaria foi um revolucionário; um renovador pacifista, que se impôs pela ordem de seus conceitos, pela convicção resultante de sua crítica, pelo ineditismo de seu postulado.

---

(31) Enrique Pessina — *Elementos de Derecho Penal* — Trad. do ital. de Gonzalez del Castillo. Editorial Reus (S. A.). Madrid. 1936 (4ª ed.).

Foi, pois, nesse caráter que ele depôs do trono o velho direito penal eivado de medievalismo, constituindo-se imprevistamente ditador de um direito subjetivo e outorgando ao mundo, em nome da humanidade, um novo sistema de justiça penal que não se apagará nunca na bibliografia de juristas e na memória dos homens.

Capítulo IX

DIVERSOS DIREITOS

a) O Código de Napoleão

A maioria das codificações do mundo partiu de iniciativa pessoal. O poder executivo tem sentido mais perto as realidades da vida estatal e as necessidades das ordenações jurídicas. O abulismo parlamentar pouco cria independente de uma coordenação de idéias, consubstanciadas em anteprojetos que venham a transitar penosamente nos meandros de suas comissões técnicas. A obra parlamentar não é obra de equipe. É obra de caráter fragmentário e político, sem um sentido de eqüipendências nas suas unidades, eleitas que são por uma considerável massa de semi-analfabetos. Há todavia, exceções eficientes.

Georges Ripert compreendeu essa anomalia quando comentou em *O Regime Democrático e o Direito Civil Moderno*:

> — "Não esperemos também das assembléias parlamentares grandes leis. As reformas capitais exigem uma preparação aplicada, de que elas são incapazes. A convenção nunca conseguiu votar os projetos de Cambacérès e foi necessária a vontade de Bonaparte para dotar a França de um Código Civil".[1]

Aliás, vem de muito longe a esquivança dos parlamentos para a corporização das leis. O Direito Justiniano não teve contexto no Senado, nem as Capitulares carolíngias, compendiadas no século IX por ordem do Rei Lotário, foram discutidas em câmaras legislativas.

---

(1) Georges Ripert – *O Regimen Democrático e o Direito Civil Moderno* – Trad. de J. Cortesão. Saraiva & Cia. S. Paulo. 1937.

Porém, que era a lei civil dos franceses, antes de Napoleão?

Uma argamassa informe, regulando diferentes matérias que não se podiam acomodar num livro único, em vista da pasmaceira do parlamento, que dependia de convocação real e dos privilégios da nobreza e do clero perante a justiça. Só ao povo interessaria a promulgação de um código de feição igualitária; porém o povo praticamente não existia como força política.

A revolução deixara uma bela obra constitucional, porém era preciso recorrer à legislação reinol, a fim de recolher dela certas instituições reguladas nos costumes e certas normas dignas de encaixe num novo corpo de legislação.

Em 1453, Carlos VII, conquanto medíocre e estigmatizado pela morte de Joana d'Arc, determinou fosse feita uma reforma legal. No século XVI, o jurisconsulto Carlos Dumoulin combateu o sistema feudal, contribuindo assim, indiretamente, para que se estabelecesse uma idéia de unificação do direito civil. Mas não seria possível nunca à França consolidar uma corrente do direito que se entrelaçava com tantos interesses sociais, estanques e equilibradores do edifício estatal. Pode-se dizer que as ordenações de Luís XIII, Luís XIV e Luís XV não transpuseram as fronteiras das convenções absolutistas, nem deixaram entrever qualquer prenúncio de nivelamento jurídico.

Coube a Napoleão o desígnio da codificação do Direito Civil da França, graças à sua autoridade de testamenteiro da revolução. Uma comissão de quatro membros foi nomeada pelo então 1º Cônsul e composta dos seguintes nomes: – Tronchet, presidente do Tribunal de Cassação; Bigot de Préameneu, comissário do Governo junto ao mesmo Tribunal; Mallelille, juiz da mesma Corte e Portalis, comissário do Governo perante o tribunal de capturas. Porém, a codificação teve outros grandes colaboradores, entre os quais Pothier.

César Cantu diz que convinha à causa de Napoleão "Secundar os sentimentos democráticos então despertos", porquanto "queria que se lhes concedesse tudo quanto não fosse diretamente nocivo ao poder; que à partilha dos bens e à constituição da família presidissem princípios democráticos, contanto que eles se não introduzissem na direção do Estado; *que houvesse liberdade nas leis civis, mas não nas leis políticas.*

Daquela forma obrigavam-se na França, desde a elaboração dos 2.281 artigos do Código, "pessoas e coisas, a leis e tribunais idênticos, tanto no cível como no criminal".

Conclui Cantu a sua apreciação: — "Apesar dos seus defeitos, o código a que ficou ligado o nome de Napoleão foi invejado por todas as nações. A sua clareza, a sua lucidez, qualidades devidas a Pothier e a Domati, receberam ainda maior relevo na supressão das peias feudais".[2]

Octave Aubry conta que Napoleão disse certa vez a Roederer: — "Amo o poder, mas como um verdadeiro artista. Amo-o como um músico ama o seu violino; amo-o para tirar-lhe sons, acordes, harmonias".[3]

Em realidade, Napoleão pautou a vida aos acordes de uma sinfonia heróica. Malgrado tivesse em toda a sua existência atitudes de granadeiro, seu talento ressumava em criações admiráveis no tocante à administração do Estado Francês.

Codificadas as relações civis da França, era natural que, no transcurso dos anos e com a voragem da evolução social, aquele direito tivesse que ceder aos impulsos naturais, sem que isso possa importar um sentido de relegação aos seus fundamentos.

Léon Duguit, entretanto, no livro *Las transformaciones generales del Derecho Privado desde el Codigo de Napoleón*, onde vêm compendiadas algumas conferências e trabalhos jurídicos, considera com pessimismo e em relação ao edifício da codificação napoleônica, que "apenas la construcción ha sido terminada, las grietas han aparecido".

E enumera, em resumo, as causas geradoras das transformações que, no ano de 1920, imaginava o professor da Universidade de Bordéus que iriam desmoronar pela base as concepções anteriores do direito:

1º – La Declaración de los derechos del hombre, el Código de Napoleón y todos los códigos modernos que proceden más o menos de esos dos actos, descansan en una concepción puramente individualista del derecho. Hoy dia se elabora un sistema jurídico fundado sobre una concepción esencialmente *socialista*.

---

(2) César Cantu – *História Universal* – Ed. da Empresa Lit. Fluminense. Rio.
(3) Octave Aubry – *A vida íntima de Napoleão* – Trad. de Maria Luísa Barreto Sanz. Editora Vecchi Ltda. Rio. 1941.

2º – El sistema jurídico de la Declaración de Derechos del Hombre y del Código de Napoleón descansa en la concepción metafísica del derecho subjetivo. El sistema jurídico de los pueblos modernos tiende a estabelecerse sobre la comprobación del hecho de la función social imponièndose a los indivíduos y a los grupos. El sistema jurídico civilista era de orden metafísico; el nuevo sistema que se elabora es de orden realista.[4]

O professor Duguit parece não ter razão nessa crítica, pois tanto a Declaração de 1789 como o Código Civil de 1804 refletiram o pensamento revolucionário de igualdade civil, como podemos inferir destes dois dispositivos:

Art. 1º da Declaração: "Os homens nascem e ficam livres e iguais em direitos. As distinções sociais só podem ser fundadas na utilidade comum".
Art. 8º do Código: "Todos os franceses gozarão dos direitos civis".

Não vemos nenhuma nebulosidade metafísica numa legislação civil que responsabilizava perante a justiça o juiz que se recusasse de julgar "sous prétexte du silence, de l'obscurité ou de l'insuffisance de la loi" (Cod., art. 4º).

Quanto ao direito que se elabora, "de ordem realista", sabemos que haverá sempre sincronismo entre o direito e o fato social, ou melhor, uma imposição normativa da sociedade sobre o organismo sensível do direito.

Jamais o direito permanecerá imutável, pois, pela sua natureza, é uma espelhação do corpo social que age em resultado de inúmeros e complexos fatores biológicos, antropológicos, morais, políticos e culturais ou científicos. O direito é tudo isto, em forma de leis que se derrogam, revogam ou se criam, numa razão de ser derivada da condição existencial do homem.

Porém, já estamos em grande dianteira da concepção de Duguit. Já não se fala numa isolada concepção socialista do direito, porque Kantorowicz, alegando que a ciência jurídica é "voluntariosa" e de feição "antidogmática", – prognosticou a ressurreição do direito natural numa conceituação de Direito Livre, condensado em "sus dos formas principales: – Derecho individual y Derecho de la comunidad".[5]

---

(4) León Duguit – *Las transformaciones generales del Derecho privado desde el Código de Napoleón* – Libreria Española. Madrid. 2ª ed.
(5) German Kantorowicz – *La lucha por la ciencia del Derecho,* Parte do livro *La ciencia del Derecho* – Editorial Losada. Buenos Aires.

E há, ainda, uma concepção tão altruística do futuro jurídico da humanidade, que se pensa até na desnecessidade do *direito*, o que representa um passo além de *A Utopia* de Thomas Morus, pois em Amaurota existiam leis, que eram "discutidas no senado três dias antes de ir à votação e de ser convertido em decreto o projeto".[6] Queremos referir-nos ao visionarismo do professor Francesco Carnelutti, que assim pensa em *Arte del Derecho*:

> "El Estado perfecto será, por el contrario, el Estado que no necesite ya el derecho; una perspectiva sin duda muy lejana, imensamente lejana, pero cierta, porque la semilla está destinada indudablemente a transformarse en el árbol cargado de hojas y de frutos".[7]

Não nos propomos discutir essa avançada teoria do professor romano, pois desejamos voltar à crítica do professor francês. Duguit, procurando justificar que as legislações modernas estão assentadas numa "concepción artificial y caduca del derecho subjetivo", cita, em confronto:

> Los hombres nacen y se mantienen libres y iguales en derechos. Estos derechos son la libertad, la propriedad..." (Declaración de derechos de 1789, artículos 1º y 2º.)
> "La propriedad es el derecho de gozar de una cosa de la manera más absoluta". (Código de Napoleón, artículo 544.)

Seria, em verdade, uma *concepção artificial e caduca* do direito de propriedade, se Duguit não houvesse nocivamente citado o art. 544 do Código de Napoleão pela metade, pois a redação completa do texto é a seguinte:

> "La propriété est le droit de jour et disposer des choses de la manière la plus absolute, *porvu qu'on n'en fasse pas un usage prohibé par les lois ou par les règlements*".

Concordemos, enfim que as conferências feitas há tempos, pelo professor Duguit em Buenos Aires, se não foram antinapoleônicas, foram, pelo menos, conjurantes da verdade jurídica. Mas em contraposição ao professor de Bordéus, pode-

---

(6) Thomas Morus – *A Utopia* – Trad. de Luiz de Andrade. Atena Editora. S. Paulo.

(7) Francesco Carnelutti – *Arte del Derecho* – Ediciones Jurídicas Europa, América, Buenos Aires. 1948.

mos relembrar o professor Bugnet que, segundo Ripert, costumava dizer, sob o fascínio da obra napoleônica:

"Não conheço o direito civil: ensino o Código de Napoleão".

Mas não se pode negar nunca a Napoleão o papel proeminente que tomou na iniciativa e na elaboração do Código Civil Francês. Se muitos lhe censuram o autoritarismo que exerceu durante as discussões do texto, muitos reconhecem que se não fosse aquela sua capacidade de trabalho tão desenvolvida intelectualmente aos seus 32 anos, a França não teria uma codificação tão necessária naquela época, nem o mundo se impressionaria com a particularidade de suas matérias.

Mourlon, quando, nos seus três volumes, historia e analisa o código do corso, diz que o cônsul esteve presente a todas as discussões e considera:

> "Napoléon, qui s'est élevé, on ne sait comment, jusqu'a l'intelligence des problèmes les plus ardus de la legislation, prit souvent part aux discussions du Conseil. Il y déloya une clarté, une méthode, et souvent une profondeur de vues qui furent pour tout le monde sujet d'étonnement".[8]

Não há, todavia, interesse em saber-se quais os escritores e juristas pró e contra a obra civil de Napoleão; o que realmente importa é saber-se a autoridade que o espírito do Código exerceu e ainda está exercendo nas legislações subseqüentes.

No que é preciso atentar bem é na situação interna e externa da França naquele momento empolgante, em que a nação ainda estava chamuscada pela fogueira de 89 e a braços com a defesa fronteiriça.

O Código foi redigido com o material recolhido "entre le droit écrit et le droit coutumier, entre l'ancienne jurisprudence et les doctrines nouvelles de la Revolution" (Mourlon); ou ainda pelo "esprit romain et les traditions coutumières (Planiol). Foi o que nos recordou o professor Hersílio de Sousa, em torno da influência do Direito Romano nos códigos da França, Áustria, Holanda, Bélgica, Suíça e Alemanha.[9]

Clóvis Bevilacqua, sob a constante impregnação das idéias liberais, profliga os contatos candentes entre o Código

---

(8) M. Frédéric Mourlon – *Répétitions écrites sur premier examen de Code de Napoleon* – A. Marrescq, Librairе Editeur. Paris. 1873.

(9) Hersílio de Sousa – *O Direito Romano nos Códigos da Europa* – Revista Acadêmica da Faculdade de Direito do Recife. 1910.

Civil e o Direito Internacional Privado, reconhecendo nele um "valioso repositório de experiência jurídica", embora considerando a existência de "ódio ao estrangeiro":

> "Ou porque o Código Civil Francês foi preparado sob a direção de um cabo de guerra e numa época em que a França estava em luta com as nações da Europa, ou porque as idéias liberais, destacadas um momento ao clarão do incêndio de 89, ainda não haviam penetrado a consciência geral das classes diretoras, o que é certo é que desse valioso repositório de experiência jurídica ressalta o ódio ao estrangeiro, ou, pelo menos, a desconfiança do estrangeiro. Os artigos 11, 14, 16, 726 e 912 justificam o que acaba de ser dito. É certo que os dois últimos dispositivos, que cerceavam a capacidade hereditária ativa do estrangeiro, foram abrogados pela lei de 14 de julho de 1819, mas, não obstante, a franqueza e a igualdade foram detidas na entrada desse monumento legislativo".[10]

O professor Gaetano Sciascia, sobre quem já nos referimos em outro capítulo sob a epígrafe *Cem artigos em mil textos*, diz que "as fontes romanas de cada artigo do Código Civil Brasileiro estão citadas com suficiente exatidão por Clóvis Bevilacqua, no *Código Civil Comentado*, vol. 6, Rio de Janeiro, 1916; e ainda mais diligentemente por Vieira Ferreira, *O Código Civil Anotado*, Rio de Janeiro, 1922".[11]

Não consideramos deslustre para a nossa cultura jurídica que, juntamente com o direito romano, haja o Código Civil Francês de 1804 nos inspirado, por ventura, certos dispositivos, porquanto os princípios gerais do direito nasceram nas relações econômicas e sociais dos povos e a Economia Política e a Sociologia são ciências de leis universais.

Aliás, em referência a esses direitos, cabe aqui a apreciação que deles fez, em conjunto, Jean Cruet:

> Há, nos anais da humanidade, dois prodigiosos exemplos de imitação jurídica: a expansão do Direito romano e a irradiação do Código de Napoleão".[12]

Teçamos algumas considerações em torno da benéfica impregnação do Código Napoleônico na legislação civil da

---

(10) Clóvis Bevilacqua – *Princípios elementares de Direito Internacional Privado* – Livraria Freitas Bastos. Rio. 1944.

(11) Gaetano Sciascia – *Direito Romano e Direito Civil Brasileiro* – Saraiva, Editores. 1947. S. Paulo.

(12) Jean Cruet – *A vida do Direito e a inutilidade das leis* – Ed. Aillaud e Bertrand. Lisboa.

América Latina. Era natural que as antigas colônias hispânicas, ao se desvencilharem dos punhos dourados dos vice-reis, incrementassem os seus progressos jurídicos e imaginassem novas normas pelas quais fossem regidas. Porém, como não lhes seria possível, de imediato, possuírem uma geração intelectual capacitada de empreendimentos legais compatíveis com as relações sociais que se impunham, é natural que tenham buscado uma fonte clara de direito, que foi a da França, credenciada pelo liberalismo revolucionário de 1789 e pelas leis de 1804 que, promulgadas separadamente, foram depois corporificadas em Código Civil.

Desvencilhando-se das mãos dos espanhóis, compreende-se bem a atitude defensiva de não adotarem mais as leis sob as quais haviam sofrido as profundas restrições de direitos políticos e de relações econômicas. Então, seus homens públicos, ainda emocionados com as lutas emancipadoras, relegaram ao desprezo e esquecimento as leis espanholas e refugiram as mentalidades criadoras das novas leis no Código de Napoleão.

É digno de registro que, na apreciação da origem dos direitos civis dos povos latino-americanos, somente Cuba tenha adotado um Código extraído da velha legislação da Espanha. Os demais países, sem que isso importasse em qualquer ausência de mentalidade jurídica ou atitude de subserviência mental, orientaram-se pelo Direito francês, que encontrava consonância ou correspondência sociológica na alma dos jovens povos que se haviam emancipado graças à corajosa ação cívica de Hidalgo, Morelos, O'Higgins, Carrera, Bolívar e San Martin.

Porém, o primeiro Código Civil que se promulgou na América Latina, foi o boliviano, em 1830, organizado por comissões nomeadas pelo presidente Santa Cruz e pela Convenção Constituinte, sendo que "este código era em grande parte uma tradução do Código Civil Francês de 1804".

Levantamos, do documentado trabalho de John Thomas Vance, bibliotecário da seção jurídica do Congresso dos Estados Unidos, – *Legal Codes of the Latin American Republics*,[13] a seguinte relação cronológica da codificação civil da América do Sul, Central, insular e do México:

---

(13) John Thomas Vance – *Legal Codes of the Latin American Republics* – The Library of Congress. Washington. 1942.

América do Sul

Bolívia	1830
Peru	1852
Chile	1855
Equador	1857
Uruguai	1868
Argentina	1869
Paraguai	1876
Colômbia	1887
Brasil	1916
Venezuela	1922

América Central

Salvador	1860
Costa Rica	1887
Nicarágua	1904
Honduras	1906
Panamá	1916
Guatemala	1933

América Insular

Haiti	1825
R. Dominicana	1883/84
Cuba	1888
México	1928

Seguiu a orientação dos Estados Unidos, onde os códigos são regionais. Este Código é precisamente o federal.

Desses países, anote-se que Haiti adotou inteiramente o Código Francês; a República Dominicana adotou-o e Costa Rica baseou nele toda a sua instituição civil. Nos demais encontram-se muitos dispositivos que se assemelham ao pensamento jurídico do Código de Napoleão, aliás sem nenhum desdouro.

Georges Ripert escreveu, sob esse ponto assimilativo:

> "Os países estrangeiros justificavam pela sua adesão a admiração do povo francês. Muitos deles haviam copiado ou imitado o nosso código. Adotando-o, haviam declarado querer participar da Revolução Francesa".[14]

---

(14) Georges Ripert. Já citado.

Nas *Memórias de Santa Helena*, que Roger Peyre anotou e prefaciou, há esta frase pronunciada por Napoleão, ao regressar vitoriosamente de Elba, em torno do futuro das idéias liberais e em que se retrata o seu orgulho e o seu otimismo:

> "Assim, mesmo quando eu não existir mais, ficarei sendo para os povos a estrela polar dos seus direitos: o meu nome será o grito de guerra dos seus esforços, a divisa de suas esperanças".[15]

Sua visão de governante predestinado, distendida sobre o futuro desastroso que o espreitava e deduzida de presunções frustradas pelo destino, exagerava sem dúvida os méritos de sua figuração na história universal.

O corso de Ajáccio não seria, porém, nenhuma estrela polar no seu porvir, em que hoje vivemos. A automensuração de sua personalidade baseava-se num entusiasmo recolhido de sua imprevista culminância com a volta ao trono. Mas a estrela que rebrilhou naqueles agitados cem dias não teria plenitude para se projetar intensamente depois deles.

Todavia, é de justiça que julguemos lídima e irrefutável a outra frase escrita sobre o penhasco de Santa Helena:

> "Ma vraie gloire n'est pas d'avoir gagné quarante batailles; Waterloo effacera le souvenir de tant de victoires; ce que rien n'effacera, ce qui vivra éternellement, c'est mon Code Civil".[16]

Este autojulgamento, sim, condiz com a verdade histórica e Napoleão teve, ao redigi-lo, uma centelha íntima de profetismo.

b) Ordenações do Reino de Portugal

Podemos dizer que a proto-história do direito português começa em 1097, com o casamento do Conde D. Henrique de Borgonha com D. Teresa, princesa de Leão. O francês do capetíngio, o castelhano da leonesa e o latim dos religiosos que tomaram parte na comitiva instalada no condado de Portucale, condiziam com as leis que iam reger a pequenina célula de Estado.

Assim, as regras que circundaram, de início, aquelas vidas foram:

---

(15) Napoleão Bonaparte – *Memórias de Santa Helena* – Introdução e notas de Roger Peyre. Trad. de Olga Garcia. Edições Meridiano. Porto Alegre. 1941.

(16) Planiol – *Traité Élémentaire de Droit Civil* – Librairie Générale de Droit et de Jurisprudence. 5ª ed. Paris. 1950.

O *Código Visigótico*, o *Fuero Real*, a *Ley del Estilo* e o *Fuero de León*.

Porém, fixada a dinastia sobre as terras portucalenses, a adoção do *Código das Sete Partidas* veio, cedo, introduzir o *Corpus Juris* na gênese legal lusitana porquanto ele, no desenvolver de suas sete seções, não era mais do que a alma e o corpo justiniano trasladados para o idioma de Castela.

Imediatamente, clero e realeza reagem contra o laicismo daquele direito que lhes cerceava o cunho de privilégios indispensáveis ao regalão de sua sobrevivência.

Cândido Mendes de Almeida, que historiou eruditamente a formação legalista de Portugal no prefácio do seu *Código Philippino ou Ordenações e Leis do Reino de Portugal*,[17] explicou que "o novo direito alargava o poder e prerrogativas da autoridade real" e que "lá se achava inscrita a célebre máxima de Ulpiano – *Quod Principi placuit, legis habet vigorem*, que essas Legislações cuidadosamente admitirão".

O Direito Justiniano era, então, apoiado pela corrente intelectual, de procedência francesa, constituída pelos ministros de d. Henrique, saídos das Universidades de Bolonha, Pisa e Paris, os quais exerceram naturalmente decisiva influência sobre o espírito do criador da primeira dinastia.

A lide foi, todavia, vencida "pelo poder real e seus juristas", seguindo-se um período de luta para a expulsão mourisca, em que se terçavam mais os montantes do que as jurisprudências.

E Afonso III, o quarto rei lusitano, veio contribuir para o justinianismo legal português, impregnado que ficara dele na França, onde se unira à Condessa de Bolonha.

Já se registrava, então, uma luzida cópia de juristas, consagrados anteriormente nos ofícios da Justiça; porém, dois grandes nomes avultavam no reinado daquele matador de mouros: – o Doutor Jacob das Leis e Dom Gomes, Cônego e Doutor em Leis.

Reinando D. Dinis, com seu espírito judicioso, – conforme Mendes de Almeida, – "aumentou ainda o empenho pela propagação do Direito do *Corpus Juris*, e, para poupar aos portugueses o incômodo e despesas de viagens, bem custosas naquelas eras, fundou a Universidade de Lisboa (1289), que

---

(17) Cândido Mendes de Almeida – *Código Filipino ou Ordenações e Leis do Reino de Portugal* – 14ª ed. Tip. do Instituto Filomático. Rio. 1870.

depois passou para Coimbra (1308), ordenando o ensino do mencionado Direito e para esse fim mandou vir professores das mais acreditadas escolas".

Na fase áurea desse ilustre soberano houve, todavia, uma deliberação radical por parte dos seus juristas, entre os quais o mestre João das Leis, continuador da obra do mestre Jacob: – a tradução do Código das Sete Partidas, por onde vertia fluentemente a essência do Direito Romano.

Dali por diante, a cultura jurídica tomava encorpadura, sendo seus famosos representantes o Doutor João Afonso de Aregas, mais conhecido por Mestre João das Regras, e o Doutor João Mendes, Corregedor da Corte.

O caso é que, em 1446, na regência do infante D. Pedro, promulga-se o Código Afonsino, ou as Ordenações Afonsinas, oriundas de D. Afonso V, o duodécimo Rei de Portugal e cuja vida guerreira se equiparou aos méritos da primeira codificação de caráter nacional.

O Código Afonsino, – diz ainda Mendes de Almeida – "como código completo, dispondo sobre quase todas as matérias da administração de um Estado, foi evidentemente o primeiro que se publicou na Europa e assinala uma época importante".

Por mais de meio século essas Ordenações manuscritas regularam as relações jurídicas de Portugal; porém elas não poderiam ser consultadas naquela fase esplendorosa de D. Manuel, em que o seu Embaixador Tristão da Cunha, "toucado, quase vestido de pérolas", entrou no Vaticano, acompanhado de Doutores portugueses que "respondiam no mais escultural latim às saudações dos cardiais", para proclamar com orgulho: – "El Rey nosso Senhor he oje o mais nomeado Príncipe que ha no mundo e o melhor quysto asy do Papa como dos Cardeaes, como de toda a outra gente".[18]

Não seria admissível, numa era em que professores portugueses ensinavam nas Universidades de Paris, Toledo, Bourges e Beauvais, – que o *Rei Venturoso*, criando a maravilhosa arte manuelina, deixasse de enquadrar nela, como parte estilística, umas novas Ordenações, representativas do seu nome.

E assim, em 1505, o Chanceler-Mor Doutor Ruy Botto é encarregado da revisão do código vigorante, juntamente com o Licenciado Ruy da Grãa e o Bacharel João Cotrim.

---

(18) Júlio Dantas – *A Era Manoelina*. Da História da Colonização Portuguesa no Brasil. Litografia Nacional. Porto. 1921. 1º vol.

Sete anos depois, João de Kemps concluía o trabalho de impressão das *Ordenações Manuelinas*, que deveriam representar condignos espécimes da arte tipográfica, seguindo-se as edições de 1514, 1521, 1526, até à de D. Sebastião, em 1565.

Entretanto, tendo mais tarde D. José, por Alvará de 16 de dezembro de 1773, assinado pelo Marquês de Pombal, feito "mercê à Universidade de Coimbra do privilégio exclusivo para a impressão das Ordenações do Reino, que antes havia sido concedido ao Real Mosteiro de S. Vicente de Fora", a *Prefação*, ou prefácio das edições de 1824 em diante se refere a uma primeira edição, *dada em Lisboa, no Mosteiro de S. Vicente de Fora, da Ordem dos Cônegos Regulares, por Pedro Crasbeeck no ano de 1603*.[19]

Naturalmente, essa primeira edição veio a ser a *primeira*, na ordem cronológica das que saíram das oficinas da Real Imprensa Universitária.

Estava, todavia, reservado a Portugal o destino de perder, fora do seu solo europeu, o último representante válido da dinastia de Avis e de receber, igualmente de terra estranha, as cabeças coroadas da dinastia Castelhana-Austríaca. Felizmente os Filipes que dominaram a nação portuguesa deixaram traços vivos no corpo legal do reino, uma vez que se impunha trabalho de monda no joio da *Legislação Extravagante* que vicejara juntamente com o trigo.

Acresce que os princípios canônicos do Concílio de Trento haviam sido adotados por D. Sebastião e a sua funda penetração no Direito português traziam em conseqüência o relegamento dos postulados romanos que prestigiavam a autoridade intocável da realeza. Reacendia-se, então, a justa legal entre o espírito do Direito Romano e os Cânones da Idade Média.

Contudo, o interesse estatal havia de deter, mais uma vez, o assalto canônico e, em 5 de junho de 1595, um alvará régio determinava o enfeixamento das Ordenações Filipinas, iniciando-se, assim, no Estado Português, a primeira revogação de leis por parte direta do trono.

Foram compiladores das Ordenações Filipinas: — Pedro Barbosa, Paulo Afonso, Jorge de Cabedo, Damião de Aguiar; revisores: — Melchior do Amaral, Jorge de Cabedo, Diogo da Fonseca, Damião de Aguiar e Henrique de Souza — Desembargadores do Paço e juristas de projeção na sua época.

---

(19) *Ordenações e Leis do Reino de Portugal*. Real Imprensa da Universidade. Coimbra. 1824.

No alvará de 1595, Filipe II declara "que El-Rei Dom Manuel, meu Senhor e Avô, de gloriosa memória, mandou fazer, se fizerão novamente outras muitas Leis pelos Senhores reis nossos antecessores e per Nós, as quais *andavão de fora dos ditos Livros*, espalhadas, em modo que os julgadores não tinham dellas notícia, do que se seguia às partes grande prejuízo".

No Alvará de 1606, Filipe III explicou que "El-Rei meu Senhor e pai, que Santa Glória haja, pelas causas que a isso moverão, mandou per pessoa do seu Conselho e Dezembargo copilar as Ordenações e Leis, que foram feitas em tempo de El-Rei Dom Manoel de gloriosa memória, meu bisavô, e fazer nova copilação, a qual *se não acabou de imprimir em dias de sua vida*".

Por conseguinte: a causa preponderante da recompilação filipina foi a boêmia judiciária das leis, que "andavão de fora dos cinco livros espalhados, em modo que os julgadores não tinham dellas notícias".

Porém, reconduzidas austeramente ao lar da codificação, tornaram-se idôneas e, a exemplo da Lei das XII Tábuas que era estudada por Cícero e seus condiscípulos nas escolas romanas, foi matéria da competência do professorado universitário, conforme determinaram os Estatutos coimbricenses, Livro II, Tit. VI, Cap. III, § 3:

> "Ordenará, semelhantemente (o Professor) as suas lições pela mesma ordem e série dos Livros e Títulos da sobredita *Compilação Filipina*; por ser esta a Fonte Authentica das Leis, que devem substanciar e explicar methodicamente aos Ouvintes; para mais os obrigar a que recorrão a ella; para auxiliar-lhes a memoria; e para facilitar-lhes o indispensavel e continuo uso, que della deverão sempre fazer".

Teixeira de Freitas, ao redigir o Prólogo das *Primeiras Linhas sobre o Processo Civil* de Pereira de Souza, por ele acomodadas ao foro do Brasil até o ano de 1877, deplorava:

> "Mas a nova organização judiciária do Império, as alterações na ordem do Juízo, as multiplicadas disposições derrogatórias do Código Philippino, tornarão essa Obra — sempre excelente — e até certo tempo indispensável — de ha muito quasi completamente inutil entre nós".[20]

---

(20) Teixeira de Freitas — *Primeiras Linhas sobre o Processo Civil*, de Pereira e Sousa. Tomo I. Ed. de 1879. Rio.

Esta opinião redime muitas falhas do Código do Habsburgo, em cujo livro V ainda se arrolavam tantas penalidades distribuídas nos seus 143 Títulos.

As Ordenações do Reino de Portugal não poderiam deixar de ser a espelhação das fases evolutivas de sua excitante existência, conquistada geograficamente aos árabes e juridicamente aos romanos.

A sua linguagem pitoresca, as suas matérias por vezes esquisitas e sobre as quais se distendem os seus cinco livros, a sinceridade da declaração de que "somente ao Príncipe, que não reconhece Superior, he outorgado per Direito, que julgue segundo a sua consciência", enquanto que "ha de se advertir que os Ministros hão de julgar segundo as Leys do Reyno, não obstante a praxe em contrário"[21] — tudo isso se encaixa com exatidão no seu tempo, como se fosse uma tela de colorido intenso, porém proporcionado às coisas e aos seres retratados.

Os seus efeitos sobre o organismo do Brasil-Colônia ou 1º Império não foram impeditivos ou contrariantes de nossa formação jurídica, mesmo porque ainda iniciamos, em estado de adolescentes, a elaboração da jurisprudência nacional.

Não se poderia exigir das Ordenações mais do que em realidade elas foram: obra multissecular de um povo tão orgulhoso de suas legislações que as vinculou historicamente aos nomes dos seus outorgantes reais.

c) O Código de Bustamante

O Código de Bustamante, como expressão de Direito Internacional Privado, parece-nos mais decorativo do que mesmo existencial, sem que isso importe na negação de sua finalidade, na sua elaboração prescindível e no formalismo do seu reconhecimento.

Ao ser ratificado pelos governos dos Estados americanos presentes à VI Conferência Internacional Americana, conciliada em Havana em 1928,[22] não iria fixar normas inéditas de

---

(21) Vanguerve Cabral — *Prática Judicial.* Lisboa. Ed. de 1843.

(22) Comparticiparam dessa conferência os representantes dos governos da Argentina, Brasil, Bolívia, Colômbia, Costa Rica, Chile, Cuba, República Dominicana, Equador, Estados Unidos, Guatemala, Honduras, Haiti, México, Nicarágua, Peru, Panamá, Paraguai, Salvador, Uruguai, Venezuela.
— O Código foi ratificado no Brasil pelo Decreto nº 5.647, de 8 de janeiro de 1929, na presidência do Dr. Washington Lufs. O Decreto nº 18956, de 22 de outubro do referido ano determinou fosse cumprido textualmente o Código de Havana.

direito, mas revigorar as já existentes e prevenir o futuro das mesmas pelo desajuste das legislações dos pactuantes.

Era um Código que se instituía sobre princípios já consagrados, a exemplo da arte greco-romana que veio gravitar sobre a estética helênica, sem concepção original, mas estilizando o passado, através da ordem compósita.

Podemos dizer, então, que a importância do Código de Bustamante não decorre da sua autoridade legislativa, mas sim do seu ajuste dócil às anteriores normas processadas nos centros estatais de adoção.

Houve, entre elas e esse estatuto, uma espécie de associacionismo biológico-legal, mas sem interdependência, conquanto ambos de característico homogêneo.

Suas idéias, distribuídas em dez Títulos, com 437 artigos, fora os do Preâmbulo, não se atritam com a conduta dos povos americanos em relação com os estrangeiros e continuarão subsistindo; não tanto pela sua estruturação paragrafada, mas pelo seu conteúdo natural e harmônico.

Nenhum direito subsiste sem investimento incessante, quer se imponha como expressão de vontade social, quer se apresente atribuído da normalística judiciária do Estado.

O Código de Bustamante, como artéria do Direito Internacional, seria um corpo de ausência jurídica, se não fosse o crédito que a civilização americana lhe outorga, como uma dependência do seu patrocínio moral.

O Direito Internacional Privado teve nele um valioso alcance de sanção e de preservação de seus postulados, na homogenia do pensamento americano.

Pontes de Miranda afere-o sob o ponto visual do altruísmo e não pela sua estratificação jurídica:

> "Na ordem dos tratados, há o Código de Havana ou o Código de Bustamante, mais revelador de boa vontade e amor à causa de codificação do que de preocupação científica".[23]

Clóvis Bevilacqua, num estudo em derredor da *Codificação do Direito Internacional*, feito em 1907, — por conseguinte, 21 anos antes do conclave de Havana, do qual resultou a aprovação do Projeto do atual Código de Direito Internacional Privado, da autoria do jurista cubano Antônio Sanchez de

---

(23) **Pontes de Miranda** — *Tratado de Direito Internacional Privado* Livr. José Olímpio. Rio. 1935.

Bustamante – considerava que a unidade do direito internacional público e privado não fosse "empresa de fácil realização".

E recordava a "soma considerável de esforços" nas conferências de Haia, em busca da "linha média de conciliação entre as correntes contrárias dos interesses e opiniões".

Entretanto, a previsão da III Conferência Pan-Americana, reunida no Rio de Janeiro em 1903, havia determinado aos 23 de agosto daquele ano que uma comissão de jurisconsultos fosse "encarregada de preparar um projeto de Código de Direito Internacional Público, que regule as relações entre os países da América".

E em 1908 conseguiu-se afastar aquele obstáculo imaginado pelo nosso opulento civilista, isto é, naquele "ponto de dissídio fundamental, na determinação do estatuto pessoal, para o qual umas legislações preferem o domicílio e outras a nacionalidade".[24]

Porém o estorvo do domicílio foi superado no Cap. II do Título I, quando o Código suavemente esclarece:

> Art. 22 – O conceito, aquisição, perda e reaquisição do domicílio geral e especial das pessoas naturais ou jurídicas, reger-se-ão pela lei territorial.
> Art. 26 – Para as pessoas que não tenham domicílio, entender-se-á como tal o lugar de sua residência, ou aquele onde se encontrem.

Quanto ao princípio da nacionalidade, ficou elucidado no capítulo I do título citado, que

> Art. 9º – Cada Estado contratante aplicará o seu direito próprio à determinação da nacionalidade de origem de toda pessoa individual ou jurídica e à sua aquisição, perda ou recuperação posterior, realizadas dentro ou fora do seu território, quando uma das nacionalidades sujeitas à controvérsia seja o dito Estado.

Em decorrência, o Código acrescenta, adiante:

> Art. 12 – As questões sobre aquisição individual de uma nova nacionalidade serão resolvidas de acordo com a lei da nacionalidade que se supuser adquirida.
> Art. 14 – À perda de nacionalidade deve aplicar-se a lei da nacionalidade perdida.

---

(24) Clóvis Bevilacqua – *Codificação do Direito Internacional* - Revista Acadêmica, da F. D. do Recife. Ano XV, 1907. Impr. Industrial. Recife.

Os juristas de Havana haviam, pois, joeirado do trigal da elaboração do Código de Sanchez de Bustamante o cardo que havia ferido a preocupação justificada de Clóvis Bevilacqua.

Mas, em verdade, a extensa matéria compendiada fixa-se equilibradamente em textos harmoniosos e condizentes com a elevação cultural dos pactuantes.

Coerente com o seu esboço vitorioso, Bustamante, nas brilhantes páginas de sua Introdução, elucidou previdentemente que "o direito internacional privado tem de conceber-se como o conjunto de princípios que determinem os limites no espaço da competência legislativa dos Estados quando se tiver de aplicar a relações jurídicas que possam estar submetidas a várias legislações".[25]

Adotando esse critério, ou norteada por ele, a conferência de. Havana não complicou o código com dispositivos supérfluos e nocivos, porquanto a sua existência iria provocar a reação das legislações nacionais e, assim, desapareceria o prestígio da codificação.

Em atinência aos direitos adquiridos, há para eles uma linha de fronteira, móvel porém inquebrável, que equipara nacionais e estrangeiros dentro das seguranças estatais, identidade de garantias e respeito às adoções do *jus sanguinis* ou do *jus soli* por parte das legislações locais.

Assim, define coerentemente este dispositivo:

> Art. 8 – Os direitos adquiridos segundo as regras deste Código têm plena eficácia extraterritorial nos Estados contratantes, salvo se se opuser a algum dos seus efeitos ou conseqüências uma regra de ordem pública internacional.

As disposições sobre Obrigações e Contratos são clarificantes e precisas:

> Art. 164 – O conceito e a classificação das obrigações subordina-se à lei territorial.
> Art. 165 – As obrigações derivadas da lei regem-se pelo direito que as tiver estabelecido.
> Art. 166 – As obrigações que nascem dos contratos têm força de lei entre as partes contratantes e devem cumprir-se segundo o teor dos mesmos, salvo as limitações estabelecidas neste código.

---

(25) Sílvio Romero Filho - *A Codificação Americana no Direito Internacional* - Vol. VII. Rio. 1927.

Quando Bartolo, no *Conflito de Leis*, comentando o Direito Justiniano, lá pelo remoto ano de 1355, explicava em Perúgia "se o efeito de um estatuto se estende além do território do legislador" e que no caso "urge a lei do lugar em que foi feito o contrato",[26] jamais poderia imaginar que o seu pensamento legal sobrevoaria os séculos, até nós.

E ainda, de três séculos depois do notável jurisconsulto medieval de Sassoferrato, o suíço Ulrich Huber, no *Conflito das Leis de diversos Impérios*, lastimava que "nada seria mais incômodo ao intercâmbio entre os povos que as coisas válidas pelo direito de certo lugar, se tornassem ineficazes em virtude da invalidade do direito de outro lugar".[27]

Jean-Jacques Chevalier, no estudo particularizado de *La Démocratie en Amérique* de Tocqueville, cuja influência intelectual foi edificante nos Estados Unidos, comenta, em relação à vida interna de certas nações, relegada à indiferença em face das preocupações de ordem externa:

> "*Se elles ne modifient leur lois, et leur moeurs, elles périront; au bout du chemin abjet par elles parcouru, il y a l'anarchie ou le despotisme*, double fruit de l'individualisme, fils de l'égalité".[28]

Todavia, a codificação americana de Direito Internacional Privado de Havana firmou a convicção de que os povos se podem ajustar a normas comuns, maleáveis às evoluções sociais.

O fato de não se haver tornado numa expressão de Direito Internacional Privado o *Projeto de Código de Direito Internacional Público*, do conselheiro Lafayette Rodrigues Pereira, não nos embota e restringe o sentido de análise e de mérito e não canaliza nossas idéias para um juízo de acrimônia sobre o homem que foi considerado pelas representações de Colômbia, Costa Rica e Chile, "não somente um dos filhos mais esclarecidos de Cuba, senão também um dos mais exímios cidadãos da grande pátria americana".

O prof. Oscar Tenório considera a codificação de Havana

---

(26) Bartolo - *Conflito de Leis* – Trad. inglesa de Joseph Menry Beale. Trad. portuguesa do Prof. Haroldo Valadão. Rio. 1938.

(27) Ulrich Huber – *Do conflito das Leis de diversos impérios* – Trad. port. do Seminário de D. I. Priv., da Faculdade de Direito, dirigida pelo Prof. H. Valadão. Rio. 1951.

(28) Jean Jacques Chevallier – *Les grandes oeuvres politiques* – Libraire Colin. Paris. 1952.

como "obra de transação em meio aos dissídios doutrinários e legislativos entre os países do Continente"; conquanto "De feição continental, o Código Bustamante tem tido, contudo, acolhida no mundo científico europeu".[29] E lembra as adesões de Espanha e Portugal, as quais, ao nosso ver, resultam de nossas afinidades étnicas e espirituais.

Porém carecemos de registrar este sincero e melancólico depoimento sobre a codificação da IV Conferência, isto é, a opinião do prof. Artur Nussbaum, da Universidade de Colúmbia, exarada na "História del Derecho Internacional":

> "Los objectivos de los Convenios interamericanos fueron muy variados. Quince ratificaciones, entre las cuales *solo fué importante la de Brasil*, se lograron para el extenso Convenio sobre Derecho Internacional privado (1928), preparado por el jurista cubano Bustamante (de ahí su nombre de Código Bustamante) pero hay muy pocas señales de que se aplique en la práctica. En éste, como en otros casos, la ratificación parece haber sido más bien un acto de cortesia, o el resultado del deseo de adornar los textos legales con documentos internacionales de apariencia impresionante".[30]

Bento de Faria, entusiasta e comentador do Código de Direito Internacional das Américas, considerando que as partes signatárias da codificação poderão denunciá-la, considera que "tal circunstância não deixa realmente, de enfraquecer a obra codificadora do novo mundo.[31]

Porém, o próprio Bustamante declarou, com simplicidade, explicando a fatura democrática e flexível do seu trabalho:

> Notese igualmente que no tiene el Codigo por objecto crear en America un Derecho Internacional uniforme que se aplique dentro de cada país a todas las relaciones jurídicas que allí de desenvuelvan o se manifiesten. Lejos de eso, deja intacto y sin variación alguna el derecho nacional para todas las personas que no pertenescan a los Estados contratantes y que seguirán regidas por las mismas leyes a que anteriormente se encontraban submetidas".

---

(29) Oscar Tenório – *Direito Internacional Privado* – 2ª ed. Livr. Freitas Bastos. Rio. 1949.

(30) Artur Nussbaum – *História del Derecho Internacional* - Editorial Rev. de Derecho Privado. Madrid.

(31) Bento de Faria – *Da condição de Estrangeiros e o Código de Direito Internacional Privado* Jacinto Ribeiro, editor. Rio. 1930.

Já se vê que esse corpo ᴄᴇ regras de Direito Internacional Privado, bem urdidas, pelo próprio espírito de sua formação, será sempre um espelho da vida interna de cada Estado. Tal reflexo, tal fenômeno social sobreposto à face do cristal jurídico. A ausência de causa trará sempre em resultado a impassividade e a irretroatividade do espelho.

Pode ser fastidioso, mas para chegarmos à primícia desta asserção ou desta conjetura, nem precisamos do socorro das leis sociológicas, porque a solução simplíssima está contida na própria física, porquanto Leibniz esclarece nos *Tractados fundamentales*: — "Asi, una substancia que es de una extensión infinita, en tanto que lo expresa todo, se torna limitada por la manera de su expresión mas o menos perfecta".[32]

O Código de Bustamante sobrevive, pois, na sua extensão internacional, regulando platonicamente uma imensidade humana sobre uma imensidade territorial e, por isto, limitando-se a si mesmo, na expressão perfeita do seu contexto, decorrente do aprimoramento da cultura jurídica dos povos que se honraram com a sua ratificação.

d) A Consolidação e o Esboço, de Teixeira de Freitas

Há uma pequena frase de Clóvis Beyilacqua, o autor vitorioso do quinto e último projeto da codificação civil brasileira, que não teria uma significação tão elevada se tivesse sido escrita por outro jurista.

É aquela em que o autorizado civilista se refere à *Consolidação das leis civis* de Teixeira de Freitas, — trabalho de envergadura, contratado pelo Governo Imperial em 15 de fevereiro de 1855 afirmando com insuspeição e superioridade:

— Foi esse o nosso primeiro Código Civil.

Entretanto, "o Cujácio brasileiro" (na citação de Cândido Mendes), deixou estampado, em testemunho de sua modéstia, na Introdução, esta ressalva: — "É um trabalho de simplificação que, destinado à grande obra do Código Civil Brasileiro, mal aspira o merecimento de uma codificação provisória".[33]

Andávamos, naquela época, entre os artigos das Ordenações Filipinas, — que o cauteloso coordenador considerava "pobríssimas e reclamavão copioso suplemento" — e o implacável e infalível Direito Romano.

---

(32) Leibniz — *Tratados fundamentales* — Trad. de Vicente Quintero. Editorial Losada. Buenos Aires. 1946.

(33) Teixeira de Freitas — *Consolidação das Leis Civis* — 2ª ed. Tip. Universal de Laemmert. Rio. 1865.

Augusto Teixeira de Freitas, ao iniciar a sua corporificação, considerava que "a legislação civil é sempre dominada pela organização política" e, por isso, estabeleceu este sistema, ou esta norma elaborativa:

> "Examinar as leis em seus próprios textos, sem influência de alheias opiniões, comparar atentamente as leis novas com as antigas, medir com precisão o alcance e conseqüências de umas e outras, – eis o laborioso processo que empregado temos para conhecer a substância viva da Legislação".

Especulando o sistema civil do seu tempo, os limites do Direito Público e do Direito Privado, a maneira como recolher e aplicar os princípios fundamentais dos direitos, aquilatando o valor da prática e a inflexão das leis econômicas, organizou ele a Consolidação, desdobrada em 1333 artigos, distribuídos eqüitativamente desta maneira:

PARTE GERAL $\left\{\begin{array}{l} \text{I – Pessoas} \\ \text{II – Coisas} \end{array}\right.$

PARTE ESPECIAL $\left\{\begin{array}{l} \text{I – Direitos pessoais} \\ \text{II – Direitos reais} \end{array}\right.$

As anotações eruditas com que esclareceu a diversidade das matérias, sob os asteriscos, foi a mesma seguida, mais tarde, por Clóvis, nos seis volumes do Código Civil Brasileiro instituído pela Lei nº 3.071, de 1º de janeiro de 1916, sancionada pelo presidente Wenceslau Brás e referendada pelo constitucionalista Carlos Maximiliano, Ministro da Justiça.

A *Consolidação* foi aplaudida pelo pensamento cultural do Brasil e louvada por muitos juristas estrangeiros, cabendo destaque a esta referência consagradora do notável jurisconsulto argentino Martinez Paz, citada em Havana pelo professor Haroldo Valadão [34], na sessão inaugural da Academia Internacional de Direito Comparado e Internacional:

> "La Consolidación es el monumento más alto del pensamiento jurídico americano; las codificaciones y los trabajos de exégesis y comentário, así como los escasos tratados de dogmática, ni en punto a erudición, ni en doctrina han alcanzado ese sello de originalidad, de sentido personal y de profundidad que caracteriza a la Consolidación de las leys civiles. (*Freitas y su influencia sobre el Código Civil Argentino*, pág. XVI).

---

(34) Haroldo Valadão – *O desenvolvimento do Direito Internacional Privado na Legislação dos Estados Americanos* – Revista Jurídica. Vol. 8. 1944/45. Imprensa Nacional. Rio.

Na segunda edição da Consolidação (tirada por conta do autor), vem tipografado o relatório da comissão encarregada de revê-la, assinado no dia 4 de dezembro de 1858 e composta do Visconde de Uruguai, José Tomás Nabuco de Araújo e Caetano Alberto de Araújo, a qual declara que:

> "Por meio do exame a que procedeu a Comissão, chegou ela à justa apreciação dessa elaboração, que a par do estudo profundo, erudição vasta e método didático, dá testemunho do zelo, dedicação e constância do seu distinto autor e *recomenda e atesta sua habilitação para o Projeto do Código Civil, do qual a Consolidação é preparatório importante.*"

Por decreto de nº 2.318, do mesmo mês e ano, o Governo Imperial aprova o parecer da comissão e determina em seu artigo 1º que o "Ministro e Secretário de Estado dos Negócios da Justiça contratará com um jurisconsulto da sua escolha a confecção do Projeto do Código Civil do Império".

Porém, no segundo período do artigo 2º (que deveria ter tomado a designação de Parágrafo Único), havia a declaração cerceante de que "seriam dadas as necessárias instruções para as conferências da Comissão, protocolo dos motivos do Projeto e demais providências que convier à boa organização deste trabalho".

Em 1859, Teixeira de Freitas é incumbido desse empreendimento e em 1860 inicia a divulgação do anteprojeto, até que em 1865 a comissão revisora do trabalho dá começo às suas lentas atividades, com a presença de Pedro II.

Aí começa a tragédia do *Esboço*, que havia atingido os seus 4.908 artigos, porquanto a comissão não tinha capacidade para se sobrepor à apreciação ou à análise dos textos, declarando Teixeira de Freitas em carta a Nabuco de Araújo "que, na marcha que tiveram os seus trabalhos, precisaria de mais de cem anos para concluí-los".[35]

Dali por diante, a divergência entre o autor do *Esboço* e o Governo brasileiro se acentuaria a tal modo que a boa vontade de Nabuco de Araújo e o do seu substituto Martim Francisco apenas tiveram o mérito de evitar a ruptura dos laços contratuais. Porém, em 1869, José de Alencar, homem de letras e ministro, dá um golpe no trabalho, considerando que "o engenhoso e vasto plano ultimamente delineado pelo bacharel Au-

---

(35) Levi Carneiro — *Estudo crítico-biográfico* no prefácio do *Esboço* — Ed. da Imprensa Nacional. Rio. 1952.

gusto Teixeira de Freitas, mas também o esboço anterior, são, como elementos legislativos, frutos muito prematuros, embora como trabalhos científicos revelem as altas faculdades do autor e sua opulenta literatura jurídica".

De fato, aquelas concepções eram "prematuras" para a senectude espiritual de muitos conselheiros de Estado de então e talvez fosse comentada de modo pejorativo aquela classificação de "jurista filósofo" que o elegante Barão de Penedo havia dado a Teixeira de Freitas.

Em 1872, o Ministro da Justiça, Duarte de Azevedo, rompe definitivamente os liames contratuais e elogia Teixeira de Freitas "em nome do Governo Imperial, pelos serviços prestados com o Esboço do Código Civil, que, se não é ainda projeto de Código, é trabalho de incontestável utilidade e merecimento".

Encerrava-se, naquele ano de 1872, a possibilidade da codificação civil brasileira, que somente se concretizaria quarenta e quatro anos depois, com a República.

A verdade, todavia, é que a *Consolidação* foi o esboço de nossa envoltura civil, da mesma maneira como o *Esboço* foi a consolidação de nossa realidade jurídica, pois, conforme esclareceu Pontes de Miranda, no atual Código Civil Brasileiro, "o que vai morder (digamos) a realidade, vem de Teixeira de Freitas, ou de Coelho Rodrigues".[36]

Haroldo Valadão lastima que "esse esboço infelizmente não foi, ao seu tempo, apreciado no Brasil como devia".

É que, enquanto entre nós não havia uma repercussão condigna da obra realizada, o pensamento sul-americano se projetava sobre o *Esboço*, a princípio num sentido de curiosidade e, em seguida, de admiração.

O trabalho exaustivo havia, porém, cansado o cérebro poderoso daquele homem que "iniciou o culto do Direito no Brasil";[37] todavia, recuperou o ritmo anterior e ainda, por muitos anos, Teixeira de Freitas cultivou, com brilho e capacidade, a seara jurídica.

Há quem afirme que o insucesso da adoção oficial do *Esboço* foi em face à estruturação filosófica do seu texto; entretanto, Clóvis Bevilacqua diz que "no Esboço, as idéias de Tei-

---

(36) Pontes de Miranda - *Fontes e evolução do Direito Civil Brasileiro* (História, lacunas e incorreções do Código Civil). 1ª ed. Pimenta de Melo & Cia. 1928. Rio.

(37) Levi Carneiro. Op. cit.

xeira de Freitas se robustecem e aprimoram. A inteligência dilata-se, progride e adquire dons de clareza que, por vezes, se não encontram na *Consolidação*".[38]

Porém observemos a projeção do nosso grandioso civilista para além de nossos limites geográficos: – Ao apresentar ao Ministro da Justiça da Argentina, em junho de 1865, o primeiro livro do projeto de sua autoria, disse o jurista Velez Sarsfield, sem nenhum subterfúgio, que se utilizara "sobre todo el Projecto del Código que está trabajando para el Brasil el Snr. Freytas, del cual he tomado muchísimos artículos".[39]

Haroldo Valadão, na sua consubstanciosa conferência já citada, explica que a influência de Teixeira de Freitas no Código Civil Argentino foi tão ressumante que, enquanto em nosso país o *Esboço* jamais tivera uma edição enfeixando todas as suas matérias, na Argentina fora ele publicado em duas edições completas.

No Uruguai, o projeto do Código Civil, redigido pelo jurisconsulto Tristan Narvaja, recebeu a influência do nosso relembrado civilista e é, ainda, o professor Valadão que afirma:

> "Na obra publicada em 1910 pelo Dr. Ricardo Narvaja, *Fuentes, Notas y Concordancias del Código Civil de la República Oriental del Uruguay*, se publica a carta de Freitas com a nota – el Savigny americano".

Mas a linha impressiva do *Esboço* teria que se estender, como se estendeu, do Código Civil Argentino para o Código Civil do Paraguai e "por essas vias chegou até alguns países da América Central, como Nicarágua, que nos seus artigos VII e VIII traduz os artigos 5º e 6º do Esboço de Freitas", – ainda conforme Valadão.

É interessante esse fenômeno de ressonância jurídica, para além das fronteiras onde se deu a elaboração desse planejamento civil que alcançou tamanha conceituação internacional.

Falhara, em tal analogia, a lei de acústica, pela qual a reflexão de um som tem intensidade semelhante à do rumor do impacto.

No caso, o eco teve maior percussão e maior consonância do que o ruído do embate. Seria desdourante conjeturar-se que

---

(38) Clóvis Bevilacqua – *Teixeira de Freitas* – Discurso no Teatro Municipal, em 19 de agosto de 1916, centenário do nascimento de Teixeira de Freitas. Rev. Acadêmica da Faculdade de Direito do Recife. Ano XXIV. 1917.

(39) Haroldo Valadão. Op. cit.

os ambientes internacionais possuíam, naquela época, maior sensibilidade jurídica, maior capacidade receptiva de erudição que o nosso.

Preferimos inclinar-nos para um outro raciocínio, que esbarra com uma solução reprovável, porém menos deslustrante: Teixeira de Freitas não se acomodava ao satelitismo político do Império; mantinha o espírito dentro de uma armadura de indomável independência; possuía uma individualidade intransigente e ofuscava a jurisdicidade das condecorações dos românticos ministros de Estado de Pedro II.

Fora do Brasil, seu pensamento, sua cultura não retratavam o homem inconversível que não se resignava a restringir o número de artigos do *Esboço* de acordo com a tabela do Ministro da Justiça ou da comissão controladora do trabalho. Seu sistema legal se mostrava tal uma estrela, solta e livre, que não reflete o fundo do firmamento de onde ressalta ou a moldura do universo que a constrange. Era engastada em si mesma, nas suas assertivas e nas suas deduções.

Aqui, todavia, Teixeira de Freitas apresentava, no cenário brasileiro, o complexo do homem e das idéias e, aos olhos dos sisudos conselheiros de Estado, não era possível uma apreciação das idéias separadas do homem.

Afastando-se dos velhos cânones civis, adotando uma classificação que foi, na opinião de Clóvis, "uma feliz novidade com que se enriqueceu a técnica jurídica", esquivando-se da influência de Gaio e de Savigny, — Teixeira de Freitas forjou uma norma inédita que não se enquadraria na estrutura doutrinária da época.

Um tal temperamento não se curvaria nunca ao policiamento daqueles "sete jurisconsultos da Corte e Império", presididos por um Conselheiro de Estado, a que se referia o art. 1º do decreto nº 2.318, que providenciava "sobre a confecção e organização do Código Civil do Império".

Ele advertira que haveria de levar a cabo o seu empreendimento, buscando sempre a "substância viva da legislação". E, de fato, com esse objetivo, erigiu o nosso edifício civil, sem se querer orientar pela planta que lhe queriam impor os engenheiros legais de Pedro II.

Sendo, assim, um revolucionário do Direito Civil, teria de se chocar com os rochedos do dogmatismo estatal. José de Alencar bem que achara as suas idéias "frutos muito prematuros". Porém não foi o sol da crítica contemporânea que os sazonou. Eles já traziam o sumo da maturidade no seu mesocarpo.

Seria impertinente repetir frases e períodos sobre aquele pioneiro do Direito Civil que foi, numa síntese bibliográfica e na opinião consagrante de Rui Barbosa, "o maior dos jurisconsultos do seu tempo".

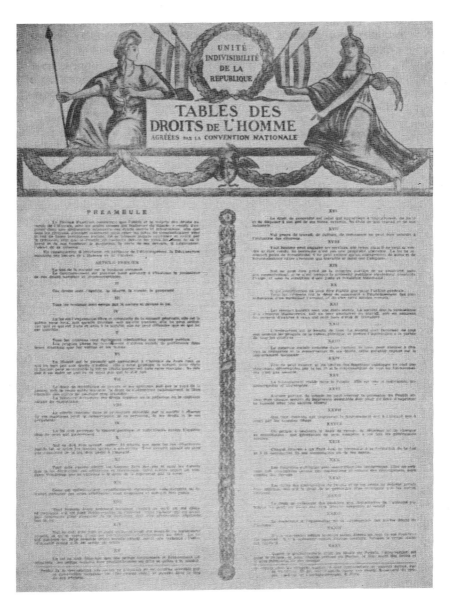

Declaração dos Direitos do Homem e do Cidadão
Fac-símile do Preâmbulo da Constituição Francesa de 1793

Capítulo X

DECLARAÇÃO UNIVERSAL
DOS DIREITOS DO HOMEM

A Declaração Universal dos Direitos do Homem, aprovada em 10 de dezembro de 1948, em Paris, constitui a página mais brilhante do pensamento jurídico da humanidade e, em tese, o diploma de sua maior conquista.

Para se atingir a sua culminância, uma imensidade de degraus foi palmilhada e uma imensidade de textos legais e de reivindicações caíram pelos escalões das iniciativas, atestando a honestidade dos esforços por uma paz perene e por um plano de existência igual e condigna.

Se, nos limites de um Estado, os nacionais dificilmente se subjugam e se harmonizam às letras dos códigos, quanto mais uma universalidade de nações se sujeitar a um estatuto, conquanto de idéias gerais, mas sempre como o imperativo de que "A vontade do povo será a base da autoridade do governo". (Art. 21, item 3º.)

Grande era o acervo do passado em projetos de estatutos internacionais; copiosa era a bibliografia, desde o enciclopedismo doutrinário e sistematizador.

A dificuldade surgida em todos os tempos sempre foi oriunda da estreiteza dos nacionalismos. Fazia-se mister um espírito de mútua concessão e de confiança. Digamos melhor: era imprescindível o estabelecimento inicial de um largo crédito de confiança no direito dos povos e numa sincera política internacional, porquanto se impunha o preceito de Bluntschli, de que "La politique internacionale peut être considerée comme un premier degré qui mène à la politique humaine".[1]

---

(1) Bluntschli – *La politique*. Librairie Guillaumin et Cie. Paris, 1883.

Kant, distanciado de nós por um século e meio, conquanto, em A Paz Perpétua inclua idéias inaceitáveis e incompatíveis com a evolução universal, ofereceu as seguintes considerações objetivadas pelas Nações Unidas:

    a) Contribuição de todos "para a realização dum estado de direito público universal".

    b) Consulta prévia aos filósofos, a fim de que "livre e publicamente se manifestem sobre as máximas gerais da guerra e da paz".

    c) A vigência em todo Estado de uma "constituição cujos fundamentos seja os três seguintes: – 1º, princípio da *liberdade* dos membros duma sociedade, – o homem; 2º, princípio da dependência de uma única legislação em que todos se encontram como súditos; 3º, princípio de *igualdade* geral, como cidadãos; – é a única constituição que nasce da idéia do contrato originário, sobre o qual se há de fundar toda a legislação dum povo". (2)

Ora, em 1947, a comissão encarregada da elaboração dos Direitos do Homem, – cujas colunas se apoiariam nos alicerces dos princípios basilares da Revolução Francesa – de liberdade, igualdade e fraternidade, decidiu democraticamente enviar um questionário a "diversos pensadores y escritores de naciones de la Unesco, a los que se pidió que en calidad de individuos competentes ofrecieram su punto de vista".

Esse questionário é um esmerilhamento ou uma interpretação daquela fórmula que Rousseau arquitetou no Cap. VI do *Contrat Social*, em atinência ao pacto que concebia para o gênero humano:

– "Trouver une forme d'association qui défende et protège de toute la force commune la personne et les biens de chaque associé, et par laquelle chacun, s'unissant à tous, n'obéisse pourtant qu'à lui-même, et reste aussi libre qu'auparavant. Tel est le problème fondamental dont le Contrat Social donne la solution".[4]

---

(2) Emmanuel Kant – *A Paz Perpétua* – Trad. de Rafael Benaion. Ed. Co-editora Brasileira. Rio. 1939.

(3) Essa comissão dos Direitos Humanos que sucedeu ao grupo dos trabalhos iniciais foi composta dos seguintes membros: – William Roy Hodgson, da Austrália; Fernand Dehousse, da Bélgica; Felix Nieto del Rio, do Chile; P. C. Chang, da China; Osmar Ebeid, do Egito; Senhora Franklin Roosevelt, dos Estados Unidos; Carlos P. Rômulo, das Filipinas; René Cassin, da França; Senhora Hansa Mehta, da Índia; Chasseme Ghni, do Irã; Charles Malik, do Líbano; Ricardo Alfaro, do Panamá; Charles Dukes, do Reino Unido; Prokoudovitch, Standk e Klekovkin, respectivamente da Bielorússia, Ucrânia e URSS; Mora Otero, do Uruguai, e Wladislav Ribnikar, da Iugoslávia.

(4) J. J. Rousseau – *Du Contrat Social* – Librairie de la Bibliothèque Nationale. Paris. 1873.

Incontestavelmente aquele memorandum expôs, com limpidez e lisura, as linhas gerais do edifício dos Direitos Humanos, considerando que a declaração do século XVIII fora revolucionária e que "los ciento cincuenta años siguientes se han consagrado a intentar realizar los ideales que entrañaban".

Chamava-se a atenção para a incidência das idéias de Marx sobre a economia do mundo contemporâneo, o fenômeno do desemprego nas fases de paz, o princípio soviético "de planificación amplísima y de gobierno de un solo partido", os princípios de não discriminação racial, a significação oposta da palavra "democracia" nos países da esfera soviética, a redução de algumas liberdades individuais nos planejamentos sociais das democracias ocidentais, as conseqüências que a ciência aplicada à economia poderia causar aos indivíduos pelas restrições, os postulados de Gandi e de outros pensadores hindus pertinentes à "importancia social y en el valor individual de la meditación y de la experiencia mistica".

Recomendava-se, em seguida: — "Esta declaración comun debe reconciliar de alguna manera las diversas declaraciones divergentes y opuestas que existem ahora. Debe, además, ser lo suficientemente precisa como para tener un verdadero significado de inspiración que ha de llevarse a la práctica, pero también suficientemente general y flexible como para ser aplicable a todos los hombres, y poder ser modificada con el fin de que se ajuste a los pueblos que se encuentran en diferentes fases de desarrollo social y político, sin dejar, no obstante, de tener significación para ellos y para sus aspiraciones".

Definida, preliminarmente, a normativa do grandioso trabalho jurídico, foram remetidos aos "filósofos" da recomendação de Kant os questionários das considerações gerais, cingidos às suas seis perguntas e às considerações especiais, adstritas às suas vinte e cinco interrogações.

Foi, de fato, uma iniciativa de relevância jurídica, porquanto, de 25 de janeiro a 10 de fevereiro de 1947, se recolheu um valioso material histórico, espelhando o pensamento do Oriente e do Ocidente, através das sugestões de seus intelectuais mais destacados.[5]

Apreciemos, em súmula, esse quadro de opiniões, na sua maioria sinceras e lúcidas; variáveis nas suas modalidades, porém coerentes com os seus propósitos:

---

(5) UNESCO – *Los Derechos del Hombre*. Estudios y Comentários en torno a la nueva declaración universal. Ed. Fondo de Cultura Economica. México. 1949.

Jacques Maritain, expressão filosófica francesa de muito relevo, apresentou uma proposição ampla, democrática, cristã e enciclopédica, considerando que "No es seguro, por lo demás, que los derechos fundamentales de unos deban siempre coincidir con los derechos primitivos de los otros".

Mahatma Gândi, "el padre de la Índia atual", dirigiu uma carta de Nova Delhi ao Diretor Geral da Unesco, com a sua opinião singela e humana. Considerava que "solo somos acredores del derecho a la vida quando cumplimos el deber de ciudadanos del mundo".

E. H. Car, professor britânico de Direito Internacional, por seus princípios constitucionais, fez uma sugestão reivindicadora dos postulados de 1789. "Sería una equivocación sugerir que el nuevo concepto de los derechos del hombre suplante al viejo".

Arnold J. Lien, constitucionalista norte-americano, fez indicações de caráter pedagógico e cultural. "Al parecer, la única llave que puede liberar, en la nueva era, estas energias creadoras del individuo es la educación".

Luc Sommerhausen, socialista belga, sugeriu uma nivelação plena na face do mundo. "Lo mejor, empero, en opinión nuestra, seria proclamar derechos iguales y, a la vez, determinar los medios de hacerlos respetar".

Richard Mckeon, não mente à sua cátedra de Chicago, pois considerou que "Los problemas con que uno se enfrenta al redactar una declaración de los derechos del hombre son fundamentalmente filosóficos".

Salvador de Madariaga, apresentou uma longa consideração de aspecto constitucional e legalista, resumindo em que "El problema gira en torno a la cuestion de la soberania nacional".

John Lewis, na sua opinião de caráter político, considerou, diante dos quesitos da Unesco, que "El problema está mal planteado".

246

Harold J. Laski, ofereceu uma sugestão técnica e econômica. "La declaración debe ser, por tanto, un programa y no un sermón".

Benedetto Croce, exarou uma sugestão cautelosamente filosófica. Concitou a elaboração criteriosa de "Un compromiso que no resulte vacío o arbitrario".

Teilhard de Chardin, cientista francês, emitiu um parecer metafísico. "Toda la dificuldad estriba, unicamente, en reglamentar el fenómeno".

Sergius Hessen, historiador polonês, derramou-se numa longa crítica socialista e comunista. "La unidad del mundo depende en gran parte de si es o no posible elaborar un acervo común de ideas y princípios".

Quincy Wright, coordenou a sugestão mais imparcial e concreta. "Es menester abandonar los conceptos absolutistas del individuo, del Estado y de la comunidad mundial".

John Somerville, ofereceu argumentos de educação ideológica. "Es menester que encuentre un logar correspondente en el esfuerzo general educativo".

Kurt Riezler, opinou sensatamente por direitos com obrigações. "El hombre moderno parece dispuesto a admitir que los derechos están condicionados por los deberes".

Boris Tchechko, apresentou um histórico do regime comunista e, ao fim, aduziu a sugestão de ser "indispensable infundir a los derechos del hombre la substancia material que les ha faltado en el transcurso de los siglos".

Levi Carneiro, jurista brasileiro de projeção internacional, cooperou com sugestões objetivas e justas. "Todos estos derechos exigen y suponen el derecho a la justicia y el derecho de resistencia a la opresión".

F. S. C. Northrop, expôs uma sugestão erudita e judiciosa "Una filosofia de todas las culturas del mundo y una filosofia de la ciencia".

Chung-Shu Lo, pensou na figuração de princípios biológicos e epicuristas. "El derecho a la vida, el derecho a la expresión y el derecho al goce, pueden, según creo, abarcar todos los derechos fundamentales".

Hamayun Kbir, sugeriu uma norma doméstica e familiar. "El minimo esencial de requisitos elementales en cuanto a comida, vestido habitación y servicios higiénicos".

S. V. Puntambekar, dentro de sua formação hindu, pleiteou cepticamente uma declaração nacionalista e espiritual. "El mundo de hoy está loco".

Aldous Huxley, expressou-se de modo econômico e estatístico. "Hasta ahora la ciencia aplicada, en gran medida, ha estado al servicio del monopolio, la oligarquia y al nacionalismo".

. *R. W. Gerard*, propendeu para uma declaração biológica e restritiva. "Los derechos mínimos serán universales; los demás serán válidos en culturas muy especiales".

J. M. Burges, advogou uma plena liberdade científica. "El mundo, a lo que parece, se halla en visperas de grandes cambios".

W. A. Noyes, apostolou um pacifismo sem restrições. "De importancia vital para el futuro del mundo es que se repriman las grandes animosidades y los odios".

René Maheu, almejou uma Declaração que primasse por uma livre opinião humana. "Toda opinión libre que se expresa es un requirimiento a otras libertades".

I. L. Kandel, pretendeu um mundo ordeiro e pedagógico. "La educación para las diferentes libertades exige disciplina".

A. P. Elkin, distendeu-se imprecisamente em generalidades. "Los derechos del hombre carecen de contenido".

Leonard J. Barnes, afirma uma convicção colônica e cooperante. "Los movimentos progresistas entre los pueblos coloniales tienen a asumir un caráter nacionalista y de libéración".

Margery Ery, redigiu uma sugestão emocionante e becariana. "El problema de las garantias es particularmente difícil en el caso de los reclusos".

J. Haesaert, aconselhou uma Declaração eqüidosa e realista. "Los juristas saben perfectamente que la ley nada puede sin la costumbre".

Da leitura que fizemos desse feixe optativo e do qual recolhemos as estilhas acima, resulta-nos a convicção de que todos esses escritores, todos esses professores de diferentes partes do globo terrestre, foram brilhantes, porém nem todos objetivos.

Deve-se, todavia, consignar que o relator do projeto da Declaração Universal dos Direitos do Homem foi o doutor Charles Malik, representante da República Libanesa. Sua exposição foi serena e jurídica, sem o que não teria sido apreciada num plano de respeito ao seu trabalho de joeiramento.

Três questões foram suscitadas:

a) Até onde a Declaração deveria reconhecer "explicitamente" os direitos dos Estados.

b) Qual a significação que se deveria dar aos direitos individuais-pessoais, por um lado, e aos direito econômico-sociais por outro.

c) Se os direitos humanos seriam outorgados pelo Estado, pela Sociedade ou pelas Nações Unidas, ou inatos ao homem.

Pensamos que a primeira tese ficou coincidentemente defendida pelo último dispositivo da proclamação:

Art. 30 – Nenhuma disposição da presente Declaração pode ser interpretada como o reconhecimento a qualquer Estado, grupo ou pessoa, do direito de exercer qualquer atividade ou praticar qualquer ato destinado à destruição de qualquer dos direitos e liberdade aqui estabelecidos.

A segunda inquirição foi esclarecida na contextura deste preceito:

Art. 22 – Todo homem, como membro da sociedade, tem direito à previdência social e à realização pelo esforço nacional, pela cooperação internacional e de acordo com a organização e recursos de cada Estado, dos direitos econômicos, sociais e culturais indispensáveis à sua dignidade e ao livre desenvolvimento de sua personalidade.

A justeza e interpretação do terceiro quesito encontrou resposta no Preâmbulo da Declaração, em que a Assembléia Geral não outorga e nem sanciona os direitos universais, porém os *proclama*.

Desta forma, esses direitos já existiam historicamente e apenas foram recolhidos nesse texto dignificante, juntamente com as inovações legais trazidas ao mundo através das conquistas da ciência, do trabalho e das medidas de segurança e amparo social do homem, da mulher e da criança.

Votaram plenamente a favor da Declaração quarenta e oito Delegações de Estados, devendo-se recordar prudentemente que se abstiveram de votar os representantes da Tchecoslováquia, Polônia, União Soviética, Ucrânia, União Sul-Africana, Bielo-Rússia, Saudi-Arábia e Iugoslávia.

A Declaração Universal dos Direitos do Homem poderá deixar de ter implemento nos eclipses de paz internacional, porém será sempre invocada como o maior direito concebido em favor da humanidade, até este meado do século XX.

Os postulados franceses da revolução estiveram muitas vezes sem exação e sem apreço, porém serviram de base para muitos dispositivos das constituições européias de 1918 em diante, bem como para a Declaração Universal de 1948.

O ato final da Conferência da Paz de Haia, de 1907, assinalado brilhantemente por treze convenções de relevante alcance e por uma declaração de caráter geral. Naquele certame internacional, quarenta e sete nações tiveram oportunidade de afirmar a igualdade de seus direitos e de abrirem novos rumos ao internacionalismo pacifista. Por deliberação própria, – assinalou Clóvis Bevilacqua, – movidos pelo espírito de concórdia, todos os Estados reunidos em Haia fizeram-se mútuas concessões e aceitaram limitações à sua própria soberania.[6]

Foi ali que Rui Barbosa, o nosso expoente jurídico, assentou aqueles princípios de arbitragem que nos continuam empolgando e que encerrou o seu memorável trabalho de projeção internacional com estas palavras proféticas:

> "Mas seja como for, a competência, a vantagem, a necessidade destas assembléias periódicas da paz, é uma conquista irrevogável. Não se conseguirá impedi-las, frustá-las, substituí-las. É uma porta aberta para sempre. Todo o direito das nações há de passar por ela, pouco a pouco".

(6) Clóvis Bevilacqua – *A Liga das Nações, em suas linhas gerais* – Revista Acadêmica da Faculdade de Direito do Recife. Imp. Industrial. Recife. 1919.

Os 14 Princípios do altruísta e abnegado Wilson, que se exauriu na presidência dos Estados Unidos, por ocasião da guerra de 1914-1918, e por ele exposto no solo movediço de Versalhes, imaginando um mundo de igualdade dos pequenos e grandes Estados e uma Liga das Nações capacitada para resolver harmoniosamente os conflitos internacionais.

A Carta do Atlântico, assinada pelo Presidente Roosevelt, dos Estados Unidos e pelo 1º Ministro inglês Churchill, pela qual se preconizava uma paz que deveria "permitir a todos os homens cruzar livremente os mares e oceanos".

A Declaração das Nações Unidas, de 1º de janeiro de 1942, "para defender a vida, a liberdade, a independência e a liberdade de culto, assim como para preservar a justiça e os direitos humanos".

Ademais, recordemos os marcos que foram assentados pelos caminhos, difíceis e distantes, das iniciativas e dos conclaves internacionais:

A Carta de Henrique III, de 1225, na qual o soberano concedeu "todas as liberdades", "de acordo com os homens livres", da Inglaterra.

A ata de Westfália, lavrada em 1648, em latim, estabelecendo a liberdade religiosa após a guerra dos Trinta Anos e bem assim regulando a situação política dos países comparticipantes.

A Declaração de Direitos da Virgínia, pela qual, em 12 de junho de 1776, antecipando a Revolução Francesa, os americanos afirmavam que "Todos os homens nascem igualmente livres e independentes" e que "Toda a autoridade pertence ao povo".

A Declaração de 1789, adotada pela Assembléia Nacional Constituinte da França, a 26 de agosto, pela qual "os homens nascem e se conservam livres e iguais em direitos" e a Declaração inserida no Preâmbulo da Constituição de 24 de junho de 1793, pela qual "O fim da sociedade é a felicidade comum" e "Todos os homens são iguais por natureza e perante a lei".

A compilação ou o "Ato final" daquele congresso de Viena, de novembro de 1814 onde pela primeira vez Talleyrand, "ciego servidor del éxito", pronunciou a palavra *legitimidade*, depois de haver abandonado Napoleão "así que vió eclipsarse su estrela".[7]

---

(7) Jerónimo Becker – *Historia Politica y Diplomatica*. Desde la independencia de los Estados Unidos hasta nuestros dias. Libreria Antonio Romero. Madrid. 1897.

O Tratado da Santa Aliança, firmado pessoalmente em Paris em setembro de 1815 por Francisco II, Imperador da Áustria; Frederico Guilherme III, Rei da Prússia e Alexandre I, Imperador da Rússia, composto de três artigos compactos e complexos e onde se continha na sua disposição final: — Art. III — "Todas las potencias que quisieren solenemente confesar los principios sagrados que han dictado el presente acto, serán recebidas con tanto anhelo como afecto en esta santa alianza".

As declarações corajosas das Conferências de Moscou, de 1943; o convênio das Nações Unidas, do mesmo ano, para socorros e reabilitação; as conferências do Cairo e Teerã, com as suas notas incisivas, igualmente de 1943; o Ato de Chapultepec, de 3 de março de 1945, pelo qual os Estados Americanos se uniram para a defesa deste hemisfério, "animados de profundo amor à justiça" e "sinceramente dedicados aos princípios do Direito Internacional".

A penúltima estação da Declaração Universal dos Direitos do Homem foi, inquestionavelmente, a Carta das Nações Unidas, de 26 de junho de 1945, cuja organização "é baseada no princípio da igualdade de todos os seus membros".

Foi ela o apresto da Declaração e os seus 111 artigos fixam disposições pertinentes à paz, segurança, cooperação, acordos, territórios, tutelas e sobre uma Corte Internacional de Justiça. Aliás, devemos relembrar que Clóvis Bevilacqua em 30 de abril de 1920, preconizando o assunto, divulgou o seu "Projeto de organização de um Tribunal Permanente de Justiça Internacional", onde há alguns pontos seguidos pelo Estatuto da Corte Internacional de Justiça. É claro que o trabalho do nosso excelente jurista não se poderia enquadrar na realidade do presente, porém significa a sua acertada previsão. E as condições por ele concebidas ainda hoje refletem a face concreta do mesmo organismo internacional:

"Para que, porém, o Tribunal seja capaz dessa dupla missão declarativa e produtora do direito internacional, para que possa, proveitosamente, realizar, na sociedade dos Estados, a função a que se destina, há de: — 1º, ser permanente, isto é, há de se achar aparelhado para, a todo o momento, levar a luz da justiça aos que reclamarem; 2º, independer da escolha das partes, quando for chamado a dirimir as contestações, sendo, antes, um órgão da-sociedade dos Estados, do que um aparelho movido pela vontade dos contendores; 3º, ser composto de profissionais do direito e não de políticos; 4º, proferir sentenças definitivas, que se imponham ao respeito universal pela justiça que objetivarem e pelo prestígio dos homens que o compuserem".[8]

Como vemos, não houve uma luminosa escada de Jacó para a Declaração, porém um intrincado caminho que a consciência dos homens foi desbravando ao perpassar dos anos e dos séculos, com luta, com aperfeiçoamento espiritual e com tenacidade.

A Declaração Universal dos Direitos do Homem é uma tela palpitante de todos os pronunciamentos jurídicos, realizados até este meio século, em prol da melhoria moral, política, religiosa, cultural e material da sociedade humana.

Os seus conceitos confirmam a legitimidade de cada matéria discutida com liberdade e com fundamento. Não há no seu texto uma expressão vazia ou uma superfluidade. Diderot considerava que "Não basta revelar: é preciso que a revelação seja completa e clara".[9]

Os incisos da Declaração foram inscritos em linguagem límpida e escorreita, não deixando margem a interpretações arguciosas.

Dos trinta dispositivos declaratórios, consideramos que os seguintes são da maior expressividade e justeza:

Art. 1º – Todos os homens nascem livres e iguais em dignidade e direitos. São dotados de razão e consciência e devem agir em relação uns aos outros com espírito de fraternidade.

Art. 3º – Todo homem tem direito à vida, à liberdade e à segurança pessoal.

Art. 6º – Todo homem tem direito de ser, em todos os lugares, reconhecido como pessoa perante a lei.

Art. 7º – Todos são iguais perante a lei e têm direito, sem qualquer distinção, a igual proteção da lei. Todos têm direito a igual proteção contra qualquer discriminação que viole a presente Declaração e contra qualquer incitamento a tal discriminação.

Art. 9º – Ninguém será arbitrariamente preso, detido ou exilado.

Art. 13º – Todo homem tem direito à liberdade de locomoção e residência dentro das fronteiras de cada Estado.

---

(8) Clóvis Bevilacqua – *Projeto de Organização de um Tribunal Permanente de Justiça Internacional* – Rev. Acadêmica da Fac. de Dir. do Recife. Imprensa Industrial. Recife. 1920.

(9) Denis Diderot – *Obras filosóficas* – Trad. do Prof. Nelson Pires. 2ª ed. Edições e Publicações Brasil Editora. S. A. Rio. 1952.

Art. 14º – Todo homem, vítima de perseguição, tem o direito de procurar asilo em outros países.

Art. 15º – Todo homem tem direito a uma nacionalidade.

Art. 17º – Todo homem tem direito à propriedade, só ou em sociedade com outros.

Art. 23º – Todo homem tem direito ao trabalho, à livre escolha de emprego, a condições justas e favoráveis de trabalho e à proteção contra o desemprego.

Art. 26º – Todo homem tem direito à instrução. A instrução será gratuita, pelo menos nos graus elementares fundamentais. A instrução elementar será obrigatória. A instrução técnico-profissional será acessível a todos, bem como a instrução superior, esta baseada no mérito.

Conquanto concretize a Declaração muitos ordenamentos contidos na maioria das tratações constitucionais modernas, há mister que não subsista nenhuma dúvida sobre a aplicação integral dos mesmos. Daí se projetar uma futura Carta dos Direitos do Indivíduo, da qual as duas partes restantes serão um convênio e as normas para a sua eficiência e execução.

Arnold Wald, num estudo sobre "A evolução do direito e a absorção da administração privada pela administração pública", preocupado pelo estadismo, acha que "dos direitos do homem quase nada ficou".[10]

Não fossem, todavia, os méritos daqueles postulados e a sua revigoração pela Assembléia Geral das Nações Unidas, o Estado moderno não teria amplitude para justificar a sua feição social, na realização de um bem comum; porém encontra consonância nos preceitos proclamados coincidentemente em Paris: em 1793 na Convenção Nacional e em 1948 no Palaix de Chaillot.

Plínio Salgado considera ceticamente que "Desta sorte, temos uma Declaração de Direitos que não satisfaz a ninguém".[11] Consideremos, porém, que eles satisfizeram aos signatários do estatuto proclamado pela Assembléia Geral das Nações Unidas, e que foram eles colaborados por pensadores eminentes do mundo.

Somente oito delegações de países se abstiveram de votar a proclamação histórica e, na sua maioria, Estados de estrutura comunista, como já dissemos atrás.

(10) Arnold Wald – *A evolução do direito e a absorção da administração privada pela administração pública* – Imprensa Nacional. Rio. 1953.

(11) Plínio Salgado – *Direitos e Deveres do Homem* Liv. Clássica Brasileira. Rio. 1950.

A Declaração não causou absolutamente ao mundo uma situação de inferioridade jurídica internacional. Ao contrário, reafirmou, sem caráter revolucionário, os princípios de liberdade, igualdade e fraternidade do passado e colocou os Estados numa posição jurídica de obrigatoriedade contratual.

Focalizando os seus trabalhos em 1952, a direção das Nações Unidas observou que "Esse padrão para a vida de todos os povos já está evidenciando sua influência em constituições, legislações, decisões de corte e na opinião pública".

O prof. Vicente Rao, num julgamento de reconhecida mensuração jurídica, considera a Declaração "O ato de caráter internacional que constitui, ao mesmo tempo, o mais importante documento contemporâneo de sentido social e político e a súmula mais perfeita dos direitos e deveres fundamentais do homem, sob os aspectos individual, social e universal".[12]

O prof. Mirkine-Guetzévitch, no seu estudo sobre "Les Constitutions européennes" ponderando que "Le vote de la Déclaration des Droits de l'Homme par l'Assemblée générale des Nations Unites, à Paris, le 10 décembre 1948, a prouvé que la conscience juridique et politique des peuples modernes ne peut plus refuser d'accepter, et même de formuler certains principes", assegura em seguida a eficácia desses direitos e a sua notável preponderância nas cartas constitucionais do velho mundo: — "Dans l'Europe libérée, la sauvegarde de droits sociaux, universellement reconnus, caractérise l'evolution du droit constitucionel. Le catalogue des Droits de l'Homme de 1789 s'élargit à nouveau. Et cette transformation n'est point terminée. Elle continue sous nos yeux".[13]

Vemos, destarte, que o influxo do antigo direito, revigorado no presente, vem se produzindo no espírito constitucional do mundo, não como fatalismo histórico, porém como uma decorrência de sua exatidão e prestância. Não fosse a experiência sedimentada pelos longos anos e a excelência de tais normas afloradas na Revolução Francesa, certamente não estariam elas tão vívidas no atualismo constitucional deste meado de século.

Mesmo que todos os Estados pactuantes não venham a insculpir em suas cartas magnas esses princípios do historicismo social do mundo, ainda assim eles não estarão ausentes dos

---

(12) Vicente Rao — *O Direito e a Vida dos Direitos* — Max Limonad. S. Paulo. 1952.

(13) B. Mirkine-Guetzévitch — *Les constitutions européennes* — Presses universitaires de France. Paris. 1951.

seus territórios e da alma de seu povo, porque "el derecho legislado no es todo el derecho", conforme pensa Eduardo Couture.[14]

Benedetto Croce, na *Ética y Política*, refere-se àquela teoria igualitária da plena saturação individual, pela qual "cada indivíduo es un Estado en si mismo".[15]

A. J. Carlyle, em "La Libertad Politica" comenta Rousseau, afirmando que "Toda sociedade puede estar equivocada, todos los que la forman pueden estar equivocados, pero *la voluntad general* tiene siempre razón; es decir – podiá haber añadiado Rousseau – que el individuo es libre porque se obedece a si mismo cuando la obedece".[16]

Se dermos uma amplitude altruística a estas duas concepções, veremos que o homem é um Estado em si mesmo, porque comparticipa de todas as suas atividades e sensações e, obedecendo à vontade coletiva, obedece a si mesmo, porque tem o livre discernimento e deduz que essa voluntária submissão é um dever que lhe é ditado pela consciência de cidadão do mundo.

Ora, considerando igualmente os Estados como células ou indivíduos internacionais, poderemos ajustar-lhes essa correlação contratual e ter, em conseqüência, uma harmonia derivada da docilidade ao estatuto que a todos rege, sem distinções.

Tal a posição do indivíduo e do Estado, em face da Declaração Universal dos Direitos do Homem.

A clareza com que foram exarados os trinta artigos desse estatuto máximo do homem não dá lugar a obscuridades interpretativas, como já dissemos. A sua violação poderá ocorrer à luz meridiana, pelo cinismo da força material, porém não poderão jamais ser culpados pela sua normalística ou pela sua redação, os membros da Assembléia Geral das Nações Unidas. Esta apreciação acre de Savigny não lhes cabe: – "La existencia del derecho, a partir de aquí, se hace cada vez más artificiosa y más complicada, porque, sin dejar de vivir de la vida del pueblo, se produce al par otra vida, como obra especial de la ciencia, en manos de los juristas".[17]

---

(14) Eduardo J. Couture – *Los mandamientos del Abogado* – Editorial Depalma. B. Aires. 1950.

(15) Benedetto Croce – *Ética e Política* – Versão castelhana de Enrique Pezzoni. Ed. Imán. B. Aires. 1952.

(16) A. J. Carlyle – *La Libertad Política*. Versão espanhola de Vicente Herrero. Ed. Fondo de Cultura Economica. México. 1942.

(17) F. de Savigny – *De la vocación de nuestro siglo para la legislación y la ciencia del derecho* – Editorial Atalaya. B. Aires. 1946.

Em 1623, Hugo Grócio escreveu o primeiro tratado de Direito Internacional do Mundo — *De jure belli ac pacis*. Daquele ano remoto da publicação da célebre obra que o Prof. Nussbaum considera "hereterogênea e desequilibrada", conquanto tenha alcançado um êxito imediato",[18] até 1948, quando foi proclamada a Declaração Universal dos Direitos do Homem, — decorreram três séculos e vinte e cinco anos.

O pensamento humano fez, portanto, uma caminhada lenta e penosa, daquele dia em que o famoso advogado de Delft tomou a frase de Cícero para epígrafe do seu livro, até que a mesma ficasse contemporaneamente obsoleta, ou sem sentido lógico.

Já não nos basta a Paz Perpétua de Kant, mas sim uma era de Paz Jurídica, para a qual a Declaração da Assembléia Geral das Nações Unidas apresentou uma página de confiança universal.

Podemos afirmar, na serenidade de um julgamento, que esse último direito dos povos, tendo a sua origem nos direitos que nasceram e vigoraram em todas as épocas, – é uma síntese fidedigna de todos os ajustes jurídicos da humanidade.

Os homens poderão renegar esse código humano, porém, se assim absurdamente acontecer, renunciarão simultaneamente, nesse dia, a sua condição racional e voltarão à brutalidade e à selvageria da caverna.

Em sua mente regressiva se apagarão aquelas luzes do entendimento que Grotius concebeu como a força do Direito Natural, controlando a Sociedade Humana.[19]

Retornando, então, aos milênios primitivos, lutarão com os seus belicosos semelhantes, de machado de pedra, já que não teriam sido dignos de defender altruisticamente os seus interesses com a eloqüência da palavra que Deus lhe dera para exprimir toda pujança e toda beleza do Direito.

---

(18) Artur Nussbaum – *Historia del derecho Internacional*. Editorial. Rev. de Derecho Privado. Madrid. 1947.

(19) Cette sociabilité, que nous venons de décrire en gros, ou ce soin de maintenir la Société d'une manière conforme aus lumières de l'Entendement Humain, est la force du Droit Naturel proprement ainsi nommé. Hugues Grotius – *Le Droit de la guerre et de la paix* – Éd. de 1758. Brasiléa.

CONCLUSÃO

Na caminhada que fizemos por essa floresta jurídica, onde, por vezes, a luz da interpretação incide por entre os obstáculos do enleado e do obscuro, constatamos o seguinte: — as legislações antigas foram más, porém sinceras, expondo nos seus ordenamentos restrições odiosas e penalidades sanguinárias e brutais, compatíveis com o seu tempo. As legislações modernas, com algumas exceções, são enfáticas e hipócritas, ostentando postulados democráticos das alheias declarações de direitos, mas condicionando as suas aplicações a regulamentações que as anulam, na prática, tal como as constituições dos Estados subordinados ao heliocentrismo soviético.

São verdadeiras legislações *harmódicas*, encobrindo a lâmina de aço de suas intenções sob ramos de murta, tal aquele ateniense que se valeu da solenidade das panatenéias para matar Hiparco, embora morrendo em seguida.

Nos códigos antigos, os legisladores que os outorgaram em nome de seus deuses não procuraram encobrir os seus incisos de ferro; antes, se vangloriaram deles, a exemplo de Hamurabi e de Manu. O despotismo estatal exsurgia dos seus textos, sem subterfúgios e reticências. Aqueles direitos conservavam, da forja elaborativa, todo o vermelho de sua escandescência. Incidiam sobre os fatos, sem rodeios e afetações desnecessárias. Imprimiam conceitos brutais, porém sem impostura.

Na historicidade daqueles direitos, não poderemos deixar de reconhecer as virtudes de suas tratações francas e sem dissimulações. É bem verdade que os velhos direitos formavam um corpo único, sem bipartição pública e privada. Mas ainda assim não deixavam brecha para as violações legais do presente, em que "o regime político exprime, na constituição de um Estado, a interferência entre a esfera política e a do Direito Público, ou melhor, o resultado de um processo pelo qual uma concepção política fundamental se introduz na constituição de um Estado.[1] Porém esse espelhismo político seria tolerado até certo ponto, desde que não penetrasse de modo nefasto pelo organismo do Direito Privado, invalidando ou destruindo praticamente as suas normas e garantias.

Assim como em finanças existem os impostos indiretos, por esse sistema caviloso também os regimes políticos cerceiam indiretamente os direitos individuais, a menos que a sociedade se conforme e renuncie a qualquer reação cônsciente — o que não é comum.

Rudolf von Jhering, num parágrafo sobre a "Missão do Direito", considera "um problema insolúvel o de indagar o que é que constitui o conteúdo do direito, porque ele é eternamente variável". E adianta para nós de modo atordoante: — "O direito não exprime a verdade absoluta: a sua verdade é apenas relativa e mede-se pelo seu fim. E assim é que o direito não só *pode* mas *deve* mesmo ser infinitamente variado".[2])

Consideremos, ousadamente, que:

a) O Direito exprime a verdade absoluta quando situa os princípios incontestáveis e imperiosos da sociedade. Savigny explica o assunto em *Los fundamentos de la ciencia jurídica*: — "Una parte de las reglas jurídicas debe reinar con necessidad inalterable sin dejar campo de acción al albitrio individual. Los denomino reglas *jurídicas absolutas o imperantes*.[3]

b) O Direito não *deve*, mas *só pode ser* infinitamente variável, porque é o reflexo de cada sociedade, erigida sob condições físicas, morais e culturais sempre diferentes. Ademais, conservando embora a sua essência ou a sua natureza, o Direito não se desvirtua pelo fato de estar sempre em movimento, sincronizado com os avanços sociais.

Porém, na sua constante palpitação, o Direito vive de tal modo impregnado à formação moral do homem, ao seu ambiente e ao seu país, que não poderia nunca separar-se

---

(1) Vicenzo Guelli – *O regime político* – Trad. de Luís Luisi. Coimbra. 1951.

(2) Rudolf von Jhering – *A Evolução do Direito* – Livraria Progresso. Salvador. 1950.

(3) Frederico C. von Savigny – *Los fundamentos de la ciencia jurídica*. Parte do livro *La ciencia del Derecho*. Ed. Losada. B. Aires. 1949.

dele, – mesmo porque "O direito tanto pode ser justo como injusto, sem cessar de ser direito".[4] Expliquemos melhor o nosso pensamento, arrimados na conceituação vivaz de Olgiati: – "Il diritto non vive solo negli articoli e nelle pagine d'un codice. Il diritto vero e concreto, il diritto-vita non è il diritto-mummia".[5]

Concebemos, assim, o Direito: uma ação perene e vitalizante da sociedade, em consonância com um sentido diretivo que não resulta somente da tessitura de seu passado, porém de uma causa sobre-humana.

Quanto ao conteúdo do direito, que von Jhering julga a sua indagação "um problema insolúvel", pode ele ser observado de diferentes ângulos especulativos, pode ele ser estilizado em diferentes normas, adotadas para diferentes organismos nacionais, – porém quer sob o guante de uma dogmática jurídica, quer na plasticidade legal dos povos, o núcleo do direito será sempre uma tendência para o equilíbrio social.

Kelsen situou perfeitamente esse problema, ajustando num mesmo plano as controvérsias do direito natural e do direito positivo, nesta conclusão simples, porém cheia de verdade: – "Así como el Derecho natural y el positivo regulan el mismo objeto, se relacionan con el mismo objeto normativo: la conducta recíproca de los hombres (cuya ordenación de este modo constituida es la "sociedad"), así también tienen ambos de común la forma de regulación: el *deber ser*".[6]

Em 1916, em meio à conflagração européia, Germán Kantorowicz divulgou, na Alemanha, a profética alvorada do *direito livre*, explicando que "deberíamos esquivar timidamente el problema del Derecho consuetudinario y, finalmente, inventar un nuevo nombre para el Derecho libre y enmarcalo en um nuevo concepto, ya que de moral y de costumbre se distingue el Derecho libre con la misma claridad (o oscuridad) que el Derecho estatal".[7]

Em realidade, o direito tomou outros rumos no desenrolar deste último meio século. Porém, essa nova estrutura não poderia desprezar os alicerces da sua natureza e de seu destino de universalidade. Ele próprio confessa: – "En efecto, no importa

---

(4) Luís Recásens Siches – *Introducción a la Ciencia del Derecho* – Ed. Losada. B. Aires. 1949.

(5) Francesco Olgiati – *Il concetto di Giuridicità nella scienza moderna del diritto* – Ed. da società. Ed. "Vita e Pensiero". Milano. 1950.

(6) Hans Kelsen – *La idea del derecho natural y otros ensayos* – Ed. Losada.

(7) Germán Kantorowicz – *La lucha por la ciencia del derecho* (Incluído no livro *La ciencia del derecho*). Ed. Losada.

si enfocamos el *derecho justo* de Stammler, *el descubrimiento libre del derecho* de Ehrlich, las *normas culturales* de Mayer, la *proyección* de Wurzel, la *ponderación de los intereses* de Stampe o los *juicios de valor* de Rumelin; siempre nos sirvimos de principios destinados a valorar, completar, desenvolver o derogar el derecho estatal".

Evidenciamos, então, que esse direito livre, não é mais do que uma arquitetura moderna, porém com o mesmo material do antigo edifício que resultou da consciência do homem despertada para a fixação de normas reguladoras da entrosagem social.

Não há direitos novos. Há direitos renovados. Há novos rebentos e nova ramaria na árvore milenária da legislação universal. Kirchmann, em "El caráter a-cientifico de la llamada ciencia del derecho", nos oferece uma imagem precisa da eterna inatingida evolução do direito: — Um viajante que "pesar de que camina todo el dia, todos ellos se hallan por la noche aún tan distantes de él como por la mañana".[8]

São marcantes e beneméritas as etapas que tem tido o direito, pelos caminhos do seu evolucionismo: o individualismo cedeu lugar ao socialismo e ainda este deriva para uma normalística universal de retribuição e de valor, isto é, de maior horizontalidade social.

Porém, queremos retornar à preocupação de Jhering sobre o problema que julgou insolúvel, da indagação do conteúdo do direito. Imensa a seara jurídica dos povos. Jamais se acomodariam os cultores do direito dentro de uma fórmula conciliativa, sem a colaboração da tutela estatal. Seria, então, o caso daquela agregação de forças, formando uma soma e fazendo-as "obrar em harmonia", – como apregoou Rousseau.[9]

Daí, ao cabo deste estudo, retomarmos o fio da meada legislativa dos povos e propendermos para "o mais histórico dos direitos", isto é, para aquela função que Bonfante classificou como "la fuerza educativa e civil del derecho romano".[10].

E é, assim, na fonte eterna do direito que formou as suas matrizes entre sete colinas sagradas e que foi codificado no oriente, que julgamos encontrar a solução angustiosa de Jhe-

---

(8) Júlio Germán von Kirchmann – *El caráter a-cientifico de la llamada ciencia del derecho* (Incluído no livro *La ciencia del derecho*) – Ed. Losada.

(9) J. J. Rousseau – *Contrat Social.*

(10) Pedro Bonfante – *Instituciones de Derecho Romano* – Trad. de Luís Bacci e Andrés Larrosa.

ring. Lá está, nas "Institutas" de Justiniano o conceito que atravessará as eras e que condiz, em sua simplicidade, com o objeto e conteúdo do direito:

III – *Juris praecepta sunt haec: honestoe vivere alterum non laedere, suum cuique tribuere.*[11]

Concluímos em que os direitos dos povos tiveram a sua origem naquele *instinto de la felicidad* de que nos fala Gentile[12] e que podemos substituir pela palavra "necessidade", que foi o *fiat* da obra legislativa do mundo, iluminando a consciência humana para um caminho compatível com a finalidade para a qual o Criador moldou o barro humano sobre a face da terra.

---

(11) ·M. Ortolan – *Instituciones de Justiniano* – Trad. de Francisco Pérez Anaya.

(12) Giovanni Gentile – *Los fundamentos de la Filosofia del Derecho* – Ed. Losada.

BIBLIOGRAFIA

A

AGESTA, Luís Sánchez – Curso de Derecho Constitucional – Imprenta José M. Ventura Hita. Granada. 1948.

ALAS, Leopoldo – Prólogo da trad. brasileira d'A Luta pelo Direito, de Jhering. Ed. Vecchi, Rio.

ALMEIDA, Cândido Mendes de – Código Filipino ou Ordenações e Leis do Reino de Portugal. 14ª ed. Tip. do Instituto Filomático. Rio. 1870.

ALTAVILA, Enrico – Psicologia Judiciária. Vol. I. Trad. de Fernando de Miranda. Ed. Saraiva. S. Paulo. 1946

ALTAVILA, Jayme – O Quilombo dos Palmares – Ed. Melhoramentos de S. Paulo. 1932.

ARISTÓTELES – A Política. Atena Editora. S. Paulo. 1950.
– Los Tres Tratados de la Ética – Trad. cast. de Patrício de Azcárate – Libreria El Ateneo. B. Aires. 1950.
– La Constitución de Atenas. Trad. esp. do prof. Antônio Tovar. Ed. Instituto de Estudios Políticos. Madrid. 1948.

AQUINO, Santo Tomás de – Do Governo dos Príncipes – Ao Rei de Cipro. (De Regimine Principum ad Regem Cypri). Trad. de Veiga dos Santos. Ed. Empresa Ed. A. B. C. Ltda. Rio, 1937.

ASÚA, Luís Jimenez de – La Ley y el Delito. Editorial Andres Bello. Caracas. 1945.

AUBRY, Octave – A vida íntima de Napoleão. Trad. de Maria Luísa B. Sanz. Editora Vecchi. Rio. 1941.

ÁVILA, Frederico – La sabiduria hermetica de los egípcios. Revista Jurídica. Cochabamba. Bolívia. Junho de 1947.

AYARRAGARAY, Carlos A. – La Justicia en la Biblia y el Talmud. Ed. Librería Jurídica. Buenos Aires. 1948.

B

BARBOSA, Ruy – A Constituição de 1891. Ed. do Ministério da Educação e Saúde. Rio. 1949.

BARKER, Ernesto – Las Cruzadas. Capit. do livro El Legado del Islan. Ed. Pegaso. Madrid. 1947.

BARTOLO – Conflito de Leis. Trad. inglesa de Joseph Henry Beale. Trad. port. do prof. Haroldo Valadão. Ed. Canton & Reile. Rio. 1938.

BECCARIA – Des Délits et des Peines. Ed. Collin de Plancy. Paris. 1823.

– Des Delits et des Peines. Ed. Guillaumin et Cie. Paris. 1870.

– Dos Delitos e das Penas. Trad. de Paulo Oliveira. Prefácio de Evaristo de Morais. Atena Editora. Rio. 1937.

BECKER, Jerônimo – História Política y Diplomática desde la independencia de los Estados Unidos hasta nuestros dias. Libreria de Antonino Romero. Madrid. 1897.

BELIME, W. Philosophie du Droit, ou cours d'introduction a la science du Droit. 10ª Ed. Libr. A. Durand. Paris. 1856.

BEMMELEN, P. Van – Nociones Fundamentales del Derecho Civil. Ed. Reus. Madrid. 1929.

BERNARDES, Padre Manuel – Nova Floresta. Ed. da Livraria Chardron. Porto. 1909.

BEVILACQUA, Clóvis – Codificação do Direito Internacional. Revista Acad. da Faculd. de Dir. do Recife. Ano XV. Impr. Industrial. Recife. 1907.

– Teixeira de Freitas – Discurso pronunciado no Teatro Municipal do Rio de Janeiro. Revista Acadêmica da Faculd. de Dir. do Recife. Ano XXIV. Impr. Ind. Recife. 1917.

– A Liga das Nações em suas linhas gerais. Rev. Acad. da Faculdade de Dir. do Recife. Impr. Ind. Recife. 1919.

– Projeto de organização de um Tribunal Permanente de Justiça Internacional. Rev. Acad. da Faculd. de Dir. do Rec. Impr. Ind. Recife. 1920.

– Código Civil dos Estados Unidos do Brasil. Comentado. Livr. Francisco Alves. Ed. de 1916. Rio.

– Direito da Família. Livr. Editora Freitas Bastos. Rio. 1933.

– Princípios elementares de Direito Internacional Privado. Editora Freitas Bastos. Rio. 1944.

BIRT, Henry Norbert – Lingard's History of England. Ed. G. Bell and Sons, Ltd. London. 1921.

BLASCO IBAÑEZ, Vicente – No País da Arte. 3ª ed. Livrarias Allaud e Alves. Lisboa e Rio.

BLUNTSCHLI – La Politique. 10ª ed. Librairie Guillaumin. Paris. 1883.

BONAPARTE, Napoleão – Memórias de Santa Helena. Introdução e notas de Roger Peyre. Trad. de Olga de Garcia. Ed. Meridiano. Porto Alegre. 1941.

BONFANTE, Pedro – Instituciones de Derecho Romano. Ed. Reus. Madrid. 1929.

BOSSUET – Discurso sobre a História Universal. Ed. Rolland. Lisboa. 1830.

BOUGLÉ, C. – La Démocratie devant la science. 13ª ed. Libr. Félix Alcan. Paris. 1923.

BOYER, G. – Articles 7 et 12 du Code de Hammourabi (Conférences faites à l'Institut de Droit Romain en 1947. Publications de l'Institut). Paris. 1950.

BUBER, Martin – Moisés. Ed. Buenos Aires. 1949.

BURNS, Edward McNall – História da Civilização Ocidental. Editora Globo. Trad. de Lourival e Lourdes Machado. Porto Alegre. 1948.

C

CANTU, César – História Universal. Ed. da Empresa Literária Fluminense. Lisboa.

CARLYLE, A. J. – La libertad política. Versão espanhola de Vicente Herrera. Ed. Fondo de Cultura Economica. México. 1942.

CARLYLE, Thomas – História da Revolução Francesa. Trad. de Antonio Ruas. Ed. Melhoramentos de S. Paulo.

CARNEIRO, Levi – Estudo crítico-biográfico. Prefácio do Esboço, de Teixeira de Freitas. Ed. Imprensa Nacional. Rio. 1952.

CARNELUTTI, Francesco – Arte del Derecho. Ediciones Jurídicas. Buenos Aires. 1948.

CARPENTIER, A. Code d'Instruction Criminelle et Code Pénal. Librairie Sirey. Paris. 1923.

CARRARA, Francesco – Programa del Corso di Diritto Criminale. 7ª ed. Tip. de G. Canovetti. Luca. 1889-1890.

CARVALHO, Caio Nunes de – A nova aplicação do Direito Penal. 1ª ed. York Printing Company. New York. 1914.

CAVALCANTI, Temístocles – Curso de Direito Administrativo. 2ª ed. Freitas Bastos. Rio.

CHATEAUBRIAND, François-René de – Génie du Christianisme et Défense du Génie du Christianisme. Librairie Garnier. Paris.

CHESTERTON, G.K. – O Homem Eterno. Ed. Globo. Porto Alegre. 1934. Trad. de Lourival Cunha.

CHEVALLIER, Jean Jacques – Les grandes oeuvres politiques. 3ª ed. Librairie Armand Colin. Paris. 1952.

CÍCERO, Marco Tullio – De Legibus – De Republica. Ed. Firmin Didot Frères. Paris. 1859.

COLLIER, Williams Francis – History of the British Empire. Ed. Nelson and Sons. London, 1871.

COSTA, Emílio – Historia del Derecho Romano Público y Privado. Trad. cast. de Manuel Raventos y Noguer. Ed. Reus. Madrid. 1930.

COUTURE, Eduardo J. – Los mandamientos del Abogado. Editorial Depalma. Buenos Aires. 1950.

CROCE, Benedetto – Ética y Politica. Trad. cast. de Enrique Pezzoni. Ed. Imán. Buenos Aires. 1952.
– Los Derechos del Hombre y la Situación histórica presente. Ed. da Unesco. Fondo de Cultura Economica. México. 1949.

CROKAERT, Jacques – Histoire du Comonwealth britanique. Ed. Presses Universitaires de France. Paris. 1949.

CROISET, A. – Les Démocraties antiques. Ed. Ernest Flamarion. Paris. 1911.

CRUET, Jean – A vida do Direito e a inutilidade das leis. Ed. Aillaud, Alves & Cia. Lisboa.

D

DANTAS, Júlio – A Era Manuelina. Cap. da História da Colonização Portuguesa no Brasil. Lit. Nacional. Porto. 1921.

DESCARTES, René – Oeuvres choisies. Garnier Frères. Paris.

DESCHANEL, Paul – La République Nouvelle. Ed. Calmann Lévy. Paris. 1898

DESLONCHAMPS, Loiseleur – Les lois religieuses, morales et civiles de Manou. Ed. Victor Lecou. Paris. 1850.

DERMENGHEN, Émile – A vida de Maomé. Ed. Cultura Brasileira. S. Paulo. 1935. Trad. de Augusto Sousa e Maria Cabral.

DEWEY, John – O pensamento vivo de Jefferson. Trad. de Leda Boechat. Livr. Martins. S. Paulo. 1942.

DREYSS, Ch. – Cronologie Universelle. Ed. Hachette. Paris. 1853.

DUGUIT, LEON – Las transformaciones generales del Derecho privado desde el Código de Napoleón. Trad. de Carlos Posada. 2ª ed. Libreria Española. Madrid.

DURANT, Will – Filosofia da Vida. Trad. de Monteiro Lobato. Editora Nacional. 7ª ed. S. Paulo. 1948.

– História da Civilização. Comp. Edit. Nacional. 1943.

DURKHEIM, Emílio – Sociologia e filosofia. Versão castelhana de J. M. Bolano, filho. Ed. Kraft. Buenos Aires. 1951.

DURUY, Victor – Abrege d'Histoire Romaine. Hachette. Paris. 1877.

DUVERGER, Maurice – Les constitutions de la France. Presses Universitaires. Paris. 1950.

E

ENCYCLOPAEDIA BRITANNICA – 14.th edition. Walter Yust. Ed. London.

EUTRÓPIO – Breviarium Historiae Romanae. Ex-Typografia Régia. Lisboa. 1824.

F

FARIA, Bento de – Da condição dos Estrangeiros e o Código de Direito Internacional Privado. Jacinto Ribeiro. Ed. Rio. 1930.

FÉNELON, François – De l'existence et des attributs de Dieu. Librairie de Firmin Didot Frères. Paris. 1864.

FERRÃO, F. A. da Silva – Theoria do Direito Penal. Typ. Universal. Lisboa. 1856.

FERREIRA, Pinto – Princípios Gerais de Direito Constitucional Moderno. 2ª ed. José Konfino. Rio. 1951.

FERRI, Enrique – Studi sulla criminalità. 2ª Editrice Torinese. Torino. 1926.

FIGGIS, John Neville – El Derecho Divino de los Reys. Versão espanhola de Edmundo O'Gorman. Ed. Fondo de Cultura Econ. México. D. F. 1942.

FLAKE, Otto – A Revolução Francesa – Trad. de Alcides Rossler. Ed. Globo. Porto Alegre. 1937.

FREITAS, Augusto Teixeira de – Primeiras linhas sobre o processo civil, de Pereira e Sousa. Tip. Perseverança. Rio. 1897.
– Consolidação das Leis Civis. 2ª ed. Tip. Universal de Laemert. Rio. 1865.
– Esboço do Código Civil. Ed. da Imprensa Nacional. Rio. 1952.

G

GALANTI, Padre Rafael M. – Compêndio de História Universal. Ed. Duprat & Cia. (4ª edição). S. Paulo. 1907.

GARRAUD, R. – Traité Théorique et Pratique du Droit Pénal Français. Ed. Larose. Paris. 1898.

GAZETTE NATIONALE – Henri Plon Imprimeu. Éditeur. Paris. 1859.

GENTILE, Giovanni – Los fundamentos de la Filosofia del Derecho. Editorial Losada. Buenos Aires. 1944.

GOLDSTEIN, Mateo – Derecho Hebreo através de la Biblia y el Talmud. Ed. Atalaya. Buenos Aires. 1948.

GONÇALVES, Lopes – A Constituição do Brasil. Ed. Estabelecimento de Artes Gráficas. Rio. 1935.

GRAVES, Robert – Claudius, o Deus e Messalina. Ed. Globo. Trad. de J. de Abreu. Porto Alegre. 1940.

GRECO, Carlos Nardi – Sociologia Jurídica. Versão castelhana de E. Ovejero. Ed. Atalaya. Buenos Aires. 1949.

GROTIUS, Hugues – Le Droit de la guerre et de la paix. Ed. de Emanuel Tourneisen. Basiléia. 1758.

GUELDI, Vicenzo – O Regime Político. Trad. de Luís Luisi. Ed. de Armênio Amado. Coimbra. 1951.

H

HENRIQUE, João – Direito Romano. Ed. Globo. Porto Alegre. 1938.

HERÓDOTO – Los nueve libros de la História. Trad. do grego pelo Padre Bartolomé Pou. Ed. de Joaquim Gil, S. A., Barcelona. 1947.

HERRÁN, E. Barriobero y – Proceso y ejecución de Luís XVI. Ed. Mundo Latino. Madrid. 1931.

HUBER, Ulrich – Do Conflito das Leis de Diversos Impérios. Trad. port. do Seminário de Direito Intern. Privado da Faculdade de Direito do Rio de Janeiro, dirigido pelo prof. Haroldo Valadão. Rio. 1951.

I

IBAÑEZ, Vicente Blasco – No País da Arte. 3ª ed. Alaud, Alves & Cia. Lisboa. Rio.

J

JACQUES, Amédée – Manuel de Philosophie. Librairie de L. Hachette & Cie. Paris. 1869.

JELUSICH, Mirko – Caesar. Trad. de Marina Barros. Ed. Globo. P. Alegre. 1941.

JENKS, Edward – El Derecho inglés. Trad. de José Paniagua. Edit. Reus. Madrid. 1930.

JHERING, Rudolf von – O espírito do Direito Romano. Trad. de Rafael Benaion. Ed. Alba. Rio. 1943.
– A luta pelo Direito. Trad. de Persiano da Fonseca. Ed. Vecchi, Ltda. Rio.
– A evolução do Direito. Livr. Progresso Editora. Salvador. 1950.

K

KANT, Emmanuel – A Paz Perpétua. Trad. do Prof. Rafael Benaion. Ed. Co-editora Brasileira. Rio. 1939.

KANTOROWICZ, German – La lucha por la ciencia del Derecho. Parte do livro La ciencia del Derecho. Editorial Losada. Buenos Aires. 1949.

KASIMIRSKI, M. – Le Koran. Ed. Charpentier. Paris. 1859.

KEEN, José Antônio Amuchastegui – Bien de Familia. Editor Valério Abeledo. Buenos Aires. 1945.

KELSEN, Hans – La idea del Derecho Natural y otros ensayos. Edição Editorial Losada. Buenos Aires. 1946.

KHOURY, José – Livros, bibliotecas e bibliógrafos entre os árabes. Anuário Universo. S. Paulo. 1950.

KIRCHMANN, Júlio Germán von – El caráter a-cientifico de la llamada ciencia del derecho. Do livro la ciencia del Derecho. Ed. Losada. Buenos Aires. 1949.

L

LABOULAYE, Edouard – L'État et ses limites. Ed. Charpentier. Paris. 1868.

– Histoire des États Unis d'Amerique. Ed. Charpentier. Paris. 1868.

LACROIX, M. Paul – Le Moyen-Âge et la Renaissance. 1ª parte – Privilèges et Droits Féodaux, por M. Mary-Lafon. Typ. Plon Frères. Paris. 1848.

LAMARTINE, A. de – Histoire de la Révolution de 1848. Librairie Wouters. Bruxelles, 1849.

LASKI, Haroldo J. – Hacia una declaración universal de Derechos del Hombre. Ed. da Unesco. Fondo de Cultura Economica. México. 1949.

LEÃO, Laurindo – Sobre a idéia do Estado e da administração. Rev. Acad. da Faculd. de Dir. do Recife. Impr. Industr. 1921. Recife.

LEIBNIZ – Tratados fundamentales. Trad. cast. de Vicente P. Quintero. Edit. Losada. Buenos Aires. 1946.

LEVENE, Ricardo. (h) – El delito de Falso Testimonio. Ed. Guillermo Kraft. Buenos Aires. 1943.

LIMA, Oliveira – História da Civilização. Ed. Melhoramentos de São Paulo. 1921.

LISZT, Franz von – Tratado de Derecho Penal. 2ª ed. Editorial Reus. Madrid. 1926.

LIVIO, Tito – Historiarum ab Urbe Condita. Tip. Nac. Lisboa, 1862.

LOON, Hendrick Van – A História da Humanidade. Trad. de Érico Veríssimo. Ed. Globo. Porto Alegre. 1934.

LOUREIRO, Osman – Modificativos da Pena no Direito Brasileiro. Ed. Paulo Pongetti. Rio. 1927.

LUDWIG, Emil – O Mediterrâneo. Ed. J. Olímpio. Rio. Trad. de Almir de Andrade.

– Schliemann. Trad. de F. Marques Guimarães. Ed. Globo, Porto Alegre, 1940.

LIRA, Roberto – Direito Penal. Ed. Livraria Jacinto. Rio. 1936.

M

MALCKELDEY, F. – Manuel de Droit Romain. Trad. franc. de J. Veving. Typ. Belge. Bruxelles. 1846.

MACCHIAVELLI, Nicoló – O Príncipe. Trad. de Lívio Xavier. Atena Editora. S. Paulo. 1948.

MARTINS, Oliveira – História da República Romana. Ed. da Tip. da Parc, de A. M. Pereira. Lisboa. 1919.

MAUROIS, André – História da Inglaterra. Trad. de C. Domingues. E. Pongetti. Rio.

– Voltaire. Trad. de Aurélio Pinheiro. Pongetti. Rio.

– Hist. dos Est. Unidos. Trad. G. Rangel. Ed. Nac. S. Paulo. 1946.

MAXIMILIANO, Carlos – Comentários à Constituição Brasileira. 2ª ed. Jacinto Ribeiro, editor. Rio. 1923.

MAYNZ, Charles – Cours de Droit Romain. Libr. Polytechnique. Bruxelles. 1870.

MEIN, John – A Bíblia e como chegou até nós. Ed. da Casa Publiciadora Batista. Rio. 1924.

MICHELET, J. – Bible de l'Humanité. F. Chamerot, libraire, éditeur. Paris. 1864.

MIGNET, M. – Histoire de la Revolution Française. Libr. de Firmin-Didot & Cie. Paris. 1892.

MILL, John Stuart – Le Gouvernement représentatif. 3ª ed. Guillaumin et Cie., Éditeurs. Paris. 1877.

MILLER, René Fulopp – Os grandes sonhos da Humanidade. Trad. de René Ledoux e Mário Quintana. Ed. Globo. P. Alegre. 1937.

MIRANDA, Pontes de – Direito Internacional Privado. Livr. José Olímpio. Rio. 1935.

– Fontes e evolução do Direito Civil (História, lacunas e incorreções do Código Civil). 1ª ed. P. de Melo & Cia. Rio. 1928.

– O problema fundamental do conhecimento. Livraria Globo. Porto Alegre. 1937.

MIRKINE-GUETZÉVITCH, B – As novas tendências do Direito Constitucional. Trad. de Cândido Mota Filho. Comp. Ed. Nacional. S. Paulo. 1933.

– Les Constitutions Européennes. Presses Universitaires de France. Paris. 1951.

MONTALVÃO, Justino de – Trilogia latina. Ed. Garnier. Rio-Paris.

MONTESQUIEU – Esprit des Lois. Ed. Didot & Cie. Paris. 1877.

MORAIS, Bezerra da R. – Sistemas penitenciários. Jacinto Ribeiro, editor. Rio. 1915.

MORAIS, Evaristo de – Prefácio da edição dos Delitos e das Penas, De Beccaria. Atena Editora. Rio. 1937.

MORUS, Thomas – A Utopia. Trad. de Luís de Andrade. Atena Editora. 3ª ed. S. Paulo.

MOTA FILHO, Cândido – A função de punir. Livr. Zênite. S. Paulo. 1928.

MOURLON, M. Frédéric. – Répétitions écrites sur le premier examen du Code Napoleón. A. Marescq. Libraire. Ed. Paris. 1873.

N

NÉZARD, Hebry – Éléments de Droit Public. 7ª ed. Rousseau & Cie. Paris. 1946.

NUSSBAUM, Artur — Historie del Derecho Internacional. Trad. de Francisco Javier Osset. Ed. Revista de Derecho Privado. Madrid. 1947.

O

OLGIATTI, Francesco — Il Concetto di Giuridicità nella scienza moderna del diritto. Ed. da Società Editrice "Vita e Pensiero". Milano. 1950.
ONCKEN, G. — História Universal. Ed. Allaud e Bertrand. Lisboa.
ORTIZ, P. José Lopez — Derecho Musulman. Edit. Labor. Barcelona. 1932.
ORTOLAN, M. — Explication historique des Instituts de l'empereur Justinien. (7ª ed.). Edit. Henri Plon. Paris. 1857.
— Histoire de la legislation romaine. Ed. Marescq. Paris. 1895.
— Instituciones de Justiniano. Trad. de Francisco Pérez de Anaya. Ed. Atalaya. B. Aires. 1947.

P

PEIXOTO, Afrânio — Poeira da estrada. Livraria Francisco Alves. 2ª edição. Rio.
PÉRICLES — Um discurso. Edição da Livr. Educação Nacional. Trad. de Eduardo Cruz. Porto. 1941.
PESSINA, Enrique — Elementos de Derecho Penal. Trad. de Gonzalez del Castillo. Ed. Reus. Madrid. 1936.
PLANIOL — Traité élémentaire de Droit Civil. 5ª ed. Librairie Générale de Droit et de Jurisprudence. Paris. 1950.
PLATÃO — A República. Atena Editora. S. Paulo. 1950.

R

RÁO, Vicente — O Direito e a Vida dos Direitos. Ed. Max Limonad. S. Paulo. 1952.
RENAN, Ernest — Histoire du peuple d'Israel. Ed. Colman. Paris. 1889.
— Histoire des Origines du Christianisme. Ed. Colman. Paris. 1899.
— Nouvelles études d'Histoire religieuse. Ed. Colman Levy. Paris. 1899.
RENDU, Ambroise — Cours d'Histoire. Ed. A. Fouraut. Paris. 1914.
RIBEIRO, João — História Universal. Jacinto Ribeiro, editor. 5ª ed. Rio. 1925.
RIERA, Augusto — História del Mundo. Ed. de 1933. José Montesó, editor. Barcelona.
ROBERT, Henri — Os grandes processos da História. Trad. de Costa Neves. 1ª série. Livr. Carvalho. Rio.

ROMERO FILHO, Sílvio – A codificação americana do Direito Internacional. Rio. 1927.

ROSSI, Felippo – Ritratto di Roma antica. Ed. de Francesco Moneta. Roma. 1645.

ROUSSEAU, J. J. – Du Contrat Social. Librairie de la Bibliothèque Nationale. Paris. 1873.

S

SALGADO, Plínio – Direito e Deveres do Homem. Livr. Clássica Brasileira. Rio. 1950.

SANTILLANA, D. de – Ley y Sociedad. Cap. de The Legacy of Islam. Trad. cast. de Enrique de Tapia. Ed. Pegaso. Madrid. 1947.

SAVIGNY, Frederico Carlos von – Fundamentos de la Ciencia Jurídica. Parte do livro La Ciencia del Derecho. Ed. Losada. Buenos Aires. 1949.
– De la vocación de nuestro siglo para la legislación y la ciencia del derecho. Ed. Atalaya. Buenos Aires. 1946.

SCIASCIA, Gaetano – Direito Romano e Direito Civil Brasileiro. Ed. Saraiva. S. Paulo. 1947.

SEIGNOBOS, Charles – História sincera de la Nación Francesa. Trad. cast. de José Mora Guarnido. Ed. Losada. B. Aires. 1950.

SHAKESPEARE – Júlio César. Trad. de Domingos Ramos. Ed. Chardron. Porto. 1913.

SERRANO, Jônatas – História da Civilização. 2ª ed. F. Briguiet. Rio. 1939.

SIGHES, Luís Recásens – Introducción a la ciencia del Derecho. Barcelona.'1943.

SIGHELE, Scipio – A multidão criminosa. Trad. de Adolfo Lima. 2ª ed. Aillaud e Bertrand. Lisboa.

SILVA, Vieira da – História do Direito Romano Privado. Ed. Laemert. Rio. 1853.

SODRÉ, Moniz – As três escolas penais, Clássica, Antropológica e Crítica. Ribeiro Gouveia & Cia. Bahia. 1907.

SOUSA, Hersílio de – Novos Direitos e Velhos Códigos. Ed. Imprensa Industrial. Recife. 1924.
– O Direito Romano nos Códigos da Europa. Revista Acad. da Faculd. de Dir. do Recife. Ano XVIII. 1910. Imp. Industrial. Recife. 1924.
– O Direito Romano nos Códigos da Europa. Mesma revista. Ano XIX. Recife. 1911. Impr. Industrial.

SPEISER, E. A. – Ancient Mesopotamia: A Light that Did Not Fail. The National Geographic Magazine. Vol. XCIX. January. 1951. Washington, D. C.

SPENCER, Herbert – A Justiça. Versão de Augusto Gil. Ed. Aillaud. Lisboa.

T

TENÓRIO, Oscar – Direito Internacional Privado. 2ª ed. Freitas Bastos. Rio. 1949.

THIERS, M. A. – Histoire de la Révolution Française. 15ª ed. Société Typographique Belge. Bruxelles, 1840.

THOMAS, Henry – História da Raça Humana. 3ª ed. Globo. Porto Alegre. 1941.

TROPLONG, M. – La influencia del Cristianismo en el Derecho Civil Romano. Trad. cast. de Santiago Cunchillos Manterola. Ed. Desclés. B. Aires. 1947.

V

VALADÃO, Haroldo – O desenvolvimento do Direito Internacional Privado na Legislação dos Estados Americanos. Revista Jurídica. Vol. 8. 1944/45. Impr. Nacional. Rio.

VALENTIN, Veit – História Universal. Ed. Livraria Martins. Rio.

VANCE, John Thomas – Legal Code of the Latin American Republics. The Library of Congress. Washington. 1942.

VANGUERVE CABRAL, Antônio – Prática Judicial. Lisboa. 1843.

VANNI, Icílio – Lições de Filosofia do Direito. Trad. de O. Paranaguá. 3ª ed. Pocai Weiss, ed. S.Paulo. 1916.

VIRGILIO – Opera. Ed. J. P. Aillaud. Paris. 1846.

W

WALD, Arnold – A evolução do Direito e a absorção da administração privada pela administração pública. Imprensa Nacional. Rio. 1953.

WARNKOENIG, L. A. – Instituições de Direito Romano Privado. Trad. do latim por A. M. Chaves de Melo. Ed. Garnier. 2ª ed. Rio. 1882.

WEBER, Jorge – História Universal. Ed. da Empresa Lit. de Lisboa. 1882.

WELLS, H. G. – Pequena História do Mundo. Trad. de Gustavo Barroso. 3ª edição. Livr. José Olímpio. Rio.

WIET, Gaston – La religion Islamique Histoire générale des Religions. Librairie Quillet. Paris. 1948.

APÊNDICE

a) Fragmentos das Leis Romanas, Anteriores à Codificação dos Decênviros

DELE TAVOLE, Ò VOGLIAMO DIRE LIBRI PUBLICI

Le Tavole ò Libri dov'era scrite le leggi, e fatti publichi di Roma, si conservanvuano nel Campidoglio, e si legge, che vierano tre mila tavole di bronzo, le quàli nell'incendio del Campidoglio, con l'altare cose, effendo bruciate, Vespasiano fatto cercare con diligenza gl'originali, fece si, che furono rescritte. Alcuni dicono, che per esser ele di bronzo, furono disfatte dal folgore. In Campidoglio similmente si conservanvuano le Tavole de le Leggi date da Romolo, che furono queste.

    I   – Non sia chi facci alcuna cosa, senza pigliare gl'Augurij.
   II – I Nobili soli governino le cose Sacre, & essercitino i Magistrati.
  III – La plebe attenda à lavorare i campi.
  IV – Il popolo crei li Magistrati.
   V – Imparinsi le Leggi.
  VI – Non se faccino le guerre, se prima non sono consultate.
 VII – Non si adorino Dij Strannieri, eccetto Fauno.
VIII – Non si faccino veglie, ò guardie ne Templij di notte.
  IX – Vadine la testa à chiunque ammazzera sur Padre, ò sua Madre.
   X – Non sia chi parli di cose dishoneste in presenza delle Donne.
  XI – Portiogn'uno per la Città il mantello lungo fino a calcagni.
 XII – Sia à ciascuno lecito ucciderè in parti mostruosi.
XIII – Non sia chi entri, ò esca fuori della Città, se non perla porta.
XIV – Le mura della Città siano sacre, & inviolabili.
 XV – Sia la Moglie così compagna, e pedrona delle ricchezze, delle cose sacre, e della casa com è il Marito.

XVI – La Figliuola, com è herede del Patre, così sia herede del Marito.

XVII – Sia lecito al Marito & a Fratelli di punire come à lor piace la donna, che sarà trovata in adulterio.

XVIII – Sia la donna beve vino in casa sua, fia punita come se fusse trovata in adulterio.

XIX – Sia lecito al Padre, & alla Madre di dar bando, di vendere, & uccidere Il Titolo che segue dimonstra quelli haveano cura di questa Tavole.

C. CALPETANUS STATIUS SEX MATROTIUS M. PERPENNA
LURGO T. SARTIUS DECIANUS CURATORES
TABULARIORUM PUBLICORUM. FAC. CUR.

Le quali significano, che C. Calpetano Statio, Setto Metrorio, M. Perpêna, e T. Sartio Deciano Curatori de le scritture publiche, han preso cura che si facci questo luogo.

("Ritrato di Roma Antiga" – *Felippo de Rossi* ed. de 1645, Roma)

b) A Magna Carta

(Outorgada pelo Rei João Sem Terra, em Runnymede, perto de Windsor, no ano de 1215)

1) – Temos resolvido e prometido ante Deus, confirmando a presente Carta perpetuamente, e para nossos sucessores, que a Igreja da Inglaterra seja livre e goze de seus direitos em toda a sua integridade, permanecendo ilesas suas liberdades, de modo que resulte a liberdade nas eleições como a mais indispensável e necessária para a sobredita Igreja de Inglaterra. Por esta razão, assim o temos concedido e confirmado por nossa simples e espontânea vontade, antes de nossas discórdias com nossos Barões, e obtivemos a devida confirmação do Sumo Pontífice Inocêncio III, obrigando-nos à sua observância, e desejando que nossos herdeiros a guardem e cumpram perpetuamente e com boa fé.

2) Também concedemos perpetuamente, em nosso nome e no de nossos sucessores, para todos os homens livres do reino de Inglaterra, todas as liberdades, cuja continuação se expressam, transmissíveis a seus descendentes.

3) – Se algum de nossos Condes ou Barões, ou outro que tenha recebido de nós terras em paga do serviço militar ("tenentium de nobis in capite"), morrer desejando que seu herdeiro de maior idade entre na posse de seu feudo, esse herdeiro ou herdeira de um condado, por todo seu feudo, pagará cem marcos; o herdeiro ou herdeira de uma baronia por todo seu feudo cem xelins, rebaixando-se aos demais em proporção, segundo o antigo direito habitual dos feudos.

4) – Entretanto, se o herdeiro mencionado for de menoridade e se achar sob tutoria, a pessoa de quem dependa seu feudo não será seu tutor, nem administrará suas terras antes que lhe renda homenagem, e, uma vez que o herdeiro tutelado chegue à maioridade, quer dizer, tenha completado 21 anos, receberá sua herança sem abonar nada ao posseiro; e se em sua menoridade for armado cavaleiro, nem por isso perderá seu tutor o cuidado de seus bens até o termo sobredito.

5) – O que administrar terras de um menor não tomará delas senão o ajustado, conforme costumes, eqüidade e bom serviço, sem prejuízo nem detrimento para as pessoas ou coisas. E, no caso de que confiemos a administração das ditas terras ao Visconde ("viccecomiti") ou outro qualquer empregado, sujeito à responsabilidade ante nós, se causar qualquer dano ou prejuízo, tomamos o compromisso de obrigá-lo à sua reparação ou indenização, confiando então a guarda da herança a dois homens honrados e inteligentes, que serão responsáveis perante nós, do mesmo modo.

6) – Todo administrador de um feudo manterá em bom estado, tanto as casas, parques, víveres, tanques, moinhos e bens análogos, como as rendas, restituindo-as ao herdeiro, quando este haja chegado à sua maioridade, cuidando que as terras destinadas ao cultivo estejam providas de arados e demais instrumentos de lavoura, ou, ao menos, com os mesmos que tinham quando tomou o seu encargo. Estas disposições são aplicáveis à administração dos bispados, abadias, priorados, igrejas e dignidades vagas; mas este direito de administração não poderá ser alienado por meio de venda.

7) – Os herdeiros contrairão matrimônio sem desproporção, isto é, conforme a sua respectiva condição e estado. Não obstante, antes de contrair o matrimônio, se dará notícia do mesmo aos parentes consangüíneos do referido herdeiro.

8) – Logo que uma mulher fique viúva, receberá imediatamente sem dificuldade alguma, seu dote e herança, não ficando obrigada a satisfazer quantia alguma por esta restituição, nem pela pensão de viuvez, de que for credora, no tocante aos bens possuídos pelo casal, até à morte do marido; poderá permanecer na casa principal deste por espaço de quarenta dias, contados desde o do falecimento; e se lhe consignará, entretanto, dote, caso não o tenha sido antecipadamente. Estas disposições serão executadas, se a sobredita casa principal não for uma fortaleza; mas, se o for, ato contínuo, será oferecida à viúva outra casa mais conveniente, onde possa viver com decência até que se designe o seu dote, segundo aviso prévio, percebendo dos bens comuns de ambos os cônjuges o necessário para a sua honesta subsistência. A pensão será conforme a terça parte das terras possuídas pelo marido, a não ser que lhe corresponda menor quantidade em virtude de um contrato celebrado ao pé dos altares ("ad ostium Ecclesiae").

9) – Nenhuma viúva poderá ser compelida, por meio do embargo de seus bens móveis, a casar-se de novo, se prefere continuar em seu estado; ficará, porém, obrigada a prestar caução de não contrair matri-

mônio sem nosso consentimento, se estiver debaixo de nossa dependência, ou do senhor de quem dependa diretamente.

10) – Nem Nós, nem nossos empregados embargarão as terras ou rendas por dívida de qualquer espécie, quando os bens móveis do devedor sejam suficientes para solver a dívida, e o devedor se mostre disposto a pagar ao seu credor. Muito menos se procederá contra os fiadores, quando o devedor se ache em condições de pagar.

11) – Se o devedor não pagar, seja por falta de meios, seja por má vontade, exigir-se-á o pagamento dos fiadores, que poderão gravar com hipotecas ou bens e rendas do devedor, até à importância que eles tiverem satisfeito, a não ser que ele prove haver entregue a seus abonadores a importância das fianças.

12) – Se alguém celebrar com judeus o contrato denominado "mútuo" e falecer antes de o haver satisfeito, o herdeiro de menoridade não pagará os interesses, enquanto permanecer em tal estado. Se a dívida for a nosso favor observaremos as disposições contidas nesta "Carta".

13) – Se alguém morrer devendo qualquer quantia a um judeu, sua mulher perceberá o dote integral, sem que a dita dívida a afete de qualquer modo. E se o defunto tiver deixado filhos menores, se lhes adjudicará o necessário conforme os bens pertencentes ao defunto, e com o restante se pagará a dívida, sem prejuízo da contribuição ou tributos correspondentes ao senhor. Estas disposições são aplicáveis, completamente, às demais dívidas contraídas com os que não sejam judeus.

14) – Não se estabelecerá em nosso Reino auxílio nem contribuição alguma, contra os posseiros de terras enfeudadas, sem o consentimento do nosso comum Conselho do Reino, a não ser que se destinem ao resgate de nossa pessoa, ou para armar cavaleiros a nosso filho primogênito, consignação para casar uma só vez a nossa filha primogênita; e, mesmo nestes casos, o imposto ou auxílio terá de ser moderado ("et ad hoc non fiet nisi rationabile auxilium").

15) – A mesma disposição se observará a respeito dos auxílios fornecidos pela cidade de Londres, a qual continuará em posse de suas liberdades, foros e costumes por mar e terra.

16) – Concedemos, além disto, a todas as cidades, distritos e aldeias, aos Barões dos cinco portos e a todos os demais o gozo de seus privilégios, foros e costumes, e a faculdade de enviar Deputados ao Conselho comum para convir nos subsídios correspondentes a cada um, salvo nos três casos sobreditos. (Veja-se o número 14.)

17) – Quando se tratar da fixação de pagamento correspondentes a cada um, no tocante à contribuição dos posseiros, convocaremos privadamente, por meio de nossas cartas, os Arcebispos, Bispos, Abades, Condes, e principais Barões do Reino.

18) – Do mesmo modo, convocaremos em geral, por meio de nossos Viscondes ou "sheriffs" e "bailios", a todos que tenham recebido, diretamente, de nós, a posse de suas terras, com quarenta dias de

antecipação, para que concorram ao sítio designado; e nas convocatórias expressaremos a causa ou causas que nos tenham decidido a convocar a Assembléia.

19) – Uma vez expedida a convocação, proceder-se-á, imediatamente, à decisão dos negócios, segundo o acordo dos presentes, ainda que não concorram todos os que foram convocados.

20) – Prometemos não conceder a nenhum senhor, seja quem for, permissão para tomar dinheiro aos homens livres, a não ser que se destine ao resgate de sua pessoa, ou para armar cavaleiro a seu filho primogênito, ou constitua pecúlio para casar uma vez a sua filha primogênita; e, mesmo nestes casos, o imposto ou auxílio terá de ser moderado.

21) – Não poderão ser embargados os móveis de qualquer pessoa para obrigá-la, por causa do seu feudo, a prestar mais serviços que os devidos por natureza.

22) – O Tribunal de Queixas ou pleitos comuns ("Plaids Communs") não acompanhará por todas as partes a nossa pessoa, devendo permanecer fixo em um ponto dado. Os assuntos jurídicos que versem sobre interditos de reter ou recobrar, a morte de um antecessor ou apresentação de benefícios, ventilar-se-ão na província onde se ache situado o domicílio dos litigantes; assim, pois, Nós, ou, em caso de estarmos ausentes do Reino, Nosso primeiro magistrado, enviaremos anualmente a cada condado juízes que, com os cavaleiros respectivos, estabeleçam seus tribunais na mesma província.

23) – Os assuntos jurídicos que não possam terminar em uma só sessão, não poderão ser julgados em outro lugar correspondente ao distrito dos mesmos juízes; e os que, por suas dificuldades não possam ser decididos pelos mesmos, serão remetidos ao Tribunal do Rei.

24) – Esta última disposição é aplicável, em seu todo, aos assuntos concernentes à última apresentação às igrejas, sendo começados, continuados e decididos, exclusivamente, pelo Tribunal do Rei.

25) – Um possuidor de bens livres não poderá ser condenado a penas pecuniárias por faltas leves, mas pelas graves, e, não obstante isso, a multa guardará proporção com o delito, sem que, em nenhum caso, o prive dos meios de subsistência. Esta disposição é aplicável, por completo, aos mercadores, aos quais se reservará alguma parte de seus bens para continuar seu comércio.

26) – Do mesmo modo um aldeão ou qualquer vassalo nosso não poderá ser condenado a pena pecuniária senão debaixo de idênticas condições, quer dizer, que se lhe não poderá privar dos instrumentos necessários a seu trabalho. Não se imporá nenhuma multa se o delito não estiver comprovado com prévio juramento de doze vizinhos honrados e cuja boa reputação seja notória.

27) – Os Condes e Barões só poderão ser condenados a penas pecuniárias por seus Pares, e segundo a qualidade da ofensa.

28) – Nenhum eclesiástico será condenado a pena pecuniária, guardando proporção com as rendas de seu benefício, que não incida, exclusivamente, nos bens puramente patrimoniais que possua, e segundo a natureza da sua falta.

29) – Nenhuma pessoa ou população poderá ser compelida, por meio de embargo de seus bens móveis, a construir pontes sobre os rios, a não ser que haja contraído previamente essa obrigação.

30) – Não se porá nenhum dique nos rios que os não tenham tido desde o tempo de nosso ascendente o Rei Henrique.

31) – Nenhum "sheriff" (corregedor), condestável, chefe ou bailio nosso sustentará os litígios da Coroa.

32) – Os condados, povoado de cem habitantes ("hundred") e demais distritos ajustar-se-ão a seus antigos limites, salvo as terras de nosso domínio particular.

33) – No caso de falecer um possuidor de bens patrimoniais, submetidos diretamente à nossa dependência, e o "sheriff" ou bailio exibir provas de que o defunto era devedor nosso, será permitido selar e registrar os bens móveis encontrados no sobredito feudo, correspondente à dívida; porém esta diligência não se praticará senão com a inspeção de homens honrados, para que nada se desperdice de seu devido objeto, até o pagamento definitivo da dívida. O resto entregar-se-á aos testamenteiros do defunto. Mas, se este não era nosso devedor, tudo será transmitido ao herdeiro, tendo-se em conta os direitos da viúva e filhos.

34) – Se o possuidor morrer "ab intestato", repartirão seus bens móveis entre seus parentes mais próximos e amigos, com a inspeção e consentimento da Igreja, salvo somente o que corresponder aos credores do defunto, se os houver deixado.

35) – Nenhum "sheriff", condestável ou funcionário tomará colheitas nem bens móveis de uma pessoa que não se ache debaixo de sua jurisdição, a não ser que satisfaça, à vista, seu importe ou tenha convencionado, de antemão, com o vendedor a fixação da época do pagamento. Se o vendedor estiver sujeito à jurisdição do funcionário, o pagamento será feito no prazo de quarenta dias.

36) – Não poderão ser embargados os bens móveis de qualquer cavaleiro, sob pretexto de pagar gente para guarnecer as fortalezas, se o sobredito cavaleiro se oferecer a desempenhar por si próprio este serviço, ou delegar alguém em seu lugar, alegando escusa legítima para desempenho desta obrigação.

37) – Se um cavaleiro for servir na guerra, ficará dispensado de guardar os castelos e praças fortes, enquanto se achar em serviço ativo por causa de seu feudo.

38) – Nenhum "sheriff" ou "bailio" poderá tomar à força carroças nem cavalos para nossas bagagens, salvo se abonar o preço estipulado nos antigos regulamentos, a saber 10 dinheiros, por dia de uma carroça de dois cavalos, e 14 pela de três.

39) – Prometemos que não se tomarão as carroças ou outras carruagens dos eclesiásticos, dos cavaleiros e das senhoras de distinção, nem a lenha para o consumo em nossas situações, sem o consentimento expresso dos proprietários.

40) – Não conservaremos em nosso poder as terras dos réus convictos de deslealdade ou traição senão pelo prazo de um ano e um dia,

transcorridos os quais as restituiremos aos senhores dos feudos respectivos.

41) – Não se permitirão redes para colher salmões ou outros peixes em Midway, Tâmisa e demais rios de Inglaterra, excetuando-se as costas desta proibição.

42) – Não se concederá para o futuro nenhum "writ" ou ordem chamada "proecipe", em virtude da qual um proprietário tenha de perder seu pleito.

43) – Haverá em todo o Reino uma mesma medida para o vinho e a cerveja, assim como para os cereais (grãos). Esta medida será a que atualmente se emprega em Londres. Todos os panos se ajustarão a uma mesma medida em largura, que será de duas varas. Os pesos serão, também, os mesmos para todo o Reino.

44) – Não se cobrará nada para o futuro pelos "writs" ou cédulas de inspeção a favor de quem queira uma informação, por haver perdido a vida ou algum dos seus membros qualquer indivíduo, pelo contrário, serão dadas grátis e nunca serão negadas.

45) – Se alguém tiver recebido de Nós em feudo uma posse de qualquer gênero que seja, ou terras pertencentes a uma pessoa com obrigação de serviço militar, não invocaremos esta circunstância como direito para obter a tutela do herdeiro de menoridade, ou a administração das terras pertencentes a outro feudo, nem, também, aspiraremos à administração das posses submetidas à nossa dependência, se não forem garantia anexa do serviço militar.

46) – Não desejaremos tutela de um menor, nem a administração da terra que possua com dependência de outro e com a obrigação do serviço militar, sob pretexto de que nos deve alguma pequena servidão, como a subministração de adagas, flechas e coisas semelhantes.

47) – Nenhum bailio ou outro funcionário poderá obrigar a quem quer que seja a defender-se por meio de juramento ante sua simples acusação ou testemunho, se não for confirmado por pessoas dignas de crédito.

48) – Ninguém poderá ser detido, preso ou despojado dos seus bens, costumes e liberdades, senão em virtude de julgamento de seus Pares segundo as leis do país.

49) – Não venderemos, nem recusaremos, nem dilataremos a quem quer que seja, a administração da justiça.

50) – Nossos comerciantes, se não estão publicamente inabilitados, poderão transitar livremente pelo Reino, entrar, sair, permanecer nele, viajar por mar e por terra, comprar e vender conforme os antigos costumes, sem que se lhes imponha qualquer empecilho no exercício de seu tráfico, exceto em tempo de guerra ou quando pertençam a um país que se ache em guerra conosco.

51) – Os estrangeiros, mercadores que se encontrarem no Reino ao princípio de uma guerra, serão postos em segurança, sem que se faça o menor dano a suas pessoas ou coisas e continuarão em tal estado até que Nós ou nossos magistrados principais se informem de que modo

tratam os inimigos ou nossos mercadores: se estes são bem tratados, aqueles o serão igualmente por Nós.

52) – Para o futuro poderão todos entrar e sair do Reino com toda a garantia, salvante a fidelidade devida, exceto, todavia, em tempo de guerra, e quanto seja, estritamente necessário para o bem comum de nosso Reino; excetuando-se, além disto, os prisioneiros e proscritos segundo as leis do país, os povos que se achem em guerra conosco e os comerciantes de uma Nação inimiga, conforme o que deixamos dito.

53) – Se alguém proceder de uma terra que se agregue, em seguida, às nossas possessões por confisco ou por qualquer outra coisa, como Wallingford Bolônia, Nottingham e Lancaster, que se acham em nosso poder, e o dito indivíduo falecer, seu herdeiro nada deverá, nem será obrigado a prestar mais serviços que o que prestava, quando a baronia estava em posse do antigo dono, e não era nossa. Possuiremos dita baronia debaixo das mesmas condições que os antigos donos, sem que, por causa disso, pretendamos o serviço militar dos vassalos, a não ser que algum possuidor de um feudo pertencente à dita baronia depende de Nós por um outro feudo, com a obrigação do serviço militar.

54) – Os que têm suas habitações fora de nossos bosques não serão obrigados a comparecer ante nossos juízes de ditos lugares por prévia citação, a não ser que se achem complicados na causa, ou que sejam fiadores dos presos ou processados por delitos cometidos em nossas florestas.

55) – Todas as selvas convertidas em sítio pelo Rei Ricardo, nosso irmão, serão restabelecidas à sua primitiva situação; excetuando-se os bosques pertencentes a nossos domínios.

56) – Ninguém poderá vender ou alienar sua terra ou parte dela, com prejuízo de seu senhorio, a não ser que lhe deixe o suficiente para desempenhar o serviço a que se achar obrigado.

57) – Todos os patronos de abadias que tenham em seu poder cartas dos Reis de Inglaterra, contendo direito de patronato, ou que o possuam desde tempo imemorial, administrarão as ditas abadias, quando estiverem vagas, nas mesmas condições em que deviam administrá-las, segundo o declarado anteriormente.

58) – Ninguém será encarcerado a pedido de uma mulher pela morte de um homem, a não ser que este tenha sido seu marido.

59) – Não se reunirá o "Shire Gemot" ou tribunal do condado, senão uma vez por mês, exceto nos lugares em que se costuma empregar maior intervalo, em cujo caso continuarão as práticas estabelecidas.

60) – Nenhum "sheriff" ou outro funcionário reunirá seu Tribunal senão duas vezes por ano e no lugar devido e acostumado, uma vez depois da Páscoa de Ressurreição, outra depois do dia de São Miguel. A inspeção ou exame das finanças, que, mutuamente, se prestam os homens livres de nosso Reino, se verificará no mencionado tempo de São Miguel, sem obstáculo nem vexação de qualquer espécie; em maneira que cada um conserve suas liberdades, tanto as que teve e se acostumou a ter em tempo de nosso ascendente o Rei Henrique, como as adquiridas posteriormente.

284

61) – A dita Inspeção se verificará de modo que não se altere a paz, e a dízima ("tithe") se conserve íntegra, como é costume.

62) – Ficará proibido ao "sheriff" oprimir e vexar a quem quer que seja, contentando-se com os direitos que os "sheriffs" costumavam exercer em tempo de nosso ascendente o Rei Henrique.

63) – Não se permitirá a ninguém para o futuro ceder suas terras a uma comunidade religiosa para possuí-las, depois, como feudatário da dita comunidade.

64) – Não se permitirá às comunidades religiosas receber terras do modo sobredito para restituí-las, imediatamente, aos donos como feudatários das mencionadas comunidades. Se para o futuro intentar alguém dar suas terras a um mosteiro, e resultar a convicção desta tentativa, a doação será nula, e a terra dada reverterá em benefício do senhorio.

65) – Para o futuro se perceberá o direito de "scutage" (contribuição de posseiro) como era costume perceber-se no tempo de nosso ascendente o Rei Henrique. Os "sheriffs" evitarão molestar a quem quer que seja e se contentarão em exercer seus direitos do costume.

66) – Todas as liberdades e privilégios concedidos pela presente Carta, em relação ao que se nos deve por parte de nossos vassalos, compreende só eclesiásticos e seculares, diz respeito aos senhores que possuam diretamente os bens cujo domínio útil lhes pertença.

67) – Continuam subsistentes os direitos dos Arcebispos, Bispos, Abades, Priores, Templários, Hospitalários, Condes, Barões, cavaleiros e outros tantos eclesiásticos como seculares, e exercidos antes da promulgação da presente Carta.

c) Artigos Básicos da Grande Carta de Henrique III

(11 de fevereiro de 1225) ᵥ

Henrique pela Graça de Deus, Rei de Inglaterra, etc., aos arcebispos, abades, priores, condes, barões, viscondes, prepostos, oficiais, bailios, e a todos os fiéis, que a presente carta virem, saudação. Sabei que: Nós, em contemplação de Deus, para a salvação de nossa alma e de nossos predecessores e sucessores, para exaltação da Santa Igreja e para reforma de nosso reino, damos e asseguramos de nossa livre e espontânea vontade, aos arcebispos, abades, priores, condes, barões, e a todos de nosso reino, as liberdades abaixo especificadas, para serem por eles perpetuamente gozadas em nosso reino de Inglaterra.

1 – Concedemos em primeiro lugar, inspirados por Deus e confirmando pela presente carta, por nós e nossos herdeiros perpetuamente, que a Igreja de Inglaterra seja livre e goze de todos os direitos de liberdade sem restrições.

Concedemos também de acordo com todos os homens livres de nosso reino, por nós e nossos herdeiros, perpetuamente, todas as liberdades abaixo especificadas para serem fruídas e conservadas por eles e seus herdeiros, como havidas de nós e de nossos herdeiros, perpetuamente.

. . . .

8 – Nem nós, nem nossos bailios nos apossaremos das terras e rendas de quem quer que seja, por dívidas, desde que os bens móveis atuais do devedor sejam suficientes para pagar a dívida e que o devedor esteja pronto a satisfazê-la com tais bens.

Os fiadores do devedor não serão executados, enquanto este estiver em condições de pagar. Se o devedor principal não pagar, por motivo de insolvência, ou má vontade, os fiadores terão então de pagar, mas poderão, se quiserem, apossar-se das terras e rendas do devedor e usufruí-las até o reembolso da dívida que por acaso por ele tenham pago, a menos que o devedor prove estar quite com os ditos fiadores. A cidade de Londres gozará de todas as suas antigas liberdades e livres costumes. Também queremos que todas as outras cidades, burgos, povoações, os barões dos cinco portos e todos os portos gozem de todas as liberdades e livres costumes.

10 – Ninguém será compelido a um serviço mais oneroso do que aquele a que estiver sujeito o seu feudo militar ou outro qualquer domínio livre.

14 – Um homem livre só será punido por um pequeno delito proporcionalmente a este; por um grande delito só o será proporcionalmente à gravidade do mesmo, mas sem perder seu feudo (salvo consentimento seu). Dar-se-á o mesmo com os comerciantes, aos quais se deixarão os seus negócios. Os camponeses dependentes de outros senhores também serão atingidos por multa, se nele incorrerem, sem perda de seus instrumentos de trabalho; e nenhuma destas multas será imposta sem a confirmação de 12 homens probos e leais da vizinhança. Os condes e barões só poderão ser multados pelos seus pares e proporcionalmente ao delito cometido.

Nenhum clérigo será multado segundo o seu benefício eclesiástico e sim conforme seu domínio leigo e importância do delito.

15 – Nenhum povoado ou homem livre será compelido a construir pontes de passagens de rios, a menos que a isso esteja obrigado, juridicamente, ou em virtude de costume imemorial.

16 – A passagem de nenhum rio deverá, aliás, ser interdita, fora daqueles cuja interdição remonte ao tempo do Rei Henrique nosso avô, e estes últimos, somente nos mesmos lugares e nos mesmos doutrora.

. . . .

Nenhum homem livre será detido ou preso, nem despojado do seu livre domínio, de suas liberdades ou livres costumes, nem posto fora da lei ("utlagetur"), nem exilado, nem molestado, de maneira alguma, e nós não poremos nem mandaremos pôr a mão nele, a não ser em virtude de um julgamento legal, por seus pares, e segundo a lei do país.

Não venderemos, não recusaremos nem retardaremos o direito e a justiça a ninguém.

36 – Todo comerciante que não tenha recebido anteriormente, proibição pública, poderá livremente e com toda a segurança sair da Inglaterra e nela entrar, permanecer e viajar, tanto por terra como por água, para comprar ou vender, segundo os antigos e bons costumes, sem que se lhes possa impor nenhuma contribuição, exceto em tempo de guerra ou quando for de uma nação em guerra conosco. E se no começo de uma guerra, tais comerciantes se acharem no reino, serão internados sem nenhum dano às suas pessoas ou às suas mercadorias, até que nós ou o nosso grande justiceiro sejamos informados da maneira pela qual são tratados nossos comerciantes pelo inimigo; e se os nossos forem bem tratados, os do inimigo também o serão, em nosso território.

Todos os costumes acima referidos e todas as liberdades, por nós concedidas em nosso reino para serem usufruídas por nossos próprios vassalos serão igualmente respeitados por todos os nossos súditos, clérigos ou leigos, em relação aos seus foreiros.

Pela concessão e doação das sobreditas liberdades, assim como das liberdades contidas em nossa carta florestal, os arcebispos, bispos, abades, priores, condes, barões, homens de armas, livres proprietários e todos os demais de nosso reino, nos darão a décima quinta parte de todas as suas alfaias. Nós lhes asseguramos igualmente, em nosso nome e no dos nossos herdeiros, que nenhum de nós exigirá o que quer que seja contrário às liberdades contidas na presente carta, ou inconciliável com elas. E tudo que possa ser exigido a algum deles, contrariamente a essa disposição, será nulo, e de nenhum efeito (seguem-se os nomes das testemunhas). Dado em Westminster, em 11 de fevereiro do nono ano do nosso Reinado.

d) Declaração de Direitos (1689) Bill of Rights

Os Lords espirituais e temporais e os membros da Câmara dos Comuns declaram, desde logo, o seguinte:

1º – que é ilegal a faculdade que se atribui à autoridade real para suspender as leis ou seu cumprimento.

2º – que, do mesmo modo, é ilegal a faculdade que se atribui à autoridade real para dispensar as leis ou o seu cumprimento, como anteriormente se tem verificado, por meio de uma usurpação notória.

3º – que tanto a Comissão para formar o último Tribunal, para as coisas eclesiásticas, como qualquer outra Comissão ou Tribunal da mesma classe são ilegais e perniciosas.

4º – que é ilegal toda cobrança de impostos para a Coroa sem o concurso do Parlamento, sob pretexto de prerrogativa, ou em época e modo diferentes dos designados por ele próprio.

5º – que os súditos têm o direito de apresentar petições ao Rei, sendo ilegais as prisões e vexações de qualquer espécie que sofram por esta causa.

6º – que o ato de levantar e manter dentro do país um exército em tempo de paz é contrário à lei, se não preceder autorização do Parlamento.

7º – que os súditos protestantes podem ter, para sua defesa, as armas necessárias à sua condição e permitidas pela lei.

8º – que devem ser livres as eleições dos membros do Parlamento.

9º – que os discursos pronunciados nos debates do Parlamento não devem ser examinados senão por ele mesmo, e não em outro Tribunal ou sítio algum.

10º – que não se exigirão fianças exorbitantes, impostos excessivos, nem se imporão penas demasiado severas.

11º – que a lista dos Jurados eleitos deverá fazer-se em devida forma e ser notificada; que os Jurados que decidem sobre a sorte das pessoas nas questões de alta traição deverão ser livres proprietários de terras.

12º – que são contrárias às leis, e, portanto, nulas, todas as concessões ou promessas de dar a outros os bens confiscados a pessoas acusadas, antes de se acharem estas convictas ou convencidas.

13º – que é indispensável convocar com freqüência os Parlamentos para satisfazer os agravos, assim como para corrigir, afirmar e conservar as leis.

Reclamam e pedem, com repetidas instâncias, todo o mencionado, considerando-o como um conjunto de direitos e liberdades incontestáveis, como também, que para o futuro não se firmem precedentes nem se deduza conseqüência alguma em prejuízo do povo.

A esta petição de seus direitos fomos estimulados, particularmente, pela declaração de S. A. o Príncipe de Orange (depois Guilherme III), que levará a termo a liberdade do país, que se acha tão adiantada, e esperamos que não permitirá sejam desconhecidos os direitos que acabamos de recordar, nem que se reproduzam os atentados contra sua religião, direitos e liberdades.

e) Declaração de Direitos da Virgínia

Dos direitos que nos devem pertencer a nós e à nossa posteridade, e que devem ser considerados como o fundamento e a base do governo, feito pelos representantes do bom povo da Virgínia, reunidos em plena e livre convenção.

Williamsburgh, 12 de junho de 1776

Artigo 1º – Todos os homens nascem igualmente livres e independentes, têm direitos certos, essenciais e naturais dos quais não podem, por nenhum contrato, privar nem despojar sua posteridade: tais são o direito de gozar a vida e a liberdade com os meios de adquirir e possuir propriedades, de procurar obter a felicidade e a segurança.

Artigo 2º – Toda a autoridade pertence ao povo e por conseqüência dela se emana; os magistrados são seus mandatários, seus servidores, responsáveis perante ele em qualquer tempo.

Artigo 3º – O governo é ou deve ser instituído para o bem comum, para proteção e segurança do povo, da nação ou da comunidade. Dos diversos métodos ou formas, o melhor será o que possa garantir, no mais alto grau, a felicidade e a segurança e que mais realmente resguarde contra o perigo da má administração.

Todas as vezes que um governo seja incapaz de preencher essa finalidade, ou lhe seja contrário, a maioria da comunidade tem o direito indubitável, inalienável e imprescritível de reformar, mudar ou abolir da maneira que julgar mais própria a proporcionar o benefício público.

Artigo 4º – Nenhum homem e nenhum colégio ou associação de homens pode ter outros títulos para obter vantagens ou prestígios, particulares, exclusivos e distintos dos da comunidade, a não ser em consideração de serviços prestados ao público; e a este título, não serão nem transmissíveis aos descendentes, nem hereditários; a idéia de que um homem nasça magistrado, legislador, ou juiz, é absurda e contrária à natureza.

Artigo 5º – O poder legislativo e o poder executivo do estado devem ser distintos e separados da autoridade judiciária; e a fim de que, tendo também eles de suportar os encargos do povo e deles participar, possa ser reprimido todo o desejo de opressão dos membros dos dois primeiros devem estes em tempo determinado, voltar à vida privada, reentrar no corpo da comunidade de onde foram originariamente tirados; e os lugares vagos deverão ser preenchidos por eleições freqüentes, certas e regulares.

Artigo 6º – As eleições dos membros que devem representar o povo nas assembléias serão livres; e todo o indivíduo que demonstre interesse permanente e o conseqüente zelo pelo bem geral da comunidade tem o direito ao sufrágio.

Artigo 7º – Nenhuma parte da propriedade de um vassalo pode ser tomada, nem empregada para uso público, sem seu próprio consentimento, ou de seus representantes legítimos; e o povo só está obrigado pelas leis, da forma por ele consentida para o bem comum.

Artigo 8º – Todo o poder de deferir as leis ou de embaraçar a sua execução, qualquer que seja a autoridade, sem consentimento dos representantes do povo, é um atentado aos seus direitos e não tem cabimento.

Artigo 9º – Todas as leis tendo efeito retroativo, feitas para punir delitos anteriores à sua existência, são opressivas, e é necessário evitar decretá-las.

Artigo 10º – Em todos os processos por crimes capitais ou outros, todo indivíduo tem direito de indagar da causa e da natureza da acusação que lhe é intentada; tem de ser acareado com os seus acusadores e com as testemunhas; de apresentar ou requerer a apresentação de testemunhas e de tudo que seja a seu favor, de exigir processo rápido por um júri imparcial de sua circunvizinhança, sem o consentimento unânime do qual ele não poderá ser declarado culpado. Não pode ser forçado a produzir provas contra si próprio; e nenhum indivíduo pode ser privado de sua liberdade, a não ser por julgamento de seus pares, em virtude da lei do país.

Artigo 11º – Não devem ser exigidas cauções excessivas, nem impostas multas demasiadamente fortes, nem aplicadas penas cruéis e desusadas.

Artigo 12º – Todas as ordens de prisão são vexatórias e opressivas se forem expedidas sem provas suficientes e se a ordem ou a requisição nelas transmitidas a um oficial ou mensageiro do Estado, para efetuar buscas em lugares suspeitos, deter uma ou várias pessoas, ou

290

tomar seus bens, não contiver uma indicação e uma descrição especiais dos lugares, das pessoas ou das coisas que dela forem objeto; semelhantes ordens jamais devem ser concedidas.

Artigo 13º – Nas causas que interessem à propriedade e os negócios pessoais, a antiga forma de processo por jurados é preferível a qualquer outra, e deve ser considerada como sagrada.

Artigo 14º – A liberdade de imprensa é um dos mais fortes baluartes da liberdade do Estado e só pode ser restringida pelos governos despóticos.

Artigo 15º – Uma milícia disciplinada, tirada da massa do povo e habituada à guerra, é a defesa própria, natural e segura de um Estado livre; os exércitos permanentes em tempo de paz devem ser evitados como perigosos para a liberdade; em todo caso, o militar deve ser mantido em uma subordinação rigorosa à autoridade civil e sempre governado por ela.

Artigo 16º – O povo tem direito a um governo uniforme; deste modo não deve legitimamente ser instituído nem organizado nenhum governo separado, nem independente do da Virgínia, nos limites do Estado.

Artigo 17º – Um povo não pode conservar um governo livre e a felicidade da liberdade, a não ser pela adesão firme e constante às regras da justiça, da moderação, da temperança, da economia e da virtude e pelo apelo freqüente aos seus princípios fundamentais.

Artigo 18º – A religião ou o culto devido ao Criador, e a maneira de se desobrigar dele, devem ser dirigidos unicamente pela razão e pela convicção, e jamais pela força nem pela violência; donde se segue que todo homem deve gozar de inteira liberdade de consciência e também da mais completa liberdade na forma do culto ditado por sua consciência, e não deve ser embaraçado nem punido pelo magistrado, a menos, que, sob pretexto de religião, ele perturbe a paz ou a segurança da sociedade. É dever recíproco de todos os cidadãos, praticar a tolerância cristã, o amor à caridade uns com os outros.

f) Declaração dos Direitos do Homem e do Cidadão

(Votada definitivamente em 2 de outubro de 1789)

Os representantes do Povo francês constituídos em Assembléia Nacional, considerando, que a ignorância o olvido e o menosprezo aos Direitos do homem são a única causa dos males públicos e da corrupção dos governos, resolvem expor em uma declaração solene os direitos naturais, inalienáveis, imprescritíveis e sagrados do homem, a fim de que esta declaração, sempre presente a todos os membros do corpo social, permaneça constantemente atenta aos seus direitos e deveres; a fim de que os atos do Poder legislativo e do Poder executivo possam ser a cada momento comparados com o objetivo de toda instituição política e no intuito de serem por ela respeitados; para que as reclamações dos cidadãos fundamentadas daqui por diante em princípios simples e incontestáveis, venham a manter sempre a Constituição e o bem—estar de todos.

Em conseqüência, a Assembléia Nacional reconhece e declara em presença e sob os auspícios do Ser Supremo, os seguintes direitos do Homem e do Cidadão:

I – Os homens nascem e ficam livres e iguais em direitos. As distinções sociais só podem ser fundamentadas na utilidade comum.

II – O fim de toda associação política é a conservação dos direitos naturais e imprescritíveis do homem. Estes direitos são a liberdade, a propriedade, a segurança e a resistência do homem à opressão.

III – O princípio de toda a Soberania reside essencialmente na Nação; nenhuma corporação, nenhum indivíduo pode exercer autoridade que não emane diretamente dela.

IV – A liberdade consiste em poder fazer tudo quanto não incomode o próximo; assim o exercício dos direitos naturais de cada homem não tem limites senão nos que asseguram o gozo destes direitos. Estes limites não podem ser determinados senão pela lei.

V – A lei só tem o direito de proibir as ações prejudiciais à sociedade. Tudo quanto não é proibido pela lei não pode ser impedido e ninguém pode ser obrigado a fazer o que ela não ordena.

VI – A lei é a expressão da vontade geral. Todos os cidadãos têm o direito de concorrer pessoalmente ou por seus representantes à sua formação. Ela deve ser a mesma para todos, quer ela proteja, quer ela castigue. Todos os cidadãos, sendo iguais aos seus olhos, sendo igualmente admissíveis a todas as dignidades, colocações e empregos públicos, segundo suas virtudes e seus talentos.

VII – Nenhum homem pode ser acusado, sentenciado, nem preso se não for nos casos determinados pela lei e segundo as formas que ela tem prescrito. Os que solicitam, expedem, executam ou fazem executar ordens arbitrárias, devem ser castigados; mas todo cidadão chamado ou preso em virtude da lei deve obedecer no mesmo instante; torna-se culpado pela resistência.

VIII – A lei não deve estabelecer senão penas estritamente e evidentemente necessárias e ninguém pode ser castigado senão em virtude de uma lei estabelecida e promulgada anteriormente ao delito e legalmente aplicada.

IX – Todo homem sendo julgado inocente até quando for declarado culpado, se é julgado indispensável detê-lo, qualquer rigor que não seja necessário para assegurar-se da sua pessoa deve ser severamente proibido pela lei.

X – Ninguém pode ser incomodado por causa das suas opiniões, mesmo religiosas, contanto que não perturbem a ordem pública estabelecida pela lei.

XI – A livre comunicação de pensamentos e opinião é um dos direitos mais preciosos do homem; todo cidadão pode pois falar, escrever, imprimir livremente, salvo quando tiver de responder do abuso desta liberdade nos casos previstos pela lei.

XII – A garantia dos direitos do homem e do cidadão necessita da força pública; esta força é pois instituída pela vantagem de todos e não para utilidade particular daqueles aos quais foi confiada.

XIII – Para o sustento da força pública e para as despesas da administração, uma contribuição comum é indispensável. Ela deve ser igualmente repartida entre todos os cidadãos em razão das suas faculdades.

XIV – Cada cidadão tem o direito de constatar por ele mesmo ou por seus representantes a necessidade da contribuição pública, de consenti-la livremente, de acompanhar o seu emprego, de determinar a cota, a estabilidade, a cobrança e o tempo.

XV – A sociedade tem o direito de exigir contas a qualquer agente público da sua administração.

XVI – Qualquer sociedade na qual a garantia dos direitos não está em segurança, nem a separação dos poderes determinada, não tem constituição.

XVII – Sendo a propriedade um direito inviolável e sagrado, ninguém pode ser dela privado, a não ser quando a necessidade pública, legalmente reconhecida, o exige evidentemente e sob a condição de uma justa e anterior indenização.

(Do livro *Éléments de Droit Public*, de Henry Nézard – 7ª ed. Rousseau et Cie., editores – Paris. 1946)

g) Unidade. Indivisibilidade da República

Declaração dos Direitos do Homem e do Cidadão admitidos pela Convenção Nacional em 1793 e afixada no lugar das suas reuniões.

PREÂMBULO

O Povo Francês, convencido de que o esquecimento e o desprezo dos direitos naturais do Homem são as únicas causas das infelicidades do mundo, resolveu expor numa declaração solene estes direitos sagrados e inalienáveis, a fim de que todos os cidadãos, podendo comparar sem cessar os atos do Governo com o fim de toda instituição social, não se deixem jamais oprimir e aviltar pela tirania; para que o Povo tenha sempre diante dos olhos as bases da sua liberdade e de sua felicidade, o Magistrado, a regra dos seus deveres, o Legislador, o objeto da sua missão.

Em conseqüência, proclama, na presença do Ser Supremo, a Declaração seguinte dos direitos do Homem e do Cidadão.

I – O fim da sociedade é a felicidade comum. O governo é instituído para garantir ao homem o gozo destes direitos naturais e imprescritíveis.

II – Estes direitos são a igualdade, a liberdade, a segurança e a propriedade.

III – Todos os homens são iguais por natureza e diante da lei.

IV – A lei é a expressão livre e solene da vontade geral; ela é a mesma para todos, quer proteja, quer castigue; ela só pode ordenar o que é justo e útil à sociedade; ela só pode proibir o que lhe é prejudicial.

V – Todos os cidadãos são igualmente admissíveis aos empregos públicos. O povos livres não conhecem outros motivos nas suas eleições a não ser as virtudes e os talentos.

VI – A liberdade é o poder que pertence ao Homem de fazer tudo quanto não prejudica os direitos do próximo: ela tem por princípio a natureza; por regra a justiça; por salvaguarda a lei; seu limite moral está nesta máxima: – "Não faça aos outros o que não quiseras que te fizessem".

VII – O direito de manifestar seu pensamento e suas opiniões, quer seja pela voz da imprensa, quer de qualquer outro modo, o direito de se reunir tranqüilamente, o livre exercício dos cultos, não podem ser interditos. A necessidade de enunciar estes direitos supõe ou a presença ou a lembrança recente do despotismo.

VIII – A segurança consiste na proteção concedida pela sociedade a cada um dos seus membros para a conservação da sua pessoa, de seus direitos e de suas propriedades.

IX – A lei deve proteger a liberdade política e individual contra a opressão dos que governam.

X – Ninguém deve ser acusado, preso nem detido senão em casos determinados pela lei segundo as formas que ela prescreveu. Qualquer cidadão chamado ou preso pela autoridade da lei deve obedecer ao instante.

XI – Todo ato exercido contra um homem fora dos casos e sem as formas que a lei determina é arbitrário e tirânico; aquele contra o qual quiserem executá-lo pela violência tem o direito de o repelir pela força.

XII – Aqueles que o solicitarem, expedirem, assinarem, executarem ou fizerem executar atos arbitrários são culpados e devem ser castigados.

XIII – Sendo todo Homem presumidamente inocente até que tenha sido declarado culpado, se se julgar indispensável detê-lo, qualquer rigor que não for necessário para assegurar-se da sua pessoa deve ser severamente reprimido pela lei.

XIV – Ninguém deve ser julgado e castigado senão quando ouvido ou legalmente chamado e em virtude de uma lei promulgada anteriormente ao delito. A lei que castigasse os delitos cometidos antes que ela existisse seria uma tirania: – O efeito retroativo dado à lei seria um crime.

XV – A lei não deve discernir senão penas estritamente e evidentemente necessárias: – As penas devem ser proporcionais ao delito e úteis à sociedade.

XVI – O direito de propriedade é aquele que pertence a todo cidadão de gozar e dispor à vontade de seus bens, rendas, fruto de seu trabalho e de sua indústria.

XVII – Nenhum gênero de trabalho, de cultura, de comércio pode ser proibido à indústria dos cidadãos.

XVIII – Todo homem pode empenhar seus serviços, seu tempo; mas não pode vender-se nem ser vendido. Sua pessoa não é propriedade alheia. A lei não reconhece domesticidade; só pode existir um penhor de cuidados e de reconhecimento entre o homem que trabalha e aquele que o emprega.

XIX – Ninguém pode ser privado de uma parte de sua propriedade sem sua licença, a não ser quando a necessidade pública legalmente constatada o exige e com a condição de uma justa e anterior indenização.

XX – Nenhuma contribuição pode ser estabelecida a não ser para a utilidade geral. Todos os cidadãos têm o direito de concorrer ao estabelecimento de contribuições, de vigiar seu emprego e de se fazer prestar contas.

XXI – Os auxílios públicos são uma dívida sagrada. A sociedade deve a subsistência aos cidadãos infelizes, quer seja procurando-lhes trabalho, quer seja assegurando os meios de existência àqueles que são impossibilitados de trabalhar.

XXII – A instrução é a necessidade de todos. A sociedade deve favorecer com todo o seu poder o progresso da inteligência pública e colocar a instrução ao alcance de todos os cidadãos.

XXIII – A garantia social consiste na ação de todos, para garantir a cada um o gozo e a conservação dos seus direitos; esta garantia se baseia sobre a soberania nacional.

XXIV – Ela não pode existir, se os limites das funções públicas não são claramente determinados pela lei e se a responsabilidade de todos os funcionários não está garantida.

XXV – A Soberania reside no Povo. Ela é una e indivisível, imprescritível e indissociável.

XXVI – Nenhuma parte do povo pode exercer o poder do Povo inteiro, mas cada seção do Soberano deve gozar do direito de exprimir sua vontade com inteira liberdade.

XXVII – Que todo indivíduo que usurpe a Soberania, seja imediatamente condenado à morte pelos homens livres.

XXVIII – Um povo tem sempre o direito de rever, de reformar e de mudar a sua constituição: – Uma geração não pode sujeitar às suas leis as gerações futuras.

XXIX – Cada cidadão tem o direito igual de concorrer à formação da lei e à nomeação de seus mandatários e de seus agentes.

XXX – As funções públicas são essencialmente temporárias; elas não podem ser consideradas como recompensas, mas como deveres.

XXXI – Os crimes dos mandatários do Povo e de seus agentes

não podem nunca deixar de ser castigados; ninguém tem o direito de pretender ser mais inviolável que os outros cidadãos.

XXXII – O direito de apresentar petições aos depositários da autoridade pública não pode, em caso algum, ser proibido, suspenso nem limitado.

XXXIII – A resistência à opressão é a conseqüência dos outros direitos do homem.

XXXIV – Há opressão contra o corpo social, mesmo quando um só de seus membros é oprimido. Há opressão contra cada membro, quando o corpo social é oprimido.

XXXV – Quando o governo viola os direitos do Povo, a revolta é para o Povo e para cada agrupamento do Povo o mais sagrado dos direitos e o mais indispensável dos deveres.

h) Tratado da Santa Aliança

Assinado pessoalmente em Paris, no dia 26 de setembro de 1815, pelo Imperador da Áustria, Francisco II, pelo Rei da Prússia, Frederico Guilherme III e pelo Imperador da Rússia, Alexandre I

Art. I – De conformidad con las palabras de las Santas Escrituras, que ordena a todos los hombres mirarse como hermanos, los tres monarcas contratantes permanecerán unidos por los lazos de una fraternidad verdadera e indisoluble, y considerándose como compatriotas, se prestarán en toda ocasión y en todo lugar asistencia, ayuda y socorro; mirándose con respecto a sus súditos y ejércitos, como padres de familia, y les dirigirán con el mismo espíritu de fraternidad de que ellos están animados para proteger la religión, la paz y la justicia.

Art. II – En consecuencia, el solo principio en vigor, sea entre dichos gobiernos, sea entre sus súditos, será el de prestarse reciprocamente servicios, manifestarse por una benevolencia inalterable el mutuo afecto de que deben estar animados, no considerarse sino como miembros de una misma nación cristiana, no mirándose las tres potencias aliadas sino como delegados de la providencia para gobernar tres ramas de una misma familia, a saber: Áustria, Rússia y Prúsia, confesando así que la nación cristiana de que ellos y sus pueblos forman parte no tienen realmente otro soberano que aquél a quien exclusivamente pertence en propriedad el poder, pues que sólo en él se hallan todos los tesoros del amor, de la ciencia y de la sabiduria infinitas, es decir, Dios, nuestro divino Salvador. Jesucristo, el Verbo altísimo, palabra de vida. Sus Majestades recomiendan por lo tanto, a sus pueblos, con la más tierna solicitud, como único medio de gozar de esta paz que nace de una conciencia sana y que es sola durable, que se fortalezcan cada dia más que en estos principios y en el ejercicio de los deberes que el divino Salvador ha enseñado a los hombres.

Art. III – Todas las potencias que quisieren solemnemente confesar los principios sagrados que han dictado el presente acto serán recibidas con tanto anhelo como afecto en esta Santa Alianza.

(HISTÓRIA POLÍTICA Y DIPLOMÁTICA,
de Jerônimo Becker, Ed. da Libreria Antonino Romero. Madrid. 1897)

i) Declaração Universal dos Direitos do Homem

Aprovada em resolução da III Sessão Ordinária da
Assembléia Geral das Nações Unidas

(DEPARTAMENTO DE INFORMAÇÃO PÚBLICA
DAS NAÇÕES UNIDAS)

PREÂMBULO

Considerando que o reconhecimento da dignidade inerente a todos os membros da família humana e de seus direitos iguais e inalienáveis é o fundamento da liberdade, da justiça e da paz do mundo,

Considerando que o desrespeito pelos direitos do homem resultaram em atos bárbaros que ultrajaram a consciência da Humanidade e que o advento de um mundo em que os homens gozem de liberdade de palavra, de crença e da liberdade de viverem a salvo do temor e da necessidade foi proclamado como a mais alta aspiração do homem comum,

Considerando ser essencial que os direitos do homem sejam protegidos pelo império da lei, para que o homem não seja compelido, como último recurso, à rebelião contra a tirania e a opressão,

Considerando ser essencial promover o desenvolvimento de relações amistosas entre as nações,

Considerando que os povos das Nações Unidas reafirmaram, na Carta, sua fé nos direitos fundamentais do homem, na dignidade e no valor da pessoa humana e na igualdade de direitos do homem e da mulher, e que decidiram promover o progresso social e melhores condições de vida em uma liberdade mais ampla,

Considerando que os Estados Membros se comprometeram a promover, em cooperação com as Nações Unidas, o respeito universal aos direitos e liberdades fundamentais do homem e a observância desses direitos e liberdades,

Considerando que uma compreensão comum desses direitos e liberdades é da mais alta importância para o pleno cumprimento desse compromisso,

Agora, portanto,

A ASSEMBLÉIA GERAL PROCLAMA:

A presente Declaração Universal dos Direitos do Homem como o ideal comum a ser atingido por todos os povos e todas as nações como o objetivo de que cada indivíduo e cada órgão da sociedade, tendo sempre em mente esta Declaração, se esforce, através do ensino e da educação, por promover o respeito a esses direitos e liberdades, e, pela adoção de medidas progressivas de caráter nacional e internacional, por assegurar o seu reconhecimento e a sua observância universais e efetivos, tanto entre os povos dos próprios Estados Membros, como entre os povos dos territórios sob sua jurisdição.

ARTIGO 1º – Todos os homens nascem livres e iguais em dignidade e direitos. São dotados de razão e consciência e devem agir em relação uns aos outros com espírito de fraternidade.

ARTIGO 2º – (1) Todo homem tem capacidade para gozar dos direitos e das liberdades estabelecidas nesta Declaração, sem distinção de qualquer espécie, seja de raça, cor, sexo, língua, religião, opinião política ou de outra natureza, origem nacional ou social, riqueza, nascimento ou qualquer outra condição. (2) – Não será também feita nenhuma distinção, fundada na condição política, jurídica ou internacional do país ou território a que pertença uma pessoa, quer se trate de um território independente, sob tutela, sem governo próprio, quer sujeito a qualquer outra limitação de soberania.

ARTIGO 3º – Todo homem tem direito à vida, à liberdade e à segurança pessoal.

ARTIGO 4º – Ninguém será mantido em escravidão ou servidão; a escravidão e o tráfico de escravos serão proibidos em todas as suas formas.

ARTIGO 5º – Ninguém será submetido a tortura, nem tratamento ou castigo cruel, desumano ou degradante.

ARTIGO 6º – Todo homem tem direito de ser, em todos os lugares, reconhecido como pessoa perante a lei.

ARTIGO 7º – Todos são iguais perante a lei e têm direito, sem qualquer distinção, a igual proteção da lei. Todos têm direito a igual proteção contra qualquer discriminação que viole a presente Declaração e contra qualquer incitamento a tal discriminação.

ARTIGO 8º – Todo homem tem direito a receber dos tribunais nacionais competentes recurso efetivo para os atos que violem os direitos fundamentais que lhe sejam reconhecidos pela constituição ou pela lei.

ARTIGO 9º – Ninguém será arbitrariamente preso, detido ou exilado.

ARTIGO 10º – Todo homem tem direito, em plena igualdade, a uma justa e pública audiência por parte de um tribunal independente e imparcial, para decidir de seus direitos e deveres ou do fundamento de qualquer acusação criminal contra ele.

ARTIGO 11º – (1) Todo homem acusado de um ato delituoso tem o direito de ser presumido inocente até que a sua culpabilidade tenha sido provada de acordo com a lei, em julgamento público no qual lhe tenham sido asseguradas todas as garantias necessárias à sua defesa. (2) – Ninguém poderá ser culpado por qualquer ação ou omissão que, no momento, não constituíam delito perante o direito nacional ou internacional. Também não será imposta pena mais forte do que aquela que, no momento da prática, era aplicável ao ato delituoso.

ARTIGO 12º – Ninguém será sujeito a interferências na sua vida privada, na sua família, no seu lar ou na sua correspondência, nem a ataques à sua honra e reputação. Todo homem tem direito à proteção da lei contra tais interferências ou ataques.

ARTIGO 13º – (1) Todo homem tem direito à liberdade de locomoção e residência dentro das fronteiras de cada Estado. (2) – Todo homem tem o direito de deixar qualquer país, inclusive o próprio, e a este regressar.

ARTIGO 14º – (1) Todo homem, vítima de perseguição, tem o direito de procurar e de gozar asilo em outros países. (2) – Este direito não pode ser invocado em caso de perseguição legitimamente motivada por crimes de direito comum ou por atos contrários aos objetivos e princípios das Nações Unidas.

ARTIGO 15º – (1) Todo homem tem direito a uma nacionalidade. (2) – Ninguém será arbitrariamente privado de sua nacionalidade, nem do direito de mudar de nacionalidade.

ARTIGO 16º – (1) Os homens e mulheres de maior idade, sem qualquer restrição de raça, nacionalidade ou religião, têm o direito de contrair matrimônio e fundar uma família. Gozam de iguais direitos em relação ao casamento, sua duração e sua dissolução. (2) – O casamento não será válido senão com o livre e pleno consentimento dos nubentes. (3) – A família é o núcleo natural e fundamental da sociedade e tem direito à proteção da sociedade e do Estado.

ARTIGO 17º – (1) Todo homem tem direito à propriedade, só ou em sociedade com outros. (2) – Ninguém será arbitrariamente privado de sua propriedade.

ARTIGO 18º – Todo homem tem direito à liberdade de pensamento, consciência e religião; este direito inclui a liberdade de mudar de religião ou crença e a liberdade de manifestar essa religião ou crença, pelo ensino, pela prática, pelo culto e pela observância isolada ou coletivamente, em público ou em particular.

ARTIGO 19º – Todo homem tem direito à liberdade de opinião e expressão, direito esse que inclui a liberdade de, sem interferências, ter opiniões e de procurar, receber e transmitir informações e idéias por quaisquer meios e independentemente de fronteiras.

ARTIGO 20º – (1) Todo homem tem direito à liberdade de reunião e de associação pacíficas. (2) – Ninguém pode ser obrigado a fazer parte de uma associação.

ARTIGO 21º – (1) Todo homem tem o direito de tomar parte no governo de seu país, diretamente ou por intermédio de representantes livremente escolhidos. (2) – Todo homem tem direito de acesso ao serviço público de seu país. (3) – A vontade do povo será a base da autoridade do governo; esta vontade será expressa em eleições periódicas e legítimas, por sufrágio universal, por voto secreto ou processo equivalente que assegure a liberdade de voto.

ARTIGO 22º – Todo homem, como membro da sociedade, tem direito à previdência social e à realização pelo esforço nacional, pela cooperação internacional e de acordo com a organização e recursos de cada Estado, dos direito econômicos, sociais e culturais indispensáveis à sua dignidade e ao livre desenvolvimento de sua personalidade.

ARTIGO 23º – (1) Todo homem tem direito ao trabalho, à livre escolha de emprego, a condições justas e favoráveis ao trabalho e à proteção contra o desemprego. (2) – Todo homem, sem distinção qualquer, tem direito a igual remuneração por igual trabalho. (3) – Todo homem que trabalha tem direito a uma remuneração justa e satisfatória, que lhe assegure, assim como à sua família, uma existência compatível com a dignidade humana, e a que se acrescentarão, se necessário, outros meios de proteção social. (4) – Todo homem tem direito a organizar sindicatos e a nestes ingressar para proteção de seus interesses.

ARTIGO 24º – Todo homem tem direito a repouso e lazer, inclusive a limitação razoável das horas de trabalho e a férias remuneradas periódicas.

ARTIGO 25º – (1) Todo homem tem direito a um padrão de vida capaz de assegurar-lhe e à sua família saúde e bem-estar, inclusive alimentação, vestuário, habitação, cuidados médicos e os serviços sociais indispensáveis, e o direito à previdência em caso de desemprego, doença, invalidez, viuvez, velhice ou outros casos de perda dos meios de subsistência em circunstâncias fora de seu controle. (2) A maternidade e a infância têm direito a cuidados e assistência especiais. Todas as crianças, nascidas dentro ou fora do matrimônio, gozarão da mesma proteção social.

ARTIGO 26º – (1) Todo homem tem direito à instrução. A instrução será gratuita, pelo menos nos graus elementares e fundamentais. A instrução elementar será obrigatória. A instrução técnico-profissional será acessível a todos, bem como a instrução superior, esta baseada no mérito. (2) – A instrução será orientada no sentido do pleno desenvolvimento da personalidade humana e do fortalecimento do respeito pelos direitos do homem e pelas liberdades fundamentais. A instrução promoverá a compreensão, a tolerância e amizade entre todas as nações e grupos raciais ou religiosos, e coadjuvará as atividades das Nações Unidas em prol da manutenção da paz. (3) – Os pais têm prioridade de direito na escolha do gênero de instrução que será ministrada a seus filhos.

ARTIGO 27º – (1) Todo homem tem o direito de participar livremente da vida cultural da comunidade, de fruir as artes e de partici-

300

par do progresso científico e de seus benefícios. (2) – Todo homem tem direito à proteção dos interesses morais e materiais decorrentes de qualquer produção científica, literária ou artística da qual seja autor.

ARTIGO 28º – Todo homem tem direito a uma ordem social e internacional em que os direitos e liberdades estabelecidos na presente Declaração possam ser plenamente realizados.

ARTIGO 29º – (1) Todo homem tem deveres para com a comunidade, na qual o livre e pleno desenvolvimento de sua personalidade é possível. (2) – No exercício de seus direitos e liberdades, todo homem estará sujeito apenas às limitações determinadas pela lei, exclusivamente com o fim de assegurar o devido reconhecimento e respeito dos direitos e liberdades de outrem e de satisfazer às justas exigências da moral, da ordem pública e do bem-estar de uma sociedade democrática. (3) – Esses direitos e liberdades não podem, em hipótese alguma, ser exercidos contrariamente aos objetivos e princípios das Nações Unidas.

ARTIGO 30º – Nenhuma disposição da presente Declaração pode ser interpretada como o reconhecimento a qualquer Estado, grupo ou pessoa, do direito de exercer qualquer atividade ou praticar qualquer ato destinado à destruição de quaisquer dos direitos e liberdades aqui estabelecidos.

Leitura recomendada: Ícone Editora (11) 3392-7771

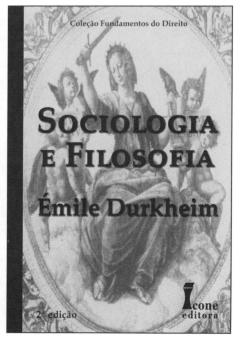

Conheça mais sobre o nosso catálogo em **www.iconeeditora.com.br**

Leitura recomendada: Ícone Editora   (11) 3392-7771

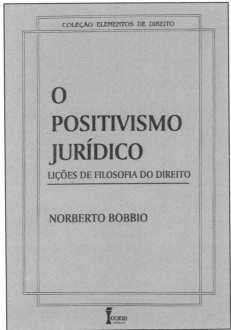

Conheça mais sobre o nosso catálogo em www.iconeeditora.com.br

Leitura recomendada: Ícone Editora   (11) 3392-7771

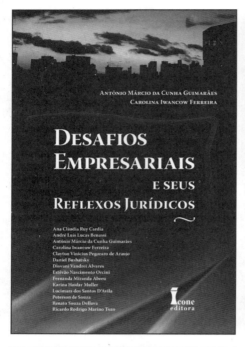
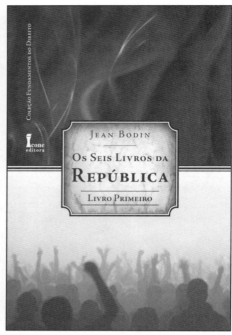
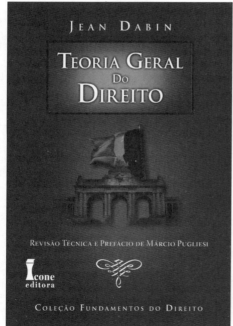
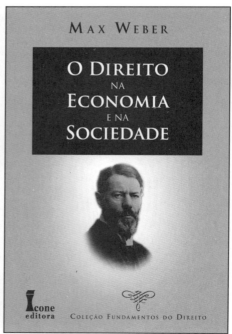

Conheça mais sobre o nosso catálogo em www.iconeeditora.com.br